Spiele der Liebe

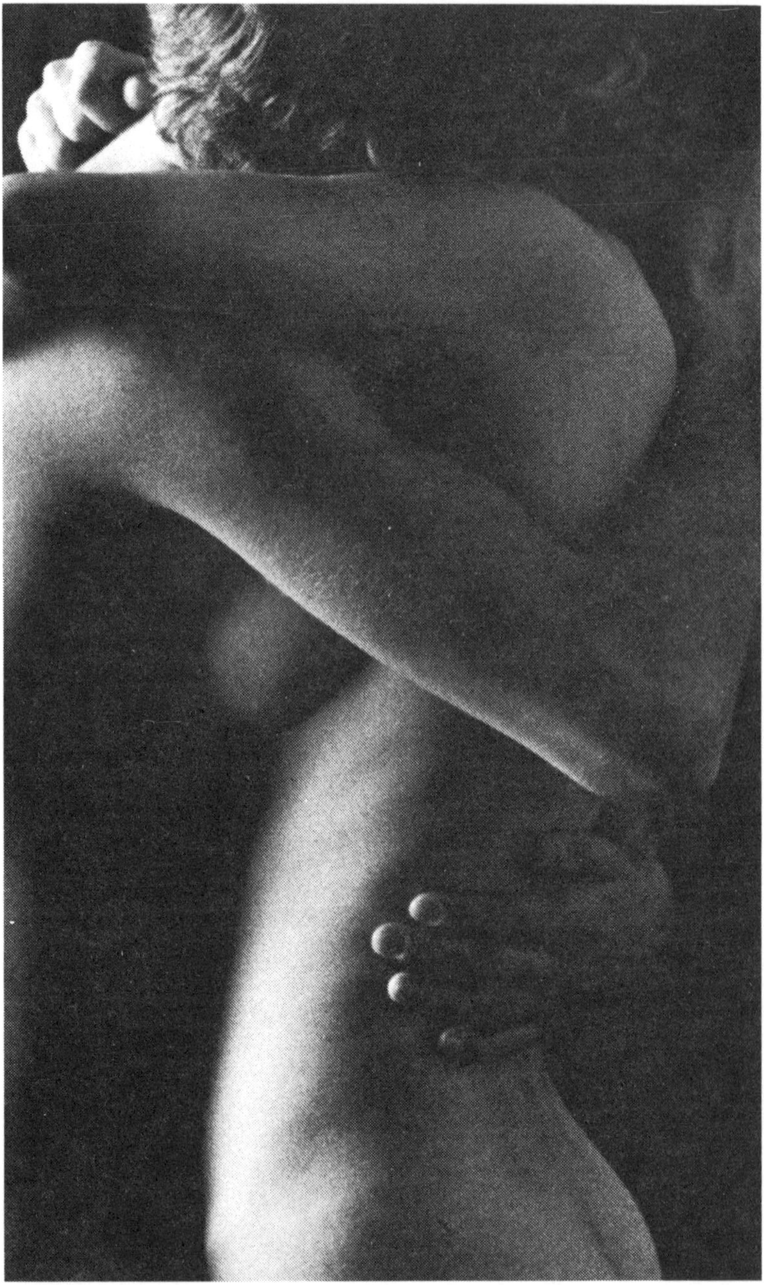

R. L. Harkel

Spiele der Liebe

Scherz

33. Auflage 1991

Inhalt

... und dann bat ich ihn mit den Augen
mich noch einmal zu fragen ja und
dann bat er mich ob ich wollte ja ja
zu sagen meine Gebirgsblume und dann
umschlangen ihn meine Arme ja ich zog
ihn herab zu mir daß er meine duftenden
Brüste fühlte ja und ganz wild schlug
ihm das Herz und ja ich sagte ja
ich will Ja

Aus «Ulysses» von James Joyce

Der Aufbau der sexuellen Kraft

«Werft alle Hemmungen über Bord, die ihr in den Stand der Ehe tretet!» Dies sollte als erste und wichtigste Regel befolgen, wer zu einem glücklichen Geschlechtsleben gelangen will. Hemmungen sind nur Schranken zwischen Ihnen und Ihrer Partnerin – zwischen Ihnen und der sexuellen Erfüllung. Die zahllosen Paare, die solche Schranken nicht einreißen, machen aus ihrem Geschlechtsleben ein Hindernisrennen. Lassen Sie deshalb zwischen sich und Ihrer Partnerin nichts Trennendes stehen, vermeiden Sie, daß Unsicherheiten und Ängste Ihnen vollkommene Manneskraft und völlige sexuelle Befriedigung vorenthalten.

Fast ebenso wichtig ist die zweite Regel: «Kenne dich selbst!» Für das, was sexuell am meisten befriedigt, gibt es keine allgemeingültigen Gesetze. Jeder Mensch muß sich selbst entdecken, muß probieren und experimentieren, um herauszufinden, was ihm sexuell das größte Vergnügen bereitet. Lernen Sie also sich selbst kennen! Sie müssen wissen, was Sex Ihnen bedeutet und welchen Rang ein erfülltes Geschlechtsleben in Ihren Wünschen, Freuden und Bedürfnissen einnimmt.

Ihr sexueller Erfolg wird weitgehend davon abhängen, wie genau Sie diese beiden Grundregeln beachten. Alles, was Sie sind und je sein werden, ist ja durch Erfahrungen bestimmt, die Sie als Kind gesammelt haben: das Saugen an der Mutterbrust, das Gebissenwerden von einem großen Hund, das Lauschen auf den Wind in den Bäumen, der Anblick des Vaters, der die Mutter tyrannisierte (oder umgekehrt) und Tausende von kleinen Zwischenfällen, aus denen das frühe Leben eines jeden Kindes besteht. Das alles hat Sie geformt, und diese Erlebnisse sind von Einfluß auf Ihre sexuelle Grundhaltung gewesen.

Ein Kind sammelt die unterschiedlichsten Erfahrungen, die sich mehr oder weniger voneinander abheben. Als ein Ergebnis dieser frühen Kindheitserlebnisse zeigt jeder Erwachsene wenig oder stark differenzierte sexuelle Vorlieben und Wünsche.

Ist Ihnen der Busen lieber als das Gesäß? Mögen Sie es, daß Ihre Partnerin einen völlig flachen Bauch hat – oder soll sich der Bauch reizvoll ein klein wenig vorwölben? Lieben Sie lange, dünne oder kürzere und dicke Beine? Sehen Sie lieber langes oder kurzgeschnittenes Haar? Was immer Sie bevorzugen – Ihre Vorliebe hat sich herausgebildet, als Sie noch sehr klein waren. Man würde seine Geschlechtskraft vergeuden, wollte man versuchen, diese Vorlieben und Wünsche zu verändern. Lernen Sie also damit zu leben und ändern Sie nur das, was Ihrer Geschlechtskraft hinderlich ist.

Dazu gehört, daß Sie als erstes alle Ängste, die Sie aus der Kindheit von den Eltern übernommen haben mögen, nach Kräften vergessen. Sie haben in einem glücklichen Geschlechtsleben nichts zu suchen, sondern könnten sogar alle Aussichten, jemals zu wahrer Sexualkraft zu finden, ernsthaft gefährden.

Die Frau, der man in der Kindheit und Jugend eingehämmert hat, daß Geschlechtsverkehr etwas Böses sei (weil sie nicht verheiratet war), hat vielleicht in den tiefsten Tiefen ihres Gemüts immer noch das Gefühl, daß es sogar jetzt, da sie verheiratet ist, unrecht sei, sich einem Mann – ihrem Mann – hinzugeben. Eine solche Frau kann sich in einer sexuellen Beziehung nur dann voll ausleben, wenn sie sich von der Vorstellung befreit, Sex sei etwas Schlechtes.

Der Mann, dem man als Knaben eingehämmert hat, alle Mädchen, die Geschlechtsverkehr haben (oder andere sexuelle Handlungen, beispielsweise Fellatio, vornehmen), seien «billig» oder «schmutzig», hält vielleicht unbewußt noch seine Frau für «billig» oder «schmutzig» – weil sie mit ihm schläft. Ein Mann, der solche Vorstellungen von seiner Frau hat, kann niemals in eine freie, liebevoll geschlechtliche Beziehung zu ihr treten.

Die Frau, die jahrelang Angst vor dem Geschlechtsverkehr hatte, weil sie sich vor einer Schwangerschaft fürchtete, hat vielleicht noch Reste dieser Angst in sich – selbst wenn sie die Pille nimmt! Eine solche Frau kann sich in den Armen des Mannes niemals völlig entspannen, es sei denn, daß es ihr gelingt, die unsinnige Furcht vor einer Schwangerschaft loszuwerden.

Kinder, denen man beigebracht hat, es sei böse, «mit sich selbst zu spielen», fühlen sich als Erwachsene unter Umständen bei den Präliminarien gehemmt, und es ist ihnen vielleicht gänzlich unmöglich, das Vorspiel mit den Genitalien durchzuführen; zumindest werden sie die Vorbereitung auf den eigentlichen Koitus nicht als wirklich freudenspendend empfinden. Für diese Leute ist «Sex» gleichbedeutend mit einem «Schnellschuß» – und sonst nichts. Wenn sie die Angst oder den Ekel vor der Berührung der Geschlechtsteile nicht loswerden, wird es ihnen fast völlig an wahrer Sexualkraft fehlen.

Wichtig ist es also, die Ängste, Befürchtungen und irrationalen Sünd- oder Schuldgefühle, die man in der Kindheit erworben hat, loszuwerden. Nun weiß jeder, der auch nur ein wenig Ahnung hat, wie das menschliche Gehirn funktioniert, daß es ungemein schwierig ist, solche Gefühle auszulöschen. Was der Geist einmal aufgenommen hat, läßt sich nur schwer wieder abschütteln. Was man vergessen hat, oder besser für begraben und vergessen hält, ist höchstwahrscheinlich lediglich in tieferen Schichten des Bewußtseins verborgen. Man muß deshalb realistisch einschätzen, was sich erreichen läßt und was nicht, und sich zumindest von jenen Gedanken zu lösen versuchen, die – wie immer geartet sie auch sein mögen – sich auf den Geschlechtsakt am störendsten auswirken. Andererseits sollten Sie die tiefen, starken Wünsche, die in Ihnen schlummern, für Ihre Zwecke einsetzen, denn sie stellen den Brennstoff für den inneren Sexualkraftgenerator dar. Fördern Sie sie deshalb zutage und machen Sie sie sich zunutze. Wie Sie zu diesen inneren Wünschen gekommen sind, spielt keine Rolle. Aber die Tatsache, daß sie existieren, verlangt, daß Sie sich auch mit ihnen auseinandersetzen; jedes andere Vorgehen bedeutet sexuelle Frustration, Glücklosigkeit und mehr oder weniger sexuelles Versagen. Lassen Sie sich also von Ihren natürlichen Wünschen leiten und entdecken Sie die Ihnen eigene Form der Ekstase. Es gibt keine zwei Menschen, die sich völlig gleichen. Jeder hat seine eigene Lust. Deshalb ist es töricht, ein «Gesetz» aufzustellen, das darüber befindet, was gestattet ist und was nicht.

Jede wissenschaftliche Auseinandersetzung mit dem Wesen des Sexus hat bewiesen, daß vieles, das bisher als «unmöglich» angenommen wurde, keineswegs unmöglich ist. So haben beispielsweise Dutzende von selbsternannten «Experten» behauptet, Frauen sollten nicht versuchen, sich durch Pornographie stimulieren zu lassen. Sie erklärten, es sei für Frauen ganz und gar unmöglich, auf diese Weise sinnlich erregt zu werden. Nun haben aber exakte Untersuchungen gezeigt, was einem schon der gesunde Menschenverstand gesagt haben müßte – daß Frauen wie Männer verschieden sind und daß einige Spaß an Pornographie finden und andere nicht.

Ein weiteres Beispiel: Dutzende dieser «Experten» stellen fest, es sei physisch unmöglich, daß Männer unmittelbar nach einem Orgasmus eine sexuelle Stimulation als lustvoll empfinden könnten. Nun, das mag für die Experten selbst gelten, aber es ist absolut kein Gesetz. Für manche Männer bedeutet eine sexuelle Stimulation unmittelbar nach dem Orgasmus keinen Genuß – andere dagegen schätzen sie sehr.

Man lasse sich also von niemandem einreden, was man kann oder nicht kann. Das muß jeder für sich selbst herausfinden. Sie sind der einzige Experte, die einzige Autorität hinsichtlich Ihres Geschlechtslebens.

Gleichzeitig müssen Sie alles tun, um die individuellen Wünsche Ihrer Partnerin kennenzulernen. Was für Sie gilt, gilt auch für die Frau. Welche kleinen geheimen Wünsche stecken in ihr? Welch verborgener Hunger quält sie? Wenn Ihre Partnerin sich selbst gegenüber ehrlich ist, kennt sie vielleicht die Antworten. Sind sie ihr unbekannt, dann können nur Sie die Geheimnisse in ihr enträtseln. Dazu müssen Sie mit ihr gesprochen haben. Darum experimentieren, prüfen und lernen Sie! Wissen kommt aus Erfahrung, und mit Wissen läßt sich fast alles erreichen. Und übersehen Sie nicht, daß sexuelles Experimentieren kein langweiliger Job ist – genießen Sie es! Der Weg zur sexuellen Kraft muß ebenso freudenreich sein wie der Augenblick, in dem Sie das Zielband durchreißen. Zwingen Sie sich nicht zum Letzten in der sexuellen Befriedigung – das klappt nicht. Machen Sie unterwegs halt, erkunden Sie die Nebenwege der Sexualität. Sorgen Sie dafür, daß Ihnen sogar Ihre Fehlschläge Spaß machen. Scheuen Sie nie vor einem neuen sexuel-

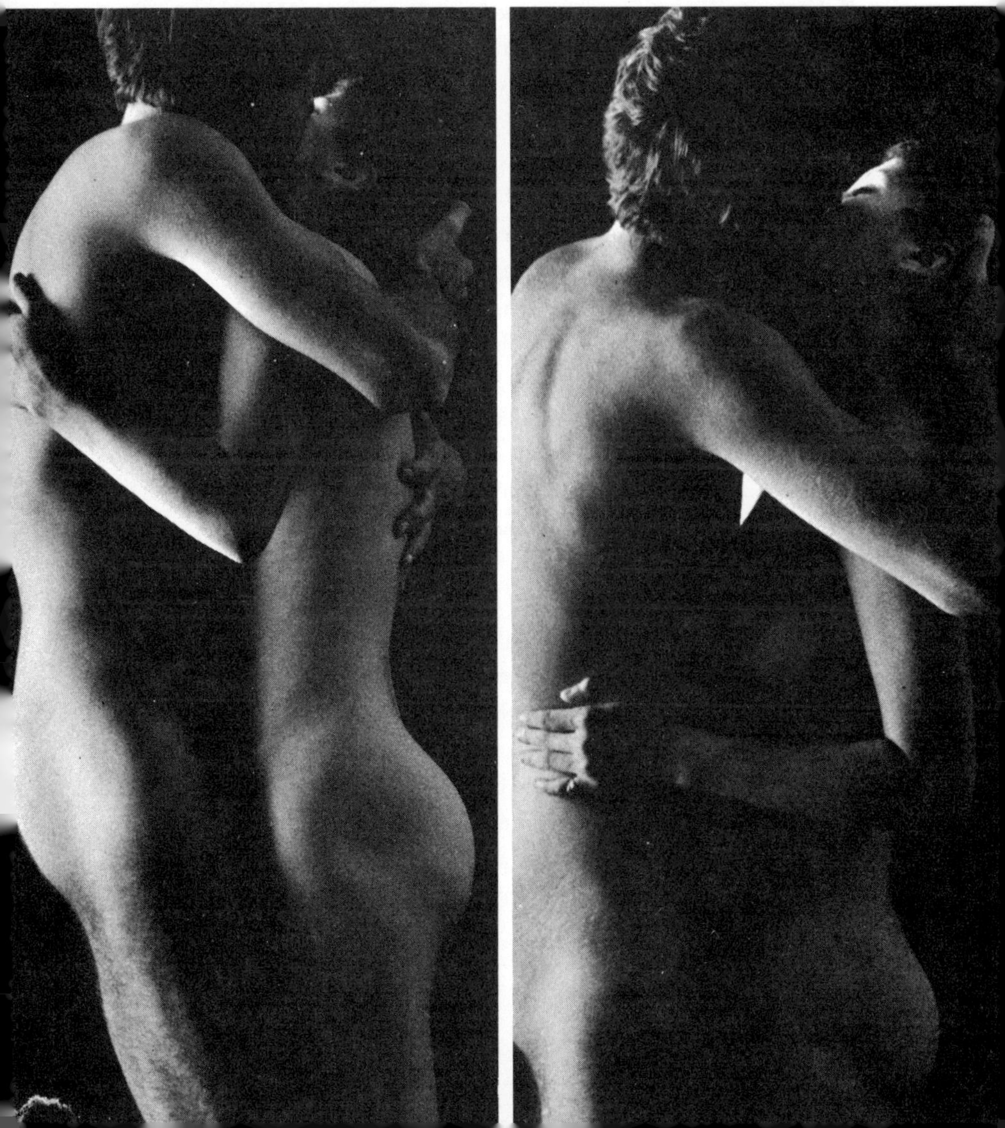

len Versuch zurück aus Angst, er könne schieflaufen. Einer großen Entdeckung gehen unvermeidlich zahlreiche Fehlschläge voraus. Haben Sie niemals Angst, sich zu blamieren, und fürchten Sie nie, daß Ihre Partnerin Ihre Experimente mißbilligen könnte. Schließlich wird jede Form sexuellen Probierens beiden Seiten zugute kommen – also auch ihr.
Denken Sie ferner daran, es sich so leicht wie möglich zu machen. Es gibt viele Mittel, deren man sich bedienen kann, und der wahre Sex-Meister zögert niemals, sie alle anzuwenden. Diese Hilfen außer acht zu lassen, wäre töricht und verschwenderisch zugleich und führt zwangsläufig zu sexueller Unzufriedenheit.
Übrigens sollten Sie, um eine glückliche sexuelle Beziehung aufrecht zu erhalten, nicht versäumen, auf eine wertvolle Hilfe zurückzugreifen: Spielen Sie mit Ihrer Partnerin «Sex-Spiele».
Das heißt: übernehmen Sie vor dem Koitus verschiedene Rollen. Ändern Sie die Einleitungsmethoden, anstatt die übliche abgedroschene Routine zu befolgen und sich vor dem Einschlafen mehr oder weniger mechanisch dem Koitus zu «unterziehen».
Spielen Sie mit Ihrer Partnerin das «Höhlenmensch»-Spiel; natürlich nicht im wahrsten Sinne des Wortes, indem Sie sie an den Haaren durchs Zimmer schleifen – aber ein bißchen Gewalt dürfen Sie schon anwenden. Mit anderen Worten, spielen Sie die dominierende Rolle voll aus. Fragen Sie sie nicht lange, ob Sie das oder jenes tun sollen – tun Sie es! Bitten Sie Ihre Partnerin nicht, daß sie dieses oder jenes tut – befehlen Sie es ihr! Zwingen Sie ihr Ihren Willen auf und lassen Sie sie es genießen, eine Frau zu sein, im guten alten Sinn dem schwächeren, unterwürfigen Geschlecht anzugehören.
Oder versuchen Sie es mit der «Pappagallo»-Technik: bieten Sie Ihren ganzen Charme und alle Zärtlichkeit auf. Zielen Sie mit allen Ihren Kräften darauf ab, ihr, und nur ihr, Genuß zu verschaffen. Genießen Sie es, ihr Lust zu bereiten. Kurz, verführen Sie sie! Verheiratet zu sein und einander gut zu kennen, braucht noch lange nicht zu bedeuten, daß Sie Ihre Frau mit Selbstverständlichkeit nehmen. Erobern Sie sie, so als hätten Sie sie eben erst kennengelernt und mit auf Ihr Zimmer genommen, um ihr Ihre Briefmarkensammlung zu zeigen.
Sie können aber auch den Unnahbaren spielen – doch nicht zu unnahbar.

Dann wird Ihre Frau versuchen, «den Stier zu reizen», d.h., Sie so lange zu bearbeiten, bis Sie ihr geben, was sie haben will.
Sie sollten erregende sexuelle Erlebnisse aus der Vergangenheit wieder lebendig werden lassen – Erfahrungen miteinander oder mit früheren Partnern. Wenn es in Ihren Flitterwochen eine wirklich herrliche Nacht gegeben hat, stellen Sie sich vor, es sei wie damals. Oder malen Sie sich mit Ihrer Partnerin aus, sie sei jenes blonde Mädchen aus Ihrer Schulzeit, mit dem Sie es auf dem Rücksitz im Auto Ihres Vaters getrieben haben. Oder Sie seien der Matrose, mit dem sie in dem Sommer zusammen war, bevor sie Sie kennenlernte. Lassen Sie sich von Ihrer Phantasie an andere Orte und in eine andere Zeit versetzen. Machen Sie der Langeweile dadurch ein Ende, daß Sie Ihrer Partnerin wie einer neuen Bekannten begegnen.
Spielen Sie den Zurückhaltenden. Spielen Sie den Mitleidheischenden. Spielen Sie mit Ihrer Partnerin, daß Sie einander fremd sind. Spielen Sie, daß Sie sich auf einem Schiff nach Amerika oder in einem Pariser Bordell befinden. Aber *spielen* Sie! Lassen Sie sich neue Spiele einfallen.
Wenn sie Spaß machen, wenn Sex dadurch vergnüglicher wird, dann sind es genau die richtigen Spiele für Sie.
Schauen Sie Ihre Partnerin an. Gönnen Sie sich diese Augenweide. Verschlingen Sie ihren Körper mit den Augen. Liebkosen Sie im Geist ihre herrlichen Hinterbacken, ihre Vagina, ihre Brüste. Berühren Sie in Gedanken die weiche Wölbung ihres Bauches, die glatte Haut ihres Halses, die flache Höhlung am Ende ihres Rückgrats.
Sicherlich haben Sie eine besondere Vorliebe dafür, wie Ihre Partnerin sich kleidet – also sorgen Sie dafür, daß sie sich entsprechend anzieht. Vielleicht werden Sie durch eine besondere Farbe oder einen besonderen Stoff erregt – lassen Sie Ihre Partnerin also wissen, welche Farbe sie tragen soll und ob Sie Seidenstoffe weichem, flauschigem Material vorziehen.
Schwärmen Sie für mittelgroße Brüste, oder ist Ihnen ein großer, runder, ausladender Busen lieber? Wahrscheinlich werden Sie von mageren Frauen kaum begeistert sein, aber wie dick möchten Sie sie gerne? Wählen Sie sich die Partnerin, die Ihrem Geschmack am ehesten entspricht.

Ihre Partnerin sollte also wissen, wie sehr ihr Anblick Ihnen Freude macht. Schauen Sie zu, wie sie ihre Bluse und ihren Büstenhalter auszieht, beobachten Sie sie, wie sie ihren Körper bewegt, wenn sie ihren Schlüpfer abstreift. Geben Sie ihr zu verstehen, wie sehr jede kleine Geste Sie erregt. Nichts macht eine Frau zur Liebe bereiter als die Gewißheit, daß Ihre Augen (und Ihre Phantasie) bereits begonnen haben, ihren Körper zu liebkosen.

Und lassen Sie sich von ihr anschauen. Mögen Sie nun «Mister Universum» sein oder nicht – jedenfalls haben Sie Körperteile aufzuweisen, die

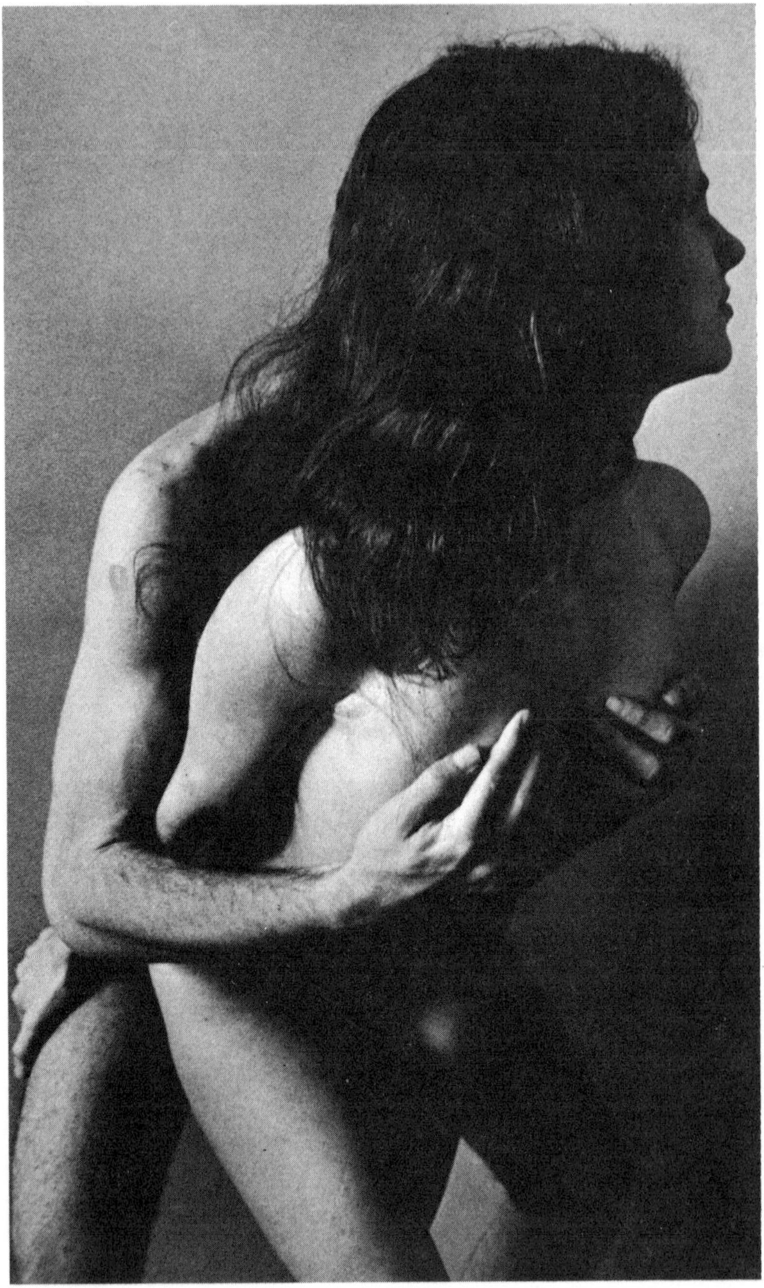

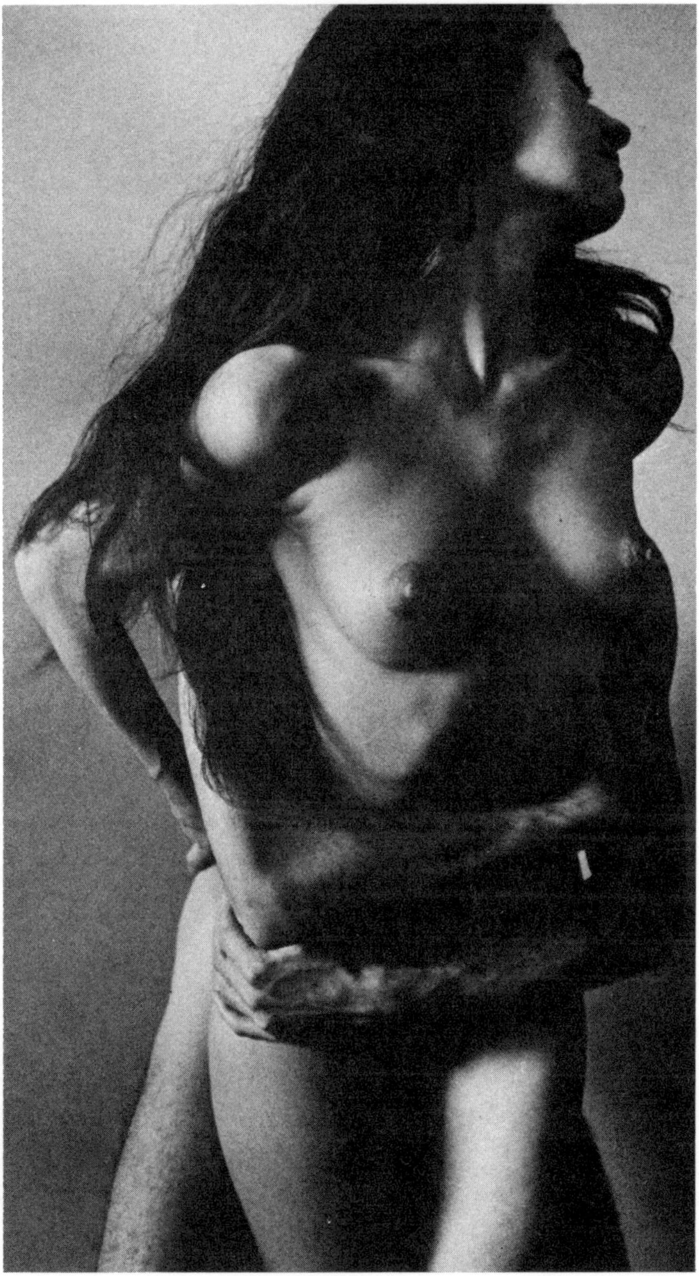

jede normale Frau gerne sieht, wenn sie erregt ist. Auch Frauen haben Phantasie und können sich ebensogut wie Sie vorstellen, was kommen wird. Den meisten Frauen macht es zudem Freude, festzustellen, wie sehr Sie durch sie schon erregt sind – noch ehe Sie beide mit dem «Eigentlichen» begonnen haben.

Wenn Sie Ihre Partnerin gerne betrachten, ehe Sie mit dem Vorspiel anfangen, warum sollten Sie dann Ihren Augen das Vergnügen nicht gönnen, wenn Sie mitten drin sind? Was Sie tun, macht Ihnen (und Ihrer Partnerin) doch Freude – warum also die Augen vor dem Liebesakt verschließen?

Die Auffassung ist weit verbreitet, Frauen fänden am Geschlechtsakt keinen Spaß, wenn das Licht brennt. Es mag zwar stimmen, daß eine Frau grelles Deckenlicht als störend empfindet; aber mattes, warmes Licht dürfte das Vergnügen eigentlich kaum stören. Im Gegenteil, bei vielen Frauen steigert es sogar den Genuß, wenn sie *sehen* und nicht nur *spüren*, was geschieht. Und die Brüste (und andere Körperteile), durch deren Anblick Sie schon im voraus so erregt werden, sind doppelt so herrlich anzusehen, wenn sie sich im Rhythmus der Liebe bewegen.

Eine ausgezeichnete indirekte Beleuchtung während des intimen Beisammenseins ist das Sonnenlicht, das in ein Schlafzimmer sickert, gefiltert durch die Latten einer Jalousie oder die Vorhänge. Es gibt keinen Grund, warum Sex auf die Nacht beschränkt bleiben sollte, auf eine Zeit, da beide Partner durch einen langen, ermüdenden Arbeitstag erschöpft sind.

Sex ist keine Schlaftablette; er kann am Morgen oder Nachmittag doppelt so schön sein wie am Abend. Und sofern Ihre Partnerin nicht mit Lockenwicklern auf dem Kopf und dicken Schichten von Nachtcreme auf dem Gesicht schläft, wirkt sie vielleicht gerade im Morgenlicht am verführerischsten. Und Sie sind möglicherweise nach einer guten Nachtruhe besonders potent.

Eine große Rolle beim Geschlechtsverkehr spielt auch der Geruch – also setzen Sie diesen Sinn ein! Jeder Mensch hat einen bestimmten Eigengeruch, der manchmal angenehm und anziehend, manchmal aber leider auch abstoßend wirkt. Zum Glück gibt es für derart geplagte Männer und Frauen sehr wirkungsvolle Parfüms und natürliche Sub-

stanzen. So ist es einem Mann, der ständig schwitzt, unbedingt anzuraten, ein Deodorant und Kölnischwasser zu benutzen. Aber natürlich müssen Sie Ihre Partnerin so weit kennen, daß Sie wissen, welche Gerüche und Duftstoffe sie stimulieren (oder auch anwidern). Viele Frauen lieben den natürlichen Geruch eines Männerkörpers – auch frischen Schweiß. Probieren Sie bei Ihrer Partnerin verschiedene Toilettenwasser aus – sicher gibt es einen ganz bestimmten Duft, der sie besonders anspricht und Sie in ihrer Vorstellung männlicher erscheinen läßt.
Frauen sollten ebenfalls mit Parfüms experimentieren; sie laufen zwar stets Gefahr, hinterher weniger gut zu riechen als zuvor – doch darauf muß es eine Frau eben ankommen lassen. Voraussetzung für die Anwendung von Duftstoffen ist natürlich, daß man sich vorher gründlich wäscht. Seife und Wasser wirken oft Wunder. Übrigens lassen sich auch die Gerüche, die Sie bevorzugen, fast immer auf bestimmte Assoziationen aus Ihrer Kindheit zurückführen. Um es also noch einmal zu betonen: Ignorieren Sie Ihre positiven Kindheitserinnerungen nicht, sondern machen Sie Gebrauch davon.
Dabei sollten Sie niemals außer acht lassen, daß alles, was mit Sex zu tun hat, keinen allgemeingültigen Vorschriften unterliegt. Die Hersteller von Kosmetika und Duftwässern geben jährlich Millionen von Mark aus, um die Öffentlichkeit davon zu überzeugen, daß natürliche Gerüche schlecht und nur die im Laden gekauften sexy sind. Lassen Sie sich das nicht einreden. Manche Menschen ziehen Parfüm vor; andere bevorzugen den natürlichen Geruch eines sauberen Körpers; wieder andere sind scharf auf den Körpergeruch, der sich in ein oder zwei Tagen angesammelt hat. Und viele Menschen ändern ihren Geschmack in dieser Hinsicht laufend; einmal mögen sie vielleicht den natürlichen Geruch, ein andermal ein Parfüm. Manchmal wünschen sie ein feines, kaum wahrnehmbares Parfüm, dann wieder einen stärkeren, aufdringlichen Duft. Vergessen Sie die Reklamesprüche der Parfümindustrie. Welchen Geruch Sie bevorzugen, ist Ihre eigene Angelegenheit, und warum sollten Sie Ihren Geschmack nicht immer wieder ändern dürfen?
Sicher wollen Sie auch den Geruchssinn in die Liebesspiele mit Ihrer Partnerin einbeziehen. Wenn Sie spielen, daß Sie sich eben erst kennengelernt haben und in einem Hotelzimmer befinden, dann möchten Sie

vielleicht, daß Ihre Partnerin ein ganz neues Parfüm benutzt; oder Sie spielen «Pappagallo» und wählen für sich selbst ein stärkeres, romantischeres Kölnischwasser als gewöhnlich.

A propos, wenn schon vom Geruchssinn als Bestandteil des Gesamtsex die Rede ist: Vergessen Sie nicht den Mund! Putzen Sie die Zähne sorgfältig, ehe Sie sich der Liebe hingeben (oder verwenden Sie ein Mundwasser), denn dadurch werden Ihre Küsse vielleicht willkommener.

Übrigens: Ein Tupfen Parfüm hinterm Ohr Ihrer Partnerin mag angebracht sein, wenn sie ins Kino oder in ein Restaurant geht. Aber für das Bett können außer dem Hals viele Körperstellen parfümiert werden.

Auch der Schall ist ein wertvolles Hilfsmittel im sexuellen Bereich. Die psychologische Erklärung dafür ist meist in frühen Erfahrungen und Kindheitseindrücken zu suchen. Das sanfte Rauschen der Blätter, das Plätschern des Wassers, die Musik oder der Klang einer menschlichen Stimme – all das weckt Assoziationen in uns. Manchmal erweist sich ein lautes Geräusch als sexuell stimulierend, beispielsweise das Klatschen, das durch einen kräftigen Schlag auf nacktes Fleisch entsteht, oder das leise Weinen einer Frau oder ihr lauter Aufschrei.

Die erregende Wirkung, die von der Musik ausgeht, ist schon seit langem bekannt. Allerdings sind auch in dieser Hinsicht die Menschen sehr verschieden: Was den einen stark stimuliert, kann einen anderen völlig kalt lassen. Manche Kompositionen sind als Aphrodisiaka weltberühmt geworden – so Ravels «Bolero» und Strawinskijs «Sacre de Printemps» –, aber sie müssen nicht unbedingt für jeden diese Bedeutung haben. Die eine Frau wird am stärksten durch sanfte, fließende, romantische Musik angesprochen, die andere regt der harte, treibende Beat des Rock 'n' Roll an. Ja, es gibt sogar Menschen, auf die Orgelmusik die erregendste Wirkung ausübt. Welche Musik Sie und Ihre Partnerin erregt und entspannt, müssen Sie selbst herausfinden, und Sie müssen diese Musik erklingen lassen – nicht nur vor dem Koitus, sondern auch während des Liebesaktes.

Wenn Sie Ihre Frau lieber verführen – anstatt gewohnheitsmäßig mit ihr zu schlafen –, dann sollten Sie Ihre Bemühungen als Casanova auf jeden Fall mit Musik unterstützen.

Viele Menschen werden durch den Klang der Stimme ihres Partners besonders erregt. Vielleicht stimuliert es Ihre Partnerin, wenn Sie ihr während des Beischlafs sagen, wie herrlich ihr Körper ist. Oder Sie werden erregt, wenn Sie von ihr hören, wie sehr ihr die Liebe Freude macht – während Sie sich beide umarmen.

Auch das Geräusch des Atems spielt bei der sexuellen Stimulation eine große Rolle. Sie können am Atemgeräusch Ihrer Partnerin erkennen, wie erregt sie ist. Viele Menschen schätzen das laute Keuchen oder schweres Atmen als sehr aufreizenden Bestandteil der sexuellen Gesamterfahrung. Verschließen Sie deshalb nicht Ihr Ohr vor einem Ton, der den Genuß am Geschlechtsverkehr steigern könnte.

Machen Sie sich die Geräusche des Sex zunutze, geben Sie sich ihnen ganz hin. Alle angenehmen Assoziationen, die mit den Geräuschen beim Geschlechtsakt verbunden sind, sind psychische Aphrodisiaka von größter Wirksamkeit.

Wenn auch Sehen, Hören und Riechen zum Sex beitragen, so verlangt die wachsende Leidenschaft doch sehr bald den körperlichen Kontakt und die Liebkosung. Man sollte stets daran denken, daß sanftes Streicheln und zärtliche Liebkosungen zu Beginn des Liebesspiels die Leidenschaften am stärksten aufwallen lassen. Am Anfang einer sexuellen Erregung sind die Nerven besonders empfindlich, und deswegen ist die samtweiche Berührung unwiderstehlich aufreizend. Natürlich werden Sie von Fall zu Fall anders vorgehen und je nachdem bestimmte Aspekte des Liebesspiels mehr oder weniger betonen – aber selbst ein Höhlenmensch muß wissen, wann er sanft zu sein hat, wenn er seine Höhlenfrau erregen und ihr Genuß verschaffen will!

Ein kompliziertes Netzwerk von Gefühlsnerven durchzieht den ganzen Körper, und es ist deshalb leicht verständlich, daß eine Umarmung, bei der beide Partner völlig nackt sind, am stärksten erotisiert. Vollständige Nacktheit ermöglicht den vollkommenen Kontakt zwischen Ihrem Körper und dem Ihrer Partnerin. Dabei stimuliert ein Körper den andern: alle Nervenzellen auf der einen Körperseite werden auf diese Weise liebkost und erregt. Wenn man sich vor der sexuellen Begegnung oder im Frühstadium der Intimitäten völlig entkleidet, erweist sich eine vollkommene Umarmung, bei der die weichen Brüste gegen den

starken männlichen Brustkorb gedrückt werden, die weiche Schenkel und angespannte Hinterbacken sich berühren läßt, die Bauch gegen Bauch und Bein gegen Bein bringt, weit stimulierender und erregender als ein allzu heftiger Geschlechtsakt. Völlige Nacktheit während des Liebesspiels bedeutet vollkommenen sexuellen Kontakt zwischen Mann und Frau. Was könnte für einen Mann fesselnder sein als die Haarbüschel an der Scheidenöffnung? Was erregt eine Frau mehr, als zu sehen, wie das Glied des Mannes lebendig wird, wie es wächst und sich versteift, um sich auf das Eindringen in ihren Körper vorzubereiten?

Dieser Punkt ist besonders wichtig, und es muß deshalb noch einmal betont werden, daß die sexuell empfindlichen Nerven schon durch eine sanfte, weiche Berührung erregt werden. Wenn aber schon ein oder zwei Berührungspunkte große sexuelle Erregung verschaffen können, läßt sich ja leicht ausrechnen, was fünf oder gar zehn Kontaktpunkte zwischen zwei Körpern zuwege bringen. Natürlich genügt es nicht, den Kontakt nur herzustellen. Sanfte, aber bewegungslose Berührung kann die Empfindungen ebenso leicht erlöschen lassen wie zu harter Druck. Bewegen Sie deshalb Ihren ganzen Körper, und erkunden Sie auf diese Weise den Körper Ihrer Partnerin. Durch leichte Körperdrehungen kommen Sie zu immer innigerem Kontakt mit Ihrer Partnerin. Und doch reicht er allein nicht aus. Er muß anfänglich zart, liebkosend sein, und dabei müssen die Schlüsselpartien des Körpers sanft bearbeitet werden. Lassen Sie sich dafür Zeit. Das Liebesspiel ist keine langweilige Einleitung für das «Eigentliche», sondern Teil davon. Gewinnen Sie ihm alles ab – verweilen Sie bei den Freuden, die es Ihnen gewährt, kurz, genießen Sie es – aber langsam.

In der Regel beginnt die sexuelle Begegnung mit dem Küssen. Küsse mit geschlossenem Mund, mit unterschiedlichem Druck, mit feuchten oder trockenen Lippen, mit leichtem Kontakt oder verschiedenen Bewegungen verschaffen angenehme, erregende Gefühle. Dieser am wenigsten intime Kuß wird manchmal als Teil des sexuellen Gesamterlebnisses unterschätzt. Selbst nachdem ein Paar zu tieferen Küssen oder intimeren Beziehungen übergegangen ist, sollte die sanfte Zärtlichkeit des Kusses mit geschlossenen Lippen nicht aufgegeben werden. Im richtigen Augenblick kann ein Kuß mit geschlossenem Mund dem

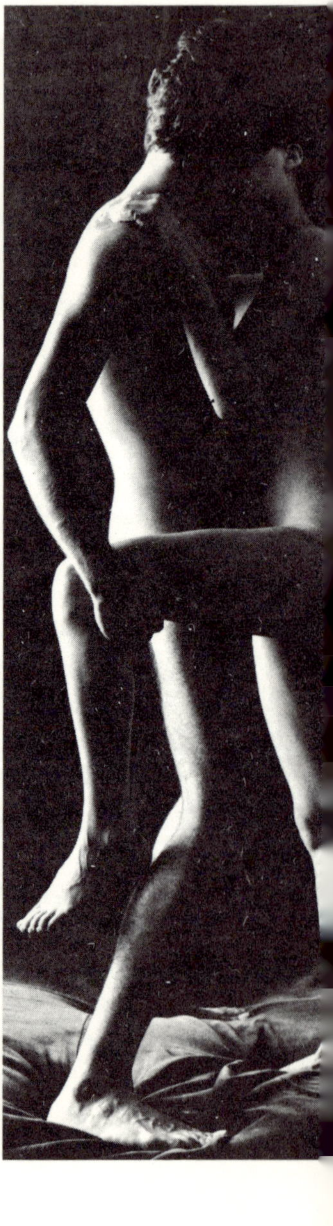

Geschlechtsverkehr jene besondere Note geben, die ihn zu einer ganz persönlichen Erfahrung werden läßt.
Das Küssen mit offenem Mund, der Zungenkuß, kann höchst interessant und kompliziert sein. Die Zunge ist ja mit empfindlichen Sinnesorganen geradezu gespickt. Wenn dieses zarte Werkzeug eingesetzt wird, so liebkost und reibt und quält es und schafft damit eine unendliche Vielfalt von Empfindungen, während es forschend vorwärtsdrängt. Versuchen Sie beispielsweise, Ihrer Partnerin die Zunge tief in den Mund zu stoßen und dann ihren ganzen Mund mit den Zähnen zu umfassen, die Sie um ihre Ober- und Unterlippe schließen. Versuchen Sie, jede Stelle im Mund Ihrer Partnerin mit der Zunge zu erkunden. Die Falte zum Beispiel, wo Oberlippe und Oberkiefer zusammenstoßen, ist eine richtige kleine Tasche, in die Sie Ihre Zunge schieben können. Lassen Sie dann Ihre Zunge den Kiefer entlang und über die Schneidezähne gleiten. Manche Frauen werden besonders erregt, wenn man ihnen den Kiefer an den Wurzeln der oberen Schneidezähne mit der Zunge kitzelt.
Wenn Ihre Partnerin Ihren Mund mit der Zunge erforscht, sollten Sie ihr dadurch helfen, daß Sie die Bewegungen Ihrer eigenen Zunge einschränken. Ein leichtes Saugen kann dabei ihre Erkundung erfreulicher machen, aber wenn es zu stark wird, tut es ihr nur weh, und sie wird notgedrungen ihre Zunge zurückziehen. Sicher macht es ihr auch Spaß, die Zunge zwischen Ihren Zähnen zu reiben, aber passen Sie auf, daß Sie dabei nicht zubeißen.
Von den Lippen gehen Sie nun zu anderen Stellen über. Tasten Sie mit den Zähnen – natürlich sanft – ihren Hals ab, und ermuntern Sie gleichzeitig Ihre Partnerin, bei Ihnen dasselbe zu tun. Knabbern Sie an ihren Ohren. Gerade darauf sollten Sie nicht verzichten. Fast jeder Mensch wird stark erregt, wenn man ihm das Ohr küßt. Durch welche Art von Kuß das Ohr am meisten gereizt wird, ist von Mensch zu Mensch verschieden. Probieren Sie also mehrere Techniken aus, um die für Ihre Partnerin geeignete zu entdecken. Nehmen Sie ihr Ohrläppchen in den Mund und ziehen Sie sanft mit den Zähnen daran, als wollten Sie es in die Länge dehnen. Oder fahren Sie mit der Zunge den Rand ihres Ohres entlang, kurven Sie leicht nach innen bis zum Gehörgang. Oder versuchen Sie, das ganze Ohr mit dem Mund zu umschließen. Fahren Sie

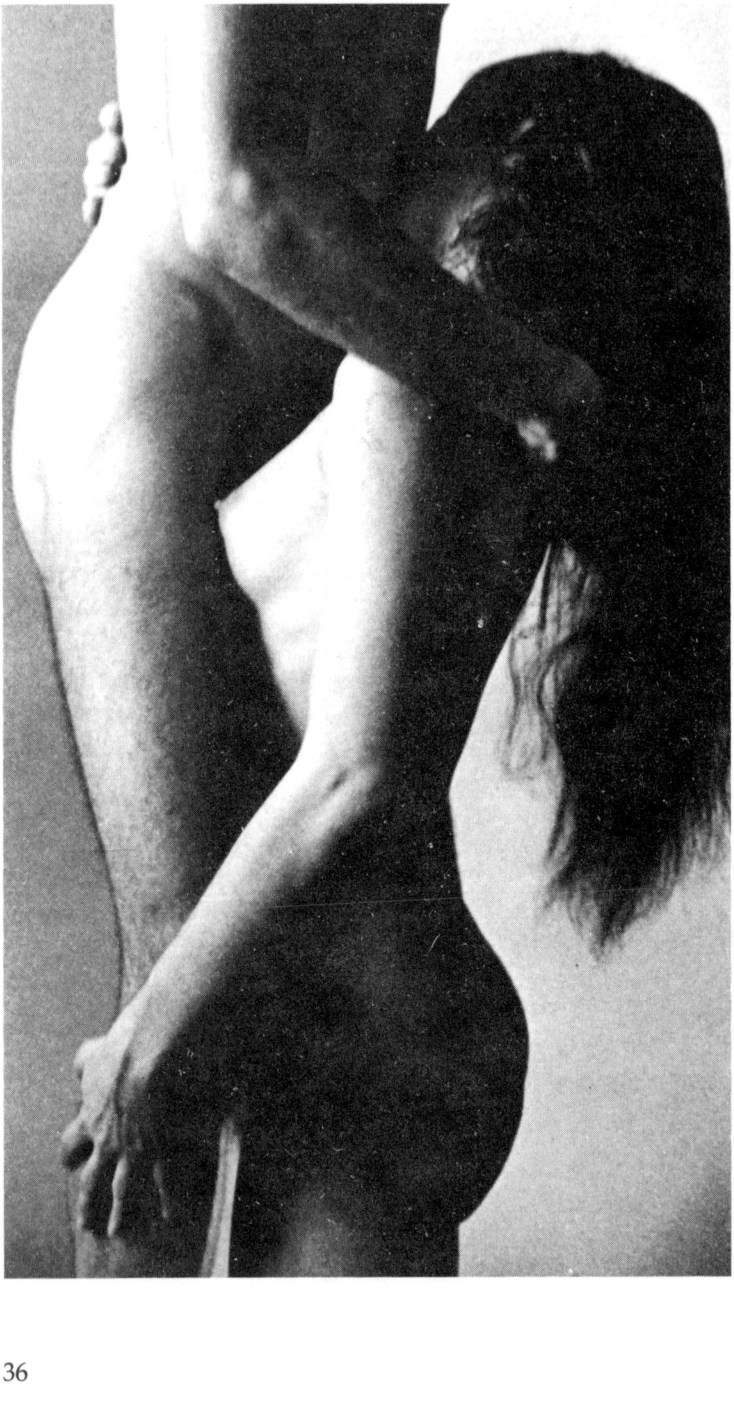

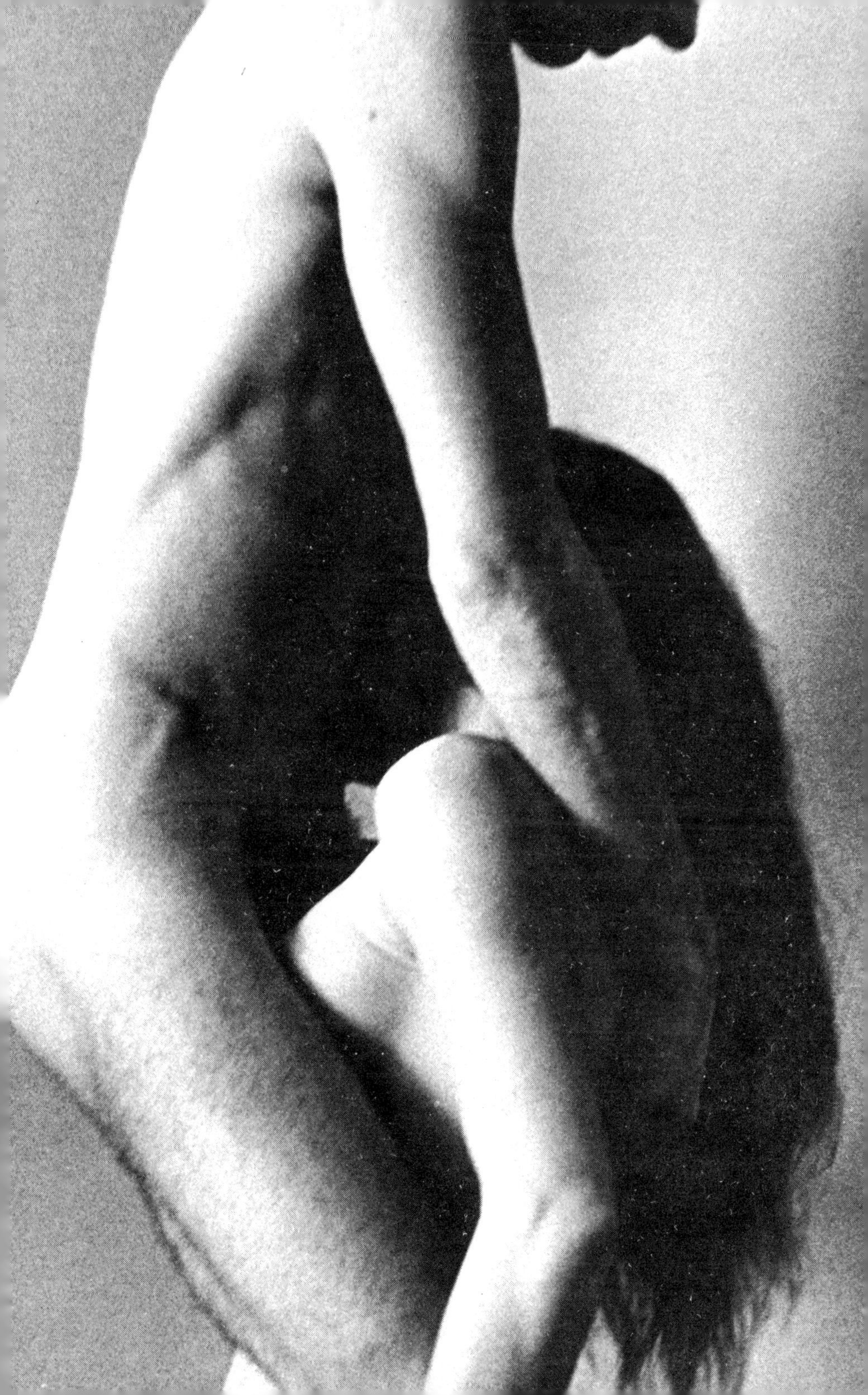

darauf – das Ohr im Mund – mit der Zunge leicht an den Rändern entlang. Beknabbern Sie das Ohr am ganzen Rand. Oder probieren Sie, Ihrer Partnerin die Zungenspitze mit Gewalt ins Ohr zu stoßen. Experimentieren Sie – etwas wird bestimmt eine starke Wirkung auf Ihre Partnerin ausüben. Sie haben die angenehme Aufgabe, herauszufinden, was das ist.

Und nun kommen wir zum Busen. Hier kann so viel geschehen, unzählige Genüsse lassen sich gewinnen, und die Frau kann auf viele Arten erregt werden. Das Spiel mit den Brüsten sollte für Sie übrigens ebenso aufregend sein wie für Ihre Partnerin. Lassen Sie Ihrer Phantasie freien Lauf, wenn Sie sich zwei großen schönen Brüsten gegenübersehen! Es gibt alle möglichen Variationen, die Brüste – und besonders die Brustwarzen – mit den Händen und dem Mund zu stimulieren. Der Mund erweist sich dabei am geschicktesten, aber das heißt nicht, daß man die Hände vergessen sollte.

Das sanfte Umfassen der Brust mit der ganzen Hand ist oft ein ausgezeichneter Anfang für ein intensiveres Liebesspiel. Streicheln Sie leicht über die Brust, lassen Sie behutsam die Handfläche über die Brustwarze gleiten. Sie werden dabei spüren, wie diese unter Ihrer Hand anzuschwellen beginnt. Wenn Sie sich dann auf die Warze selbst konzentrieren, spielen Sie zunächst sanft damit, und zwar mit den Fingerspitzen und der Rückseite der Finger. Kreisen Sie um die Warze und berühren Sie sie dabei nur mit den Rändern Ihrer Fingernägel oder den Fingerspitzen, um sie zu stimulieren. Schließlich fassen Sie die Warze zwischen Daumen und Zeigefinger und drehen sie leicht hin und her. Manche Frauen haben es gern, wenn man ihre Warze zart und doch fest von der Brust wegzieht und dadurch die ganze Brust streckt. Andere lieben es, die versteifte Warze wieder in die Brust hineingedrückt zu bekommen, und wieder andere möchten, daß man die Warze wie eine Schraube dreht. Probieren Sie alle diese Techniken aus – auch andere, die Ihnen vielleicht außerdem einfallen. Wie Sie der beste Fachmann für Ihre eigenen Genüsse sind, so weiß auch Ihre Partnerin am besten, was ihr Freude macht. Sie wird Ihnen zu verstehen geben, welche Behandlung der Brust ihr den größten Genuss bereitet. Aber wie sehr sie auch die

Liebkosungen mit der Hand schätzen mag, fast sicher wird sie durch Ihren Mund noch mehr Genuß erfahren. Hierzu einige Vorschläge:

1. Fahren Sie mit der Zungenspitze über die Brustwarze. Dabei sollten Ihre Lippen sie kaum berühren, während Sie mit der Zunge darüber streifen. Der Erfolg dieser (wie jeder anderen) Technik läßt sich natürlich leicht an der physischen Reaktion der Brustwarze feststellen. Die Warze

wird wie das männliche Glied größer, fester und richtet sich auf, wenn man sie stark reizt. Geht die Erektion der Warze zurück, während Sie die eine oder andere Liebkosung anwenden, dann ist diese Technik wahrscheinlich nicht angebracht.

2. Sie können folgenden kleinen Trick probieren: Nehmen Sie die ganze Warze so in den Mund, als wollten Sie einen kleinen Bissen des besten Fleisches kosten, das Sie je gegessen haben. Dazu müssen Sie die Zungenspitze hinter den Unterkiefer stellen und die Oberseite der Zunge unter die Warze schieben. Drücken Sie nun die Zunge so nach oben, daß die Warze gegen den Gaumen gehoben wird. Jetzt lassen Sie sie in einer sanft saugenden, melkenden Bewegung hin- und hergleiten. Aus naheliegenden Gründen wird diese Technik oft als «Kuhmelken» bezeichnet. Während des Melkens gleitet die Warzenspitze über Ihren vorderen Gaumen und die Rückseite der oberen Schneidezähne. Wenn Sie die Warze nun mit der Zunge kräftig nach oben drücken, erzeugen Sie eine Empfindung, die den meisten Frauen gefällt. Sie können die Zunge aber auch sanft aufwärts schieben und sich darauf konzentrieren, der Warze nur das Sauggefühl zu vermitteln. Probieren Sie beides aus, um herauszubekommen, was Ihre Partnerin bevorzugt.

3. Sie können die ganze Warze in den Mund nehmen und sie zwischen Zunge und Gaumen melken, wie in 2 erläutert wurde. Der Unterschied besteht darin, daß Sie etwas mehr Kraft aufwenden, so daß die Geräusche, das Saugen und die Reizung stärker sind. Als besondere Variation können Sie die Zunge hin- und herbewegen und so die Warze gegen die Innenseite der Backenzähne pressen.

4. Stülpen Sie die Lippen nach außen, so daß die Lippenfläche möglichst groß wird. Legen Sie nun die Lippen sehr sanft auf die Brustwarze und blasen und saugen Sie. Lassen Sie dabei die Warze sich in die Lippen hinein- und herausschieben. Im Idealfall sollte dies sehr schnell geschehen, aber auch – und das ist äußerst wichtig – sehr zart und gefühlvoll. Da diese Lippenstellung etwas unnatürlich ist und schnelle, sehr sanfte Bewegungen erforderlich sind, mag diese Technik Sie vielleicht ein

bißchen ermüden oder abschrecken. Ehe Sie sie schlecht anwenden (indem Sie zu langsam oder zu grob sind), sollten Sie sich nur kurze Zeit so behutsam und rasch wie möglich dieser Technik bedienen und dann zu einer anderen übergehen. Sie können die Brustwarze zwischen die Zähne nehmen und den Kopf leicht schütteln. Das erzeugt eine gewisse Reibung und damit eine interessante Empfindung. Wenn Sie wollen, können Sie auch den Kopf von der Brust entfernen und dadurch die Brustwarze leicht und sanft strecken. Fast jede Frau wird das als lustvoll empfinden. Dieses sehr zarte Strecken der Brust bietet der Frau eine neue kleine Abwechslung im üblichen Brustspiel.

5. Ziehen Sie die Lippen so über die Zähne, daß diese vollständig bedeckt sind. Dann erfassen Sie die Warze mit den zurückgerollten Lippen und bewegen die Kiefer seitwärts hin und her. Rollen Sie die Warze über beide Lippenflächen; dadurch wird sie zusammengedreht und wieder aufgerollt – eine Bewegung, die nicht nur Ihrer Partnerin Genuß verschafft, sondern auch für Ihre Lippen besonders stimulierend und angenehm sein wird. (Schließlich sollte das Liebkosen der Brüste Ihnen ebensoviel Lust bringen wie Ihrer Partnerin, denn stets ist bei vollkommen befriedigendem Sex das Geben so lustvoll wie das Nehmen.)

6. Wenn die Partnerin auf das Wegziehen der Warzen von der Brust stark reagiert, können Sie die Techniken 4 und 5 miteinander zu verbinden versuchen. Mit lippenbedeckten Zähnen lassen sich die Warzen noch fester fassen – ohne daß es wehtut – und weiter wegziehen als mit bloßen Zähnen.

7. Eine andere Technik, die Sie ausprobieren sollten, besteht darin, den Mund nur wenig zu öffnen und die Lippen vollkommen zu runden, fast als wollten Sie einen Rauchring blasen. Den gerundeten Mund legen Sie dann um die Brustwarze, die Sie sanft blasen und saugen, und zwar so, daß die Warzenzone aus der Brust herausgesogen und wieder zurückgedrückt wird. (Das unterscheidet sich von der Technik, bei der nur die Warze selbst mit den Zähnen gereizt wird.) Es ist eine der trockensten Techniken – Sie berühren die Warze nur mit den Lippen,

nicht mit der Zunge oder dem Innern des Mundes. Da die Empfindungen bei dieser Reizung nicht durch Feuchtigkeit verwischt werden, sollte man diese Technik in der Regel vorziehen. Natürlich hat, wie ich immer wieder betonen muß, jeder Mensch seine eigenen Vorlieben, und manche mögen's lieber naß. Wer noch nicht weiß, was er selbst und was die Partnerin bevorzugt, kann beides ausprobieren.

8. Strecken Sie die Zunge heraus und legen Sie deren Oberseite flach auf die Brustwarze. Dann reiben Sie mit der Zunge vor und zurück, im Kreis herum und wieder vorwärts und rückwärts. Benutzen Sie dabei den flachen oberen Teil der Zunge, die Spitze, die Seiten und die Unterseite. Jede Zungenpartie erzeugt andere Empfindungen, und die beste Liebkosung ist eine Mischung aus allen. Sie brauchen sich dabei keineswegs nur auf die Warze zu beschränken, sondern können Ihr Zungenspiel auf die ganze Brust ausdehnen, besonders auf den Brustansatz. Aber natürlich ist das Warzengebiet am empfindlichsten, und deshalb sollten Sie stets dorthin zurückkehren.

9. Sie müssen sehr darauf achten, nicht wirklich in die Warze zu beißen; das erzeugt einen sehr heftigen Schmerz und verdirbt Ihrer Partnerin wahrscheinlich die Lust am weiteren Liebesspiel. Vorsichtiges Knabbern aber wird den meisten Frauen sehr gefallen und sie reizen. Am besten beknabbern läßt sich die Brustwarze selbst – obgleich es manchen Frauen Freude macht, wenn man die ganze Brust leicht mit den Zähnen zwickt. Sollte es Ihre Partnerin besonders reizen, wenn Sie mit den Schneidezähnen an ihrer Warze knabbern, können Sie es auch einmal mit den Backenzähnen versuchen. Dazu müssen Sie die Warze auf den breiten Kauflächen dieser Zähne sanft drehen. Abschließend – gewissermaßen als Zugabe – können Sie die Eckzähne benutzen (die scharfen spitzen neben den Schneidezähnen) und zubeißen – scharf, rasch und dennoch so zart, daß nur ein kurzer, leichter Schmerz entsteht.

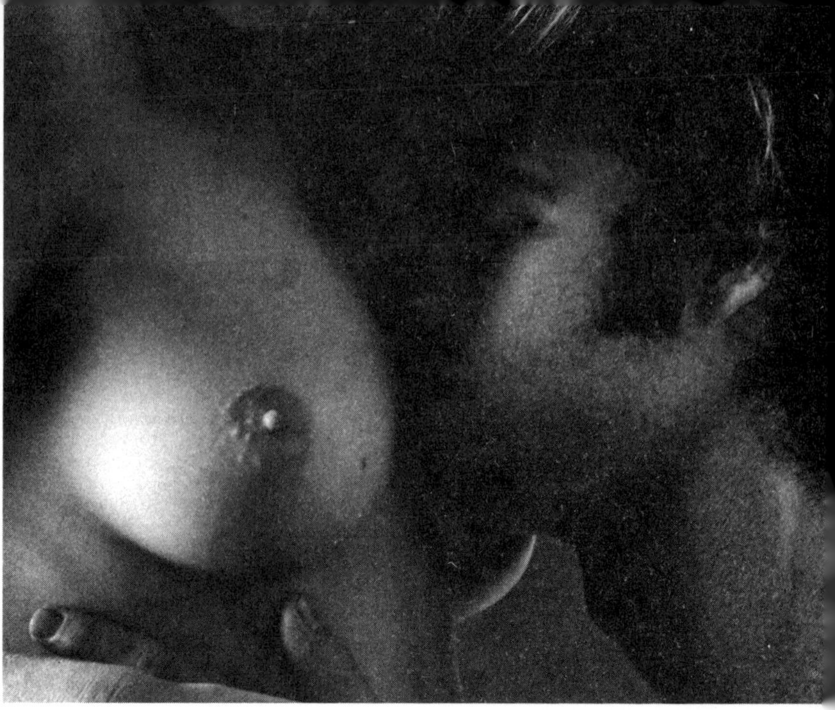

Während Sie die eine Brust mit dem Mund liebkosen, können Sie mit den Händen alles mögliche tun. Bei den saugenden oder melkenden Techniken empfiehlt es sich, die Brust mit den Händen zu umfassen, sie zu kneten, an ihr zu ziehen und sie dabei so zu halten, daß Sie die Warze bequem ganz nach Wunsch bearbeiten können. Oder noch besser, Ihre Partnerin umfaßt ihre Brust selbst und bietet Ihnen die Warze zum Spiel dar. In diesem Fall haben Sie die Hände für andere Zärtlichkeiten frei. Vielleicht reizen Sie die eine Brust mit den Händen und die andere mit dem Mund. Während Sie mit den Lippen oder Zähnen eine Warze von der Brust wegziehen, können Sie bei der anderen Brustwarze mit Daumen und Zeigefinger dasselbe tun.

Natürlich gibt es in der Regel keinen Grund, sich beim Mundspiel auf eine Brust zu beschränken. Sie können zwischen beiden Brüsten abwechseln und so den Zustand hochgradiger Reizung erhalten. Wenn Sie sich mit dem Mund an einer Brust beschäftigen, können Sie mit den Fingern die andere Warze steif halten, bis Sie wieder mit dem Mund zu ihr zurückkehren. Oder Sie liebkosen andere Körperteile Ihrer Partne-

rin, während Sie sich an ihrer Brust gütlich tun. Eine Hand kann dabei sanft über ihre Schenkel gleiten oder eine leichte Stimulierung der Vaginalzone einleiten. In manchen Positionen ist es sogar möglich, das Gesäß leicht zu massieren und zärtlich zu streicheln, während Sie den Mund an ihren Brüsten haben.

Mit den Liebkosungen der Brust beginnt häufig das Liebesspiel, und es ist tatsächlich ein ausgezeichneter Anfang. Trotzdem sollte man auch im weiteren Verlauf die Brüste nicht vernachlässigen. Liebkosen Sie sie also auch während des Koitus. Oder nach der Vaginalzone. Oder sogar nach dem Orgasmus.

Es sollte auch nie eine ganz bestimmte Zeit dauern: in der einen Nacht verweilen Sie vielleicht nur kurz bei den Brüsten, ein andermal beschäftigen Sie sich zwanzig oder dreißig Minuten lang in aller Muße mit ihnen.

Natürlich gibt es noch andere wichtige Körperteile. Sie und Ihre Partnerin werden feststellen, daß Sie bei sanften Zärtlichkeiten an den Ohren, Haaren, Schultern, in der Magengrube, am Rücken, an den Hüften, den Gesäßfalten und wo immer Sie durch Verlangen oder Phantasie hingelangen, heftigste Erregung verspüren.

Sie können sich sobald wie möglich nackt umarmen, gegeneinander reiben, sich aneinanderpressen und sich winden. Vielleicht möchte Ihre Partnerin ihren Schoß gegen Ihr gebeugtes Knie pressen und ihren ganzen Körper drehen, um auf diese Weise ihre Genitalzone in die höchste Erregung zu versetzen. Sie wollen vielleicht Ihren Penis an ihren Beinen entlang oder über ihr Gesäß oder ihren Bauch gleiten lassen – oder auch zwischen ihren Brüsten, die sie vielleicht über Ihrem Geschlechtsteil hin und her bewegt.

Verursachen Sie in diesem frühen Stadium keinen Schmerz; seien Sie nur sanft und behutsam. Achten Sie immer darauf, daß Ihre Hände in Bewegung bleiben, denn sie sind Ihre vielseitigsten Werkzeuge. Die Geschwindigkeit, mit der die Erregung in Ihnen und Ihrer Partnerin steigt, hängt hauptsächlich oder zumindest in gewissem Umfang davon ab, wie erfolgreich Sie Ihre Hände einsetzen.

Mit den Fingerspitzen sollten Sie die Haut über einer sexuell ansprechbaren Zone, etwa über dem Gesäß, anspannen. Bewegen Sie sie vor und

zurück, von einer Seite zur anderen und möglichst auch im Kreis. Erkunden Sie das Rückenende und andere Zonen, über denen die Haut straff liegt, um herauszubekommen, wo Ihre Partnerin am erregbarsten ist. Jede Frau ist in dieser Hinsicht anders. Manche kann allein dadurch, daß man ihr die Haut am Rückenende massiert, aufs äußerste erregt werden; eine andere wieder läßt diese Technik vollkommen kalt. Die einzige Möglichkeit, herauszubekommen, zu welcher Kategorie Ihre Partnerin gehört, ist der Versuch. Wenn sie sich durch diese Art von Spiel stark erregen läßt, brauchen Sie sie nicht zu fragen: Sie werden es merken – ihr ganzer Körper wird es Ihnen mitteilen – schon beim erstenmal!

Gehen Sie dann zu einer weniger empfindlichen, fleischigen Zone über, etwa den Gesäßbacken, fassen Sie ein recht großes Gebiet mit Daumen und Fingern, packen und kneten Sie es, als wäre es ein Stück Teig. Spielen Sie damit, ziehen und formen Sie es, pressen Sie die Fingerspitzen tief ins Fleisch. Verursachen Sie aber keinen Schmerz, denn dies ist der ungeeignetste Augenblick dafür. Denken Sie nur daran, stark und männlich zu sein. Viele Frauen mögen es besonders gern, wenn man sie fest an den Flanken und unmittelbar über den Hüften, am Bauch

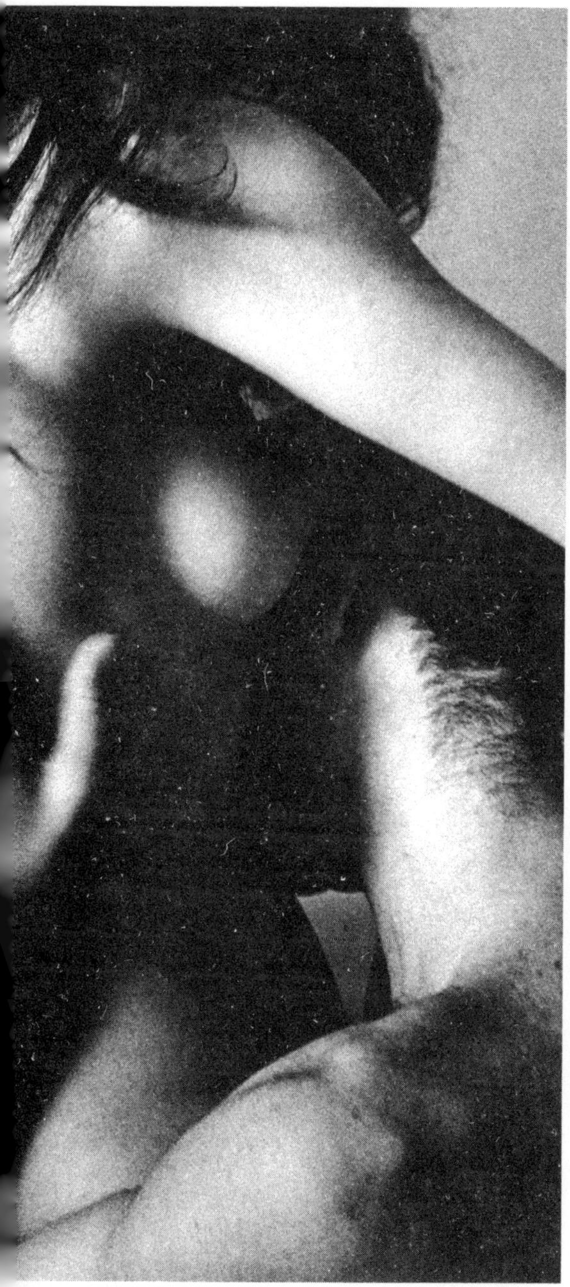

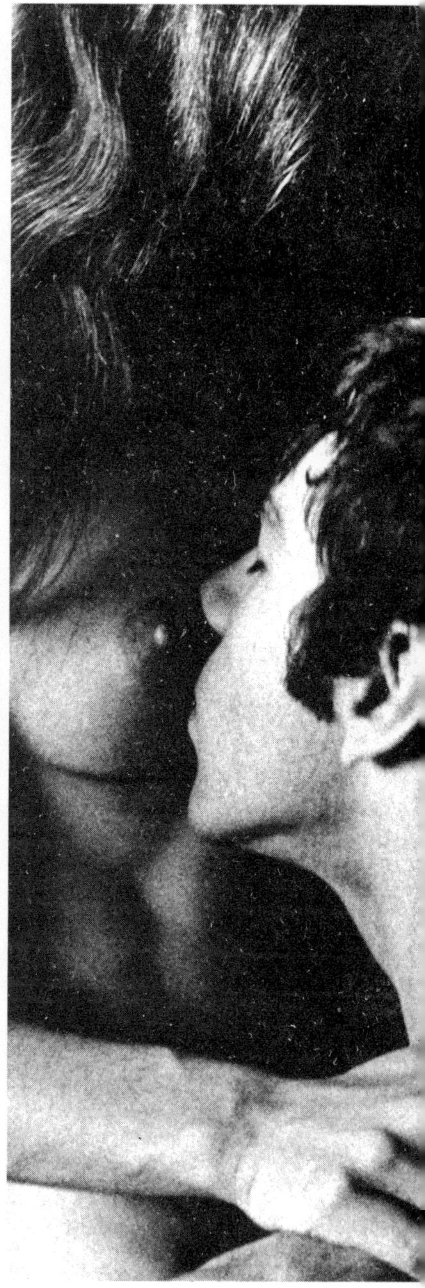

anpackt. Vielen macht es Spaß, auf dem Bauch zu liegen, während Sie mit jeder Hand einen Gesäßbacken greifen und ihn kräftig und rhythmisch bewegen: auf und ab, hin und her, im Kreis – dann in zwei Kreisen, wobei jede Gesäßbacke in entgegengesetzter Richtung gedreht wird. Manche Frauen wünschen auch, daß man das gleiche mit ihren Brüsten macht, während sie auf dem Rücken liegen.

Spreizen Sie nun die Finger und packen Sie das Fleisch, besonders die oberen Teile der Brust, den Hals und die Flanken. Vielleicht stellen Sie fest, daß gerade die Hüften am empfindlichsten sind.

Oder fahren Sie mit den Fingernägeln – natürlich nicht zu heftig – an der weichen Haut auf der Innenseite der Schenkel entlang.

Welche Lust man dabei empfindet, hängt von der besonderen Veranlagung des einzelnen ab. Manche Frauen werden unweigerlich durch Küsse auf den Rücken erregt, reagieren aber nicht im mindesten auf sanfte Berührungen desselben Körperteils. Jede Frau kann nämlich zum Küssen und Streicheln eine andere Einstellung haben, die zweifelsohne durch die psychologische Grundhaltung verursacht wird, aus der heraus sie diese besonderen Formen der Stimulation betrachtet.

Bei allen diesen Stimulationen spielt die Überraschung und die Vielfältigkeit eine wesentliche Rolle. Probieren Sie deshalb alle möglichen neuen kleinen Tricks aus, um Ihre Partnerin in Erstaunen und Entzücken zu versetzen. Versuchen Sie, ihr mit der Faust den Rücken abzuklopfen, fahren Sie mit den Fingernägeln über die Haut, beißen Sie sie in die Weichteile ihres Körpers (aber achten Sie stets darauf, keinen Schmerz zu verursachen), tun Sie einfach alles, was Ihnen gerade in den Sinn kommt oder was Ihnen Ihre Partnerin vorschlägt.

Langweilige Routine, die Sie zum mechanischen Liebhaber degradiert, der einem faden, uninteressanten (und gelangweilten) Schema folgt, ist das Schlimmste beim Liebesspiel – vergessen Sie das nie! Sie töten dadurch die Liebe ab – und das Erschreckende ist: viele Menschen geraten in diesen Trott, ohne es zu merken. Sie spüren lediglich, daß Sex irgendwie nicht mehr so interessant ist wie früher. Uninteressanter Sex aber ist wie eine Suppe ohne Salz. Wenn er keinen Spaß mehr macht, ist er schal und leer.

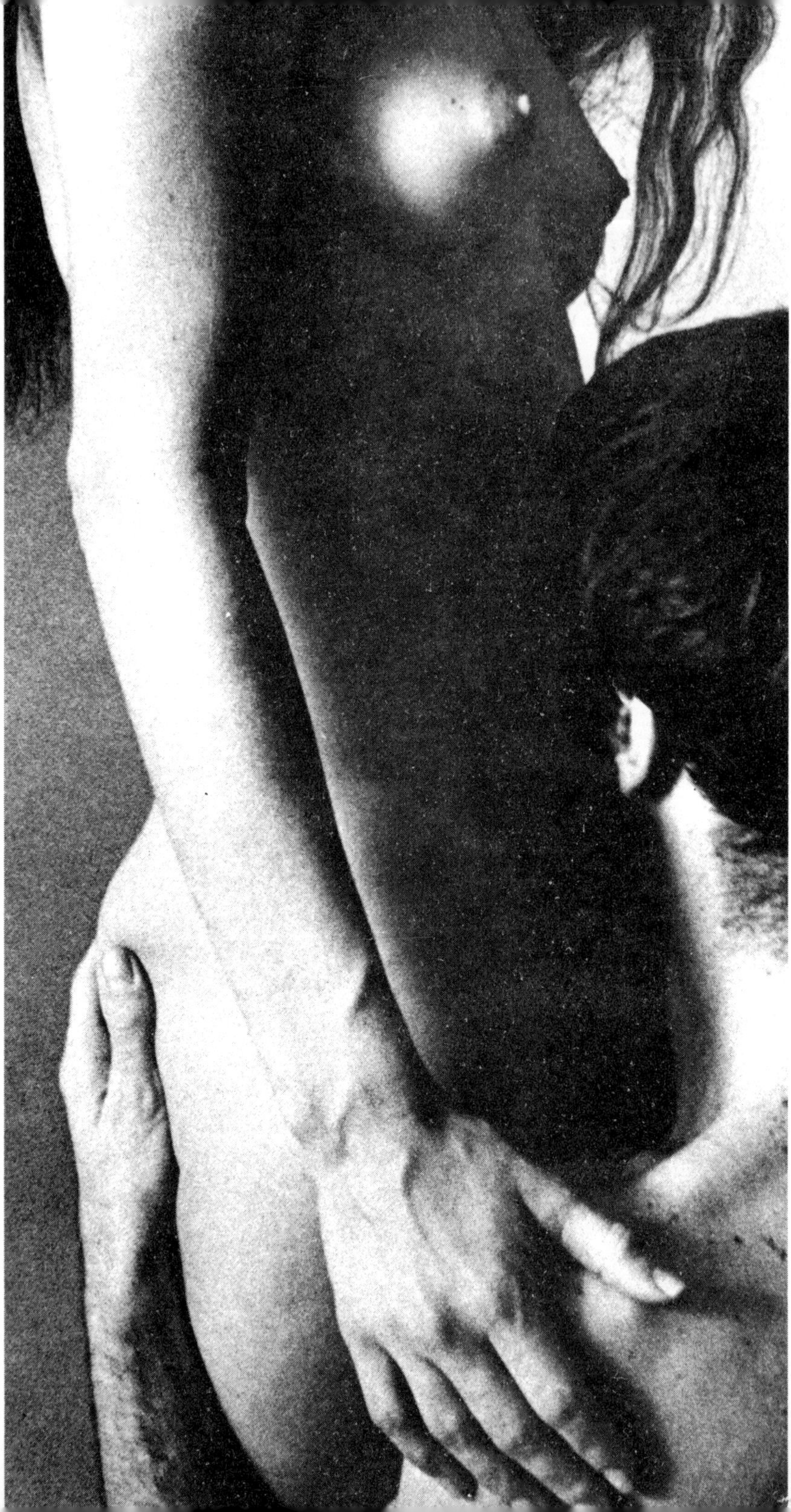

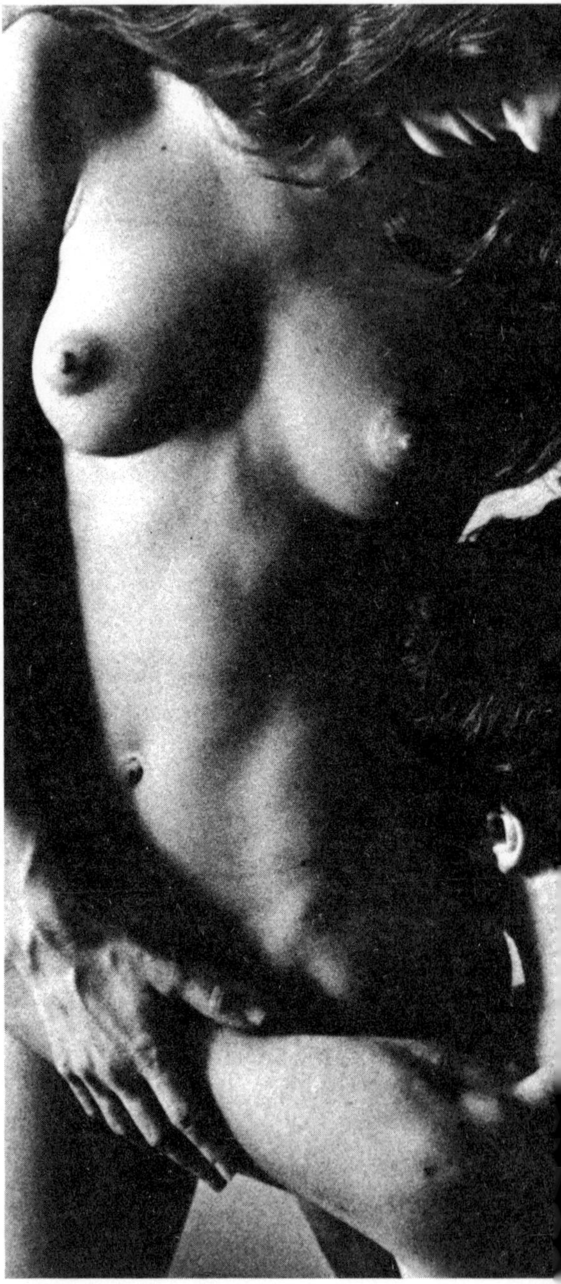

Eine weitere interessante, allerdings oft vernachlässigte Körperzone ist der Magen. Arbeiten Sie in der Nabelgegend mit allen nur erdenklichen Mitteln der Stimulation – massieren Sie den Nabel mit den Fingerspitzen, lecken Sie ihn mit der Zunge, streichen Sie mit den Lippen darüber oder knabbern Sie leicht mit Lippen und Zähnen daran. Jedenfalls kann durch die Bearbeitung dieser Zone oft eine starke Stimulation erreicht werden. Bewegen Sie sich dann etwas tiefer etwa bis zur Höhe der Hüftknochen. Dieses Gebiet reagiert auf Stimulation besonders heftig. Je nach der individuellen Empfindlichkeit der Frau werden Sie wahrscheinlich selbst feststellen, ob es erforderlich ist, fester und kräftiger zuzugreifen. Leichtes, feinfühliges Streicheln wird vermutlich nur kitzeln – und das wollen Sie doch bestimmt nicht. Ganz nahe sind nun die Innenseiten der Schenkel, die sicherlich Ihre Aufmerksamkeit verdienen. Sie können Ihre Finger bewegen und die Haut sorgfältig kneten, obwohl eine zu kräftige Berührung gerade hier die Gefühle tötet. Vielleicht versuchen Sie es mit den Fingerspitzen, die Sie so leicht über die Haut tanzen lassen, daß Sie die Schenkel fast nicht mehr fühlen können. Oder streichen Sie mit den Lippen über die Zone, wie Sie es in der Magengegend getan haben. Mit den knabbernden Bewegungen, durch die Sie den Magen stimuliert haben, werden Sie hier wahrscheinlich nichts ausrichten, aber für alle Fälle können Sie es ja einmal probieren. Stimulieren Sie die ganze Schenkelzone von den kleinen Falten neben den äußeren Schamlippen bis zur Innenseite der Kniegelenke. Dieses Gebiet ist deshalb sehr wichtig, weil es gewöhnlich eines der «Sprungbretter» für die endgültige Eroberung ist, seine Reizung also den eigentlichen Koitus einleitet. Werden Sie hier auf keinen Fall ungeduldig. Lassen Sie sich Zeit und nutzen Sie die Empfindlichkeit dieser Zone gut, um Ihre Partnerin zur höchstmöglichen Erregung zu bringen, ehe Sie weitergehen.

Ein wichtiger Teil jeder sexuellen Stimulation ist natürlich die Massage. Sie hat im Grunde einen doppelten Zweck: die Muskeln zu entspannen und den Körper sexuell zu erregen. Außerdem ist eine ausgedehnte, liebevolle Massage ein sexuelles «Geschenk», das den Empfänger nicht nur «anheizt», sondern ihn auch um so begieriger macht, das Geschenk mit verstärkter Sexualkraft im späteren Liebesspiel zurückzugeben.

Um diese lustschenkende «Behandlung» zu erfahren, legen Sie sich zunächst flach auf den Bauch, die Arme bequem vom Körper abgewinkelt, und lassen Ihre Partnerin am Kopfansatz beginnen. Sie soll dabei die Finger auf einer Stelle kreisförmig bewegen, so daß die Haut gespannt wird. Dies geschieht am besten hinter den Ohren (wobei natürlich jede Hand unter einem Ohr massiert) und im Nacken sowie an den Schultern. Hier sollte der Hauptdruck auf den Daumen liegen, während sie kreisförmig über Ihre Muskeln fährt. Die Handflächen kann sie benutzen, um damit über die Haut zu reiben und so Wärme zu erzeugen, die die Rückenmuskeln entspannt. Mit dem Handballen läßt sich auf die Muskelknoten ein besonders wirksamer Druck ausüben. Ehe sie den Rücken weiter hinabwandert, sollte Ihre Partnerin ganz sicher sein, im Nacken- und Schultergebiet jede Muskelverkrampfung gelöst zu haben, denn solange diese Muskeln angespannt bleiben, ist eine vollkommene Entspannung der übrigen Rückenmuskeln unmöglich. Notfalls kann sie -- natürlich nicht zu stark – mit den Handkanten oder Fäusten die Muskelanspannungen in der Schulterpartie beklopfen. Auch eine rasche, nicht zu sanfte Reibung der Haut zwischen den Schultern erzeugt entspannende Wärme.
Sehr wichtig ist das Rückgrat, da hier Ihre eigentliche Müdigkeit sitzt. (Ein Hautöl erleichtert dabei die Massage sehr.) Das Rückgratende, der Gesäßansatz und die danebenliegenden Zonen sind ebenfalls recht wichtig. Diese Zonen verlangen zwar eine etwas sanftere Behandlung als der Rücken, aber um eine völlige Entspannung zu erreichen, müssen sie ebenso massiert werden wie Nacken und Schultern. Für die Rückenmassage kann man auch Alkohol anstelle von Öl verwenden. Er hinterläßt beim Verdunsten eine leichte Kälte, die nach dem Wärmegefühl, das durch das Reiben entstanden ist, sehr angenehm ist. Manche Menschen mögen nach der Alkoholmassage auch eine rasche leichte Abreibung mit Puder.
Nun kommen die Gesäßbacken, die Schenkel, Beine, Knöchel und Füße dran. Die Waden sind oft sehr angespannt, und diese Spannung verursacht Müdigkeit. Ihre Partnerin sollte hier mit der ganzen Hand kräftig kneten und reiben, wobei der Hauptdruck auf Daumen und Handballen liegt. Sind die Wadenmuskeln verkrampft, so entspannen

sie sich durch kräftiges, rasches Reiben der Haut. Vielleicht muß Ihre Partnerin die Waden auch wie die Schultern klopfen, eventuell sogar noch stärker. Bei Fußmassage tut ein kräftiges Kneten der Knöchel in Richtung Fußrist besonders gut. Darauf spreizt Ihre Partnerin am besten jeden Zeh vom Fuß weg – fest, aber nicht zu heftig.

Dann drehen Sie sich auf den Rücken, und das Ganze beginnt wieder von oben. Die Partnerin kann Ihre Schläfen und Ihre Gesichtsmuskeln sanft massieren, ehe sie sehr zart an den Hals geht. Den meisten Frauen macht es Spaß, eine muskulöse Männerbrust zu reiben, und Ihnen wird diese sanfte, aber kräftige Massage gefallen. Auf diese Weise geht es den Körper hinab. Natürlich sollten Sie darauf achten, daß Sie dabei nicht allzusehr erregt werden – schließlich ist die Massage nur der «erste Gang» Ihres sexuellen Festmahls. Wenn Ihre Partnerin es richtig macht, müßten die verkrampften Körperstellen danach eigentlich entspannt und gelockert sein. Und Sie sollten bereit sein, Ihre Partnerin mit Ihrer vollen Manneskraft für die gelungene Massage zu belohnen. Und noch ein Tip: am besten leitet man eine Massage dadurch ein, daß man zuerst heiß badet oder duscht. Die Poren sind dann geöffnet und die Muskeln von Anfang an teilweise entspannt.

Ein heißes Bad oder eine heiße Dusche ist eine ausreichende Vorbereitung für die Massage; eine «Liebesmassage» aber kann schon unter der Dusche oder in der Badewanne beginnen.

Gemeinsames Baden oder Duschen kann der ideale Anfang für einen der Liebe gewidmeten Abend sein. Ja, manche Paare finden ihr Vergnügen darin, das ganze Liebesfest unter dem stimulierenden heißen Strahl einer Dusche zu zelebrieren.

Wascht einander! Die Hand kann auf dem Körper der Partnerin doppelt so erregend wirken, wenn sie mit Seifenschaum bedeckt ist. Sie gleitet und rutscht dann über die eingeseifte Haut, findet ihren Weg in jede Höhlung und jede Kurve. Wenn Sie Ihrer Partnerin den Rücken kräftig waschen, wird sie entspannt. Sie können das mit einer Hand besorgen, während die andere ihren Körper hält und dabei eine ihrer Brüste deutlich spürbar liebkost. Und vergessen Sie nicht, ihr die Brüste und die Genitalzone zu waschen! Die durch den Seifenschaum gemilderten Bewegungen Ihrer Hand werden sie zu neuen Gipfeln führen.

Ermutigen Sie Ihre Partnerin, auch Sie zu waschen. Sie soll sich bei Rücken, Brust und Magen Zeit lassen, aber auf keinen Fall die Genitalien auslassen. Passen Sie auf, daß sie sanft ist, wenn sie Ihnen den Hodensack wäscht – und daß sie eine milde Seife verwendet; wäscht sie aber Ihren Penis, so soll sie sich ruhig etwas anstrengen. Machen Sie sie jedoch darauf aufmerksam, daß eine allzu gründliche Wäsche Sie für eine Weile außer Gefecht setzen dürfte.

Nach einer Liebesmassage im Duschraum wird ein Paar sich gewöhnlich in das Schlafzimmer zurückziehen wollen. Aber hin und wieder können Sie versuchen, Ihr Beisammensein in der Badewanne zum Höhepunkt zu führen. Die kleine Unannehmlichkeit des harten Wannenbodens und die unbequeme Lage sind ein geringer Preis für diesen erregenden Ausbruch aus der Sex-Routine.

Die sexuelle Stimulation

Nun kommen wir zum Kern der Sache, und hier wird sich alles entscheiden. Sie haben nun die wichtigste und letzte Prüfung vor sich, die zeigt, ob Sie bestehen oder nicht – den Test, bei dem Ihre Partnerin genau merkt, ob sie es mit einem unreifen Knaben zu tun hat oder sich in den Händen eines erfahrenen Mannes befindet, der die Lage voll und ganz beherrscht. Lassen Sie sich Zeit – mindestens eine Viertelstunde, eher mehr –, und halten Sie sich völlig unter Kontrolle. Selbst wenn Sie schon sehr stark erregt sind – bremsen Sie! Beherrschen Sie sich in diesem Augenblick, versuchen Sie, Ihre sexuelle Spannung ein wenig abzubauen, und konzentrieren Sie sich ganz darauf, Ihre Partnerin weiter zu erregen.

Seien Sie nicht zimperlich: Eine Frau fühlt sich bei dem Mann sicher, der sich seiner selbst sicher ist. Zeigen Sie aber auch keine Ungeduld. Ihr Körper strebt vielleicht nach vollkommener Erfüllung seiner Wünsche, aber halten Sie sich im Zaum. Ihre Partnerin soll nach Ihnen verlangen, Sie begehren, Sie um den Koitus bitten. Vergessen Sie also jetzt für kurze Zeit Ihre eigene Lust und tun Sie alles, damit sie nach Ihnen lechzt.

Denken Sie daran, daß Ihnen Ihre Partnerin mit jeder Stelle ihres Körpers ein durchaus erlaubtes Ziel all Ihrer Wünsche bietet. Es wird also Ihre Aufgabe sein, alle Hemmungen zu überwinden, von denen sie vielleicht geplagt wird – und dies wird Ihnen nur gelingen, wenn Sie hart und kompromißlos sind. Natürlich muß Ihnen der grundlegende Unterschied zwischen Bestimmtheit und Brutalität klar sein. Nur der sexuell schwache Mann hat es nötig, der Partnerin seinen Willen aufzuzwingen, ohne Rücksicht auf ihre Gefühle und mit roher Gewalt. Ein starker Mann kann immer sanft bleiben: er besitzt sexuelle Kraft, ohne brutal zu sein. Er weiß, was für ihn selbst und seine Partnerin das Beste

ist. Mit seinem Selbstvertrauen und seiner Sicherheit bringt er seine Partnerin dahin, wo er sie haben will. Niemals aber spielt er den Vergewaltiger, der eine ablehnende und ängstliche Frau zu etwas zwingt. Sie können es sich leisten, auf eine Partnerin einzugehen, die Ihnen nur zögernd die eine oder andere Sexualpraktik erlaubt – aber nur für ein paar Nächte! Danach müssen Sie sie erobern. Jede sexuelle Begegnung muß zu einer regelrechten Schlacht werden zwischen Ihrer Sicherheit und der Unsicherheit Ihrer Partnerin. Aber nicht Ihre Partnerin müssen Sie besiegen, sondern ihre Ängste.
Halten Sie sich dabei stets vor Augen: Nichts ist erbärmlicher, kläglicher und mehr zu verachten als ein Mann, der seine männliche, dominierende Stellung seiner Partnerin opfert. Er gibt den Kampf auf und läßt sich von ihr führen; kein normaler Mann wird das jemals billigen. Auch kann keine normale Frau lange einen Mann ertragen, der sich weigert, seine Männerrolle zu spielen. Ihre Partnerin wünscht geführt und erobert zu werden. Tief in ihrem Inneren sehnt sie sich danach, daß Sie ihre Ängste ausschalten und ihre Hemmungen und Bedenken abbauen. Sie will eine Frau sein – und das kann sie nur dann, wenn Sie wirklich ein Mann sind. Andererseits brauchen Sie die Wünsche Ihrer Partnerin nicht zu ignorieren. Wenn sie etwas Bestimmtes gerne möchte – wenn sie Ihnen zu verstehen gibt, daß ihre Erregung durch eine bestimmte Technik oder sexuelle Handlung gesteigert wird –, dann seien Sie ihr für ihre Offenheit dankbar und *tun Sie, was sie verlangt.* Viele Frauen fühlen sich selbst nach jahrelanger Ehe noch gehemmt, ihre Ehemänner zu bitten, ihnen auf besondere Weise entgegenzukommen. Es ist Ihre Aufgabe, dafür zu sorgen, daß Ihre Partnerin diese törichte Bescheidenheit ablegt. Seien Sie unbedingt darauf bedacht, daß sie stets belohnt wird, wenn sie ihre angeborene Schüchternheit überwindet und Ihnen sagt, was sie sich insgeheim wünscht.

Wenn ein Mann die Klitoris zu liebkosen und zu reizen beginnt, ist die Schleimhaut gewöhnlich trocken. In diesem Fall wird die Reizung für Ihre Partnerin so lange unangenehm sein, bis die Klitoris feucht ist – sei es durch irgendein Gleitmittel, das Sie benutzen, oder durch natürliche Sekretion. Zu Beginn sollte deshalb aus naheliegenden Gründen keine

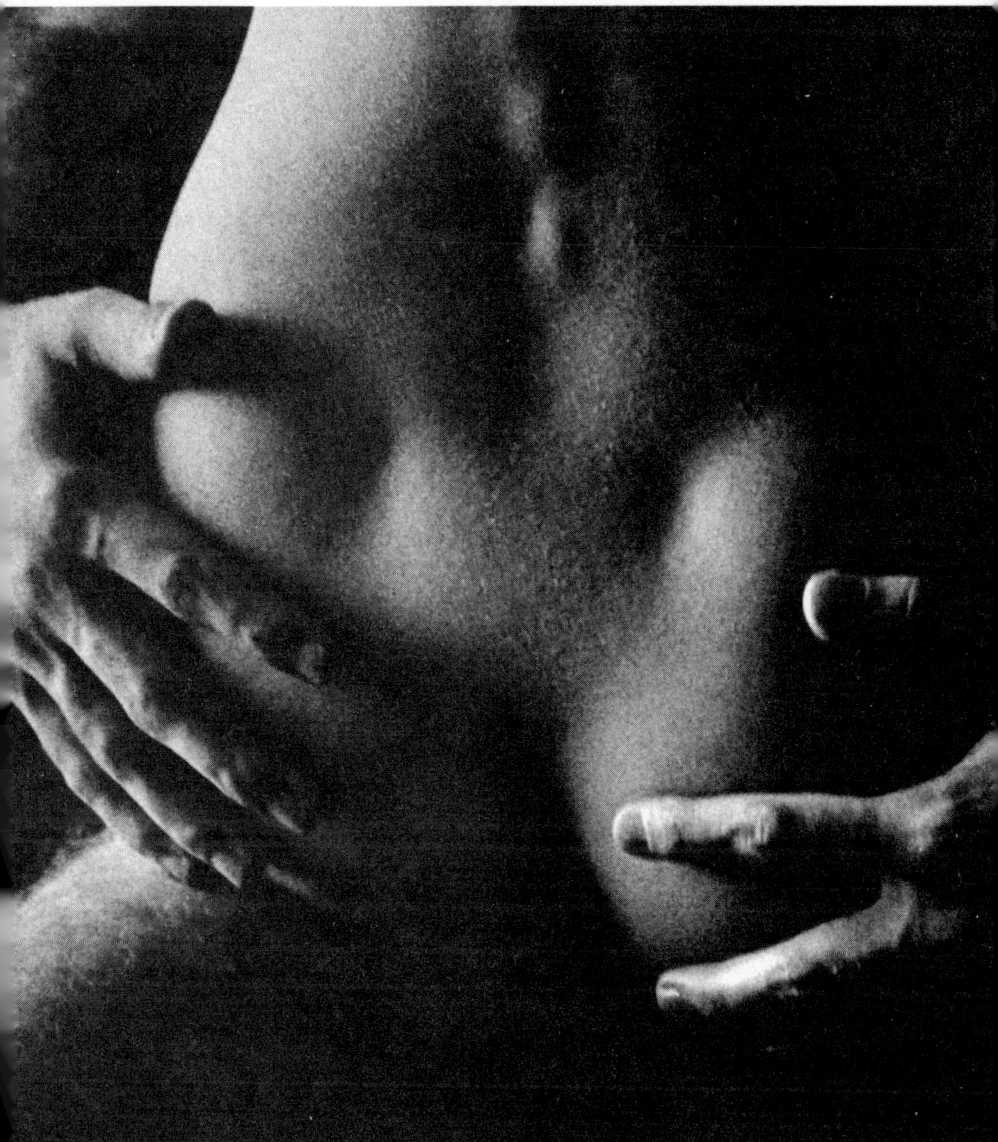

Reizung der Klitoris durch Reibung versucht werden. Sie wollen die Klitoris erregen, aber das ist meist unmöglich, wenn diese vorher irritiert wurde. Lassen Sie das während des ganzen Liebesspiels nie außer acht, wenn auch am Anfang der Liebkosungen in der Genitalzone diese Rücksicht besonders wichtig ist. Darum läßt man sich am besten Zeit und steigert die Erregung der Partnerin, *ehe* man die Klitoris liebkost. Ist Ihre Partnerin bereits sehr erregt, wird sich die Genitalzone schon von selbst befeuchtet haben.

Jedenfalls sollten die Bemühungen um die Klitoris immer zart und behutsam beginnen. Die Schleimhaut ist sehr empfindlich, und Ihre Finger müssen sanft darüber gleiten. Dabei können Sie sich der folgenden vier Methoden bedienen:

1. Sie können den Finger über die Spitze der Klitorisbasis vor- und zurückrollen. Aber achten Sie darauf, daß dies sehr sanft geschieht. Dabei ist wichtig, daß Sie saubere Hände haben – nicht nur aus hygienischen Gründen, sondern auch, weil Salz, Säure oder Schmutz dieses hochempfindliche Organ irritieren.

2. Sie können die Klitoris durch eine leicht vibrierende Bewegung stimulieren. Dies geschieht dadurch, daß Sie den Finger auf die Klitoris legen und ihn rasch und leicht hin- und herbewegen, ohne eine andere Zone zu berühren (damit keine Reibung entsteht). Die Oberfläche wird dadurch, daß sich die Haut spannt, zusammen mit dem Finger bewegt.

3. Sie können die Klitoris auch mit zwei Fingern reizen, ohne sie zu irritieren. Legen Sie vorsichtig auf jede Seite der Klitoris einen Finger – wie eine sanfte Zange. Nun können Sie die Klitoris vor und zurück, von einer Seite zur anderen oder im Kreis bewegen, ja sogar – sehr zart – mit den Fingern zwicken.

4. Sie können Ihre Hand auf dem behaarten Venushügel Ihrer Partnerin ruhen lassen, so daß ein Finger über der Klitoris und über den Schamlippen zu liegen kommt. Nun massieren Sie die Klitoris sanft mit der Fingerkuppe. Die Feuchtigkeit, die sich unten bildet, wird an Ihrem Finger entlang zur Klitoris geleitet.

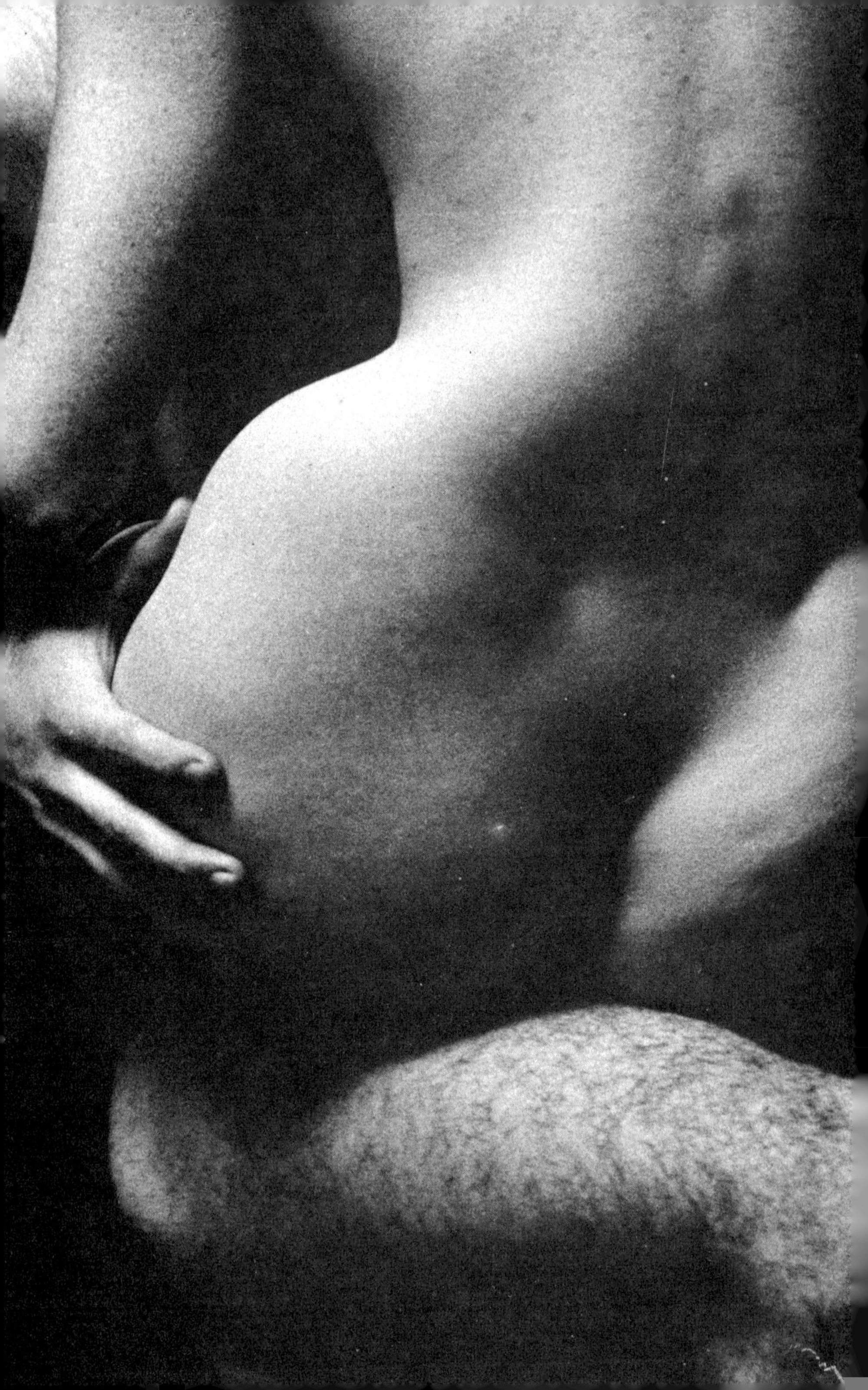

Welche Technik Sie auch benutzen – wenn Sie es richtig machen, entsteht bald Flüssigkeit in ausreichender Menge. Sie sollten diese Feuchtigkeit ganz über die Klitoris verteilen, damit die Reizung so zart wie möglich ist. Bildet sich nicht genügend Sekretion, müßten Sie entweder durch ein künstliches Gleitmittel oder durch Speichel, den Sie mit dem Finger auftragen, für ausreichende Befeuchtung sorgen.
Am empfindlichsten für Reizungen ist – wie Sie wissen sollten – in diesem Stadium die Klitoris, obgleich bei Ihrer Partnerin mit zunehmender Erfahrung – sofern sie diese nicht bereits hat – auch die Nerven anderer Zonen höchst ansprechbar und reaktionsfreudig werden. Widerstehen Sie also zunächst der Versuchung, Ihre Aufmerksamkeit und Ihre Zärtlichkeiten von der Klitoris zur Vagina zu verlagern. Die Klitoris ist der Schlüssel, mit dem Sie Ihre Partnerin in höchste Erregung versetzen können, und Sie sollten mit Ihren Zärtlichkeiten nicht gerade dann aufhören, wenn sie zu wirken beginnen.
Denken Sie auf jeden Fall stets daran, daß weiches, sanftes Streicheln mit den Fingern viel wirksamer ist als hartes, drückendes Reiben. Die ruhige, samtweiche Berührung ist das A und O. Unglücklicherweise haben viele Männer noch nicht den Wert einer zarten Liebkosung begriffen. Fast immer packen sie zu grob zu, und ihre Berührung ist manchmal für eine empfindsame Frau wie Sandpapier.
Jedenfalls: sobald die Klitoris feucht ist, gibt es zahlreiche interessante und angenehme Möglichkeiten, sie auf die verschiedenste Weise zu reizen. Der Mann kann mit einem Finger die eine Seite hinauf- und die andere hinabgleiten. Man kann ständig reiben und dabei die jetzt erigierte Klitoris dauernd umkreisen. Oder statt sie zu streicheln, kann man sie kitzeln oder in leicht vibrierende Bewegung versetzen, was bei der Frau eine unendliche Vielfalt erregender Gefühle erzeugt. Der Mann kann die Hand flach auf die Klitoris legen, so daß er deren Spitze nur ganz leicht berührt, und die Handfläche kreisförmig darüber bewegen. Er kann mit einem Finger seitlich an der Vulva entlangfahren oder mit vier Fingerspitzen gleichzeitig von hinten nach vorne klopfen. Die vier Finger können aber auch leicht über die Zone tanzen und immer wieder sanft auf die Klitoris stoßen – nicht so stark, daß Schmerz entsteht, sondern daß nur eine Reihe kleiner explosiver Empfindungen erzeugt

wird. Falls es der Frau nicht weh tut, kann man die Klitoris auch mit einem Finger nach innen drücken und sie so gegen die umgebende weiche Haut pressen. Während man auf die Klitoris einen leichten Druck ausübt, kann der Finger sanft rotieren. Viele Frauen sind entzückt davon, andere können jedoch so starke Empfindungen in der Klitoris nicht ertragen – vergessen Sie das nicht. Halten Sie Ihre Partnerin nicht für anomal, wenn ihr die eine oder andere Technik keinen Spaß macht. Experimentieren Sie einfach, bis Sie entdeckt haben, was Sie mit der Klitoris Ihrer Partnerin anstellen können und was nicht.

Eine gut befeuchtete Klitoris reagiert stark auf Quer- oder Längsreibungen sowohl an der Spitze wie an der Basis, von vorn nach hinten und umgekehrt. Anders ausgedrückt, die Klitoris läßt sich in jeder Richtung reizen. Sie können die Klitoris mit der Fingerkuppe zu stimulieren versuchen, mit der Seite des Fingers, mit dem Fingerrücken oder dem Knöchel. Es gibt mehr als einen Weg, der zum Erfolg führt, und Sie sollten bei Ihren Zärtlichkeiten von Zeit zu Zeit abwechseln. Wenn Sie die Vagina liebkosen, können Sie die Basis des Zeigefingers und den Knöchel oder die stumpfe Daumenspitze über die Klitoris oder an ihr entlangführen. Sie können dabei auch die Klitoris mit der Handfläche reiben. Dies verursacht eine gedämpfte, diffusere Empfindung als beim einzelnen Finger und empfiehlt sich besonders, wenn Ihre Partnerin auf das fortgesetzte Spiel mit der Klitoris sehr sensibel reagiert. Mit anderen Worten: Wird Ihre Partnerin durch zu starke Reizung der Klitoris leicht irritiert, ist es vielleicht angebracht, sanftere Empfindungen mit der Handfläche hervorzurufen. Wie immer Sie es anstellen, mit dem Finger, dem Knöchel oder der Handfläche – diese liebkosende Reizung kann beliebig schnell in allen Richtungen und auf jede Weise geschehen, die Ihnen gerade in den Sinn kommt. Den Möglichkeiten, die Klitoris zu stimulieren, werden – außer durch Ihre eigene Phantasie – lediglich durch die Empfindsamkeit Ihrer Partnerin Grenzen gesetzt. Wenn ihre Klitoris viel Reizung vertragen kann, ohne irritiert zu werden, gibt es für Sie kaum Beschränkungen. Ist die Klitoris dagegen hochempfindlich und leicht zu irritieren, müssen Sie sich etwas mehr zurückhalten. Ihre Experimente sollten darauf gerichtet sein, sehr erregende und dabei doch subtile Techniken zu finden. So ist es vielleicht auch sehr wirksam, zwischen ihren Beinen hindurch an der Vagina vorbei zu den Gesäßbacken zu greifen, die Sie mit den Fingern, mit den Handflächen oder sogar mit den Fingernägeln erregen können – während die weiche Haut Ihres Unterarms mit der Innenseite vorwärts und rückwärts, seitlich oder in sanften Kreisen über die Klitoris reibt. Selbst bei dieser Technik müssen Sie aufpassen und dürfen den Unterarm nicht zu stark gegen das empfindliche kleine Organ pressen. Natürlich wird Ihre Partnerin in der Lage sein, den Druck in gewissem Umfang auszugleichen, da sie ja Ihren Unterarm zwischen den Schenkeln einklemmen kann; und sie wird ihre Schenkel dazu benutzen, Ihren Unterarm festzuhalten oder loszulassen, je nachdem, ob sie mehr oder weniger Druck auf die

Klitoris wünscht. (Ihr Unterarm stimuliert gleichzeitig die Schamlippen, während er die Klitoris reizt, und auch das Kitzeln der Gesäßbacken wird zur Erregung Ihrer Partnerin beitragen.)

Wenn Sie die Klitoris direkt mit der Hand bearbeiten, müssen Sie auf zwei Dinge achten: Erstens dürfen Sie, wenn die Klitoris trocken ist, keine weiteren Liebkosungen ausführen, bevor Sie sie erneut befeuchtet haben. Zweitens dürfen Sie die Fingernägel nicht benutzen, denn diese äußerst reizbaren Stellen des Körpers reagieren auf Kratzen empfindlich – und eine zerkratzte Klitoris kann Ihre Partnerin für mehr als eine Nacht außer Gefecht setzen. (Obgleich Sie, wenn Sie sehr aufpassen, durchaus die flache Oberseite – nicht die scharfe Kante! – des Fingernagels zur Stimulierung verwenden können.)

Es ist wichtig zu wissen, daß eine Frau, die ein gewisses Maß an Erfahrung besitzt, auch in anderen genitalen Zonen immer stärker reagiert. (Jede Art von Erfahrung trägt dazu bei, die Empfindlichkeit dieser Zonen zu steigern. Eine junge Frau, die noch nicht oft Geschlechtsverkehr hatte, sich aber längere Zeit selbst befriedigte oder befriedigen ließ oder vor der Ehe viel Petting betrieb, kann dennoch eine solche Reizbarkeit anderer Genitalzonen entwickelt haben.) Die inneren Schamlippen sprechen auf Reizung stark an. Sie können – bei genügender Befeuchtung – durch Streicheln mit einem Finger liebkost werden oder indem man die Lippenfalte zwischen Finger und Daumen faßt und in der ganzen Länge sehr sanft drückt. Man kann auch versuchen, die Schamlippen mit dem Finger leicht wegzuschnellen. Eine andere Methode besteht darin, Zeige- und Mittelfinger zusammenzulegen und eine Lippenfalte darin einzuklemmen, um sie rollend und drückend zu liebkosen, während ein Fingerknöchel die Klitoris reibt. Als Variation dieser Technik kann man die zweite Schamlippe auf die gleiche Weise zwischen Mittel- und Ringfinger fassen: so werden beide Schamlippen gereizt, und die Klitoris wird durch den Fingerknöchel erregt. Der Knöchel des Mittelfingers drückt weich in die Tiefen Ihrer Partnerin, reizt dadurch die Innenwand ihrer Vagina und fördert auch Feuchtigkeit von der inneren Quelle nach außen.

All diese Gewebsfalten, die Schamlippen ebenso wie die Klitoris, müssen befeuchtet sein, ehe man sie reiben kann – vergessen Sie das nie!

Solange Sie die Geschlechtsteile liebkosen, müssen Sie darauf achten, daß genügend Feuchtigkeit vorhanden ist, damit das Reiben nicht schmerzhaft wird. Um für ausreichende Befeuchtung zu sorgen, ist es am besten, die Partnerin in einer ständig steigenden Erregung zu halten, die nicht durch schmerzbereitende Ungeschicklichkeiten oder Ablenkungen unterbrochen werden darf. Bei den meisten Frauen liefern die Genitalien von Natur aus ausreichend Flüssigkeit.

Wenn Sie die inneren Schamlippen liebkosen, können Sie nicht nur die Leidenschaft Ihrer Partnerin entzünden – und selbst genießen –, sondern dabei auch den Grad und das Ausmaß ihrer Erregung beurteilen. So messen Sie gleichsam die sexuelle Temperatur Ihrer Partnerin (und ihren Feuchtigkeitsgrad) und stellen fest, wie weit sie ist. Natürlich dehnen sich die inneren Schamlippen bei allen Frauen verschieden stark aus. Doch für gewöhnlich schwellen sie so kräftig an, daß sie sich aufrichten und die äußeren Schamlippen zur Seite schieben. Die weichen Falten der inneren Schamlippen verhärten sich, wenn sie angeschwollen sind, zu festen Rändern. Diese Veränderung zeigt Ihnen, daß die Erregung Ihrer Partnerin stark zugenommen hat – ähnlich wie Ihr Penis, der sich mit zunehmender Erregung versteift und als greifbarer Beweis für das Ausmaß Ihrer sexuellen Erregung absteht. (Die Verhärtung der Schamlippen ist wie die Erektion des männlichen Gliedes – zusammen mit der natürlichen Absonderung von gleitfähig machenden Sekretionen – die physische Vorbereitung für das Eindringen des Penis in den weiblichen Körper.) Aber wie alles beim Sex sind diese auf die Vollendung und den Höhepunkt vorbereitenden Reaktionen nicht nur als solche zu bewerten. Einen Großteil des sexuellen Vergnügens erfährt man schon auf dem Weg zum Orgasmus.

Der Mann, der die Schamlippen lediglich als die Pforten betrachtet, durch die sein Penis beim Koitus eintritt, versteht wenig von Frauen und der Sexualkraft. Die Schamlippen sind höchst empfindsam – besonders, wie bereits gesagt, bei Frauen, die ein gewisses Maß an sexueller Erfahrung mitbringen. Wie bei der Klitoris kann hier eine Reizung Ihre Partnerin zu Ekstase, ja sogar zum Orgasmus führen. Versuchen Sie diese Zone mit den drei langen Fingern zu bearbeiten. Legen Sie Ihre Hand mit der Handfläche nach oben auf die Vagina und ergreifen Sie

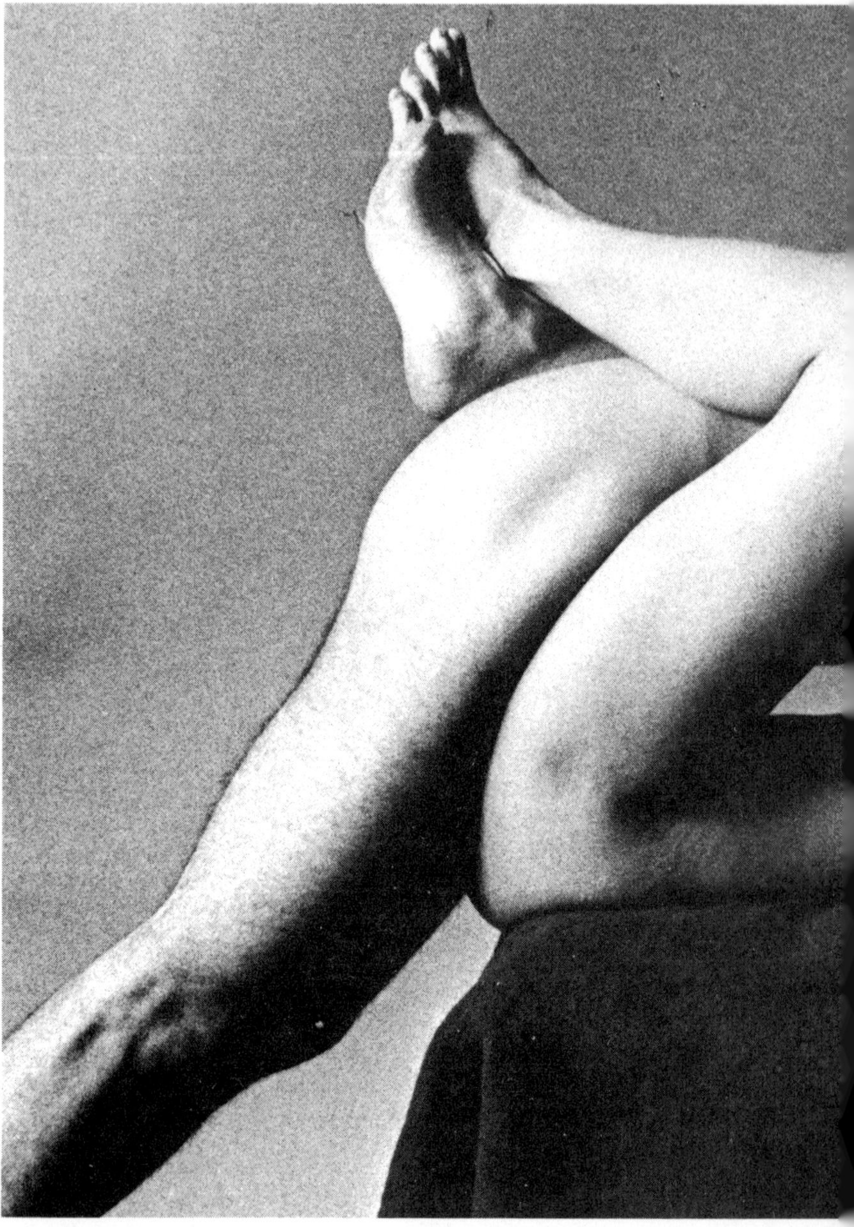

die äußeren Schamlippen mit den Rückseiten der Finger. Dann reizt Ihr Mittelfinger die inneren Lippen, und die Knöchel reiben sanft über das sensible Gewebe. Sind die inneren Lippen schon etwas angeschwollen, so kann die Technik, mit der Sie die äußeren Schamlippen wieder über die inneren ziehen, auf Ihre Partnerin besonders angenehm wirken. Versuchen Sie, die Lippen mit den Fingern zu ergreifen, während Sie die Handfläche sanft gegen die Klitoris pressen. So kann die Spitze Ihres Mittelfingers sich langsam und sanft tiefer in die fortlaufend stärker stimulierte und immer feuchter werdende Vagina hineinarbeiten.
Probieren Sie auch, die ganze Zone zu kitzeln, wobei Sie sich auf die Schamlippen konzentrieren. Die meisten Frauen reagieren stark auf dieses aufreizende Gefühl. Nehmen Sie sich dafür Zeit; lassen Sie Ihre Finger von der Scheide abgleiten, um die Innenseite der Schenkel oder die Gesäßbacken zu liebkosen. (Manche Frauen lieben es, wenn Sie den After und dessen unmittelbare Umgebung bei den Liebkosungen mit einschließen.) Kehren Sie dann zu den Lippen zurück, um diese weiter zu kitzeln und zu reizen.
Und vergessen Sie nicht, dabei auch Ihren Penis zu benutzen. Nichts zwingt Sie, sofort in die Scheide einzudringen – selbst wenn Ihre Partnerin vielleicht ein solch rasches Vorgehen erwartet. Kitzeln Sie die Schamlippen mit der Eichel, führen Sie sie sanft nach oben, und stoßen Sie damit gegen die Klitoris. Wenden Sie sich dann wieder den Schamlippen zu – und lassen Sie sich Zeit, bis Sie tatsächlich eindringen.
Ein anderes Gebiet, das erst nach einigen Monaten der Erfahrung sexuell lebendig wird, ist die hintere Stelle des Scheidenausganges. Auch hier kann man die sexuelle Erregung der Partnerin messen. Dieser Punkt wird beim Sexspiel schon lange vor dem Koitus sehr naß, so daß der Mann ihn liebkosen und gleichzeitig als Feuchtigkeitsspender benutzen kann. (Wenn man den vollen Genuß haben will, ist es wesentlich, die bereits erzielte Erregung einzusetzen, um die Partnerin noch weiter zu stimulieren.)
Eine andere Form der Stimulation besteht darin, den Finger etwa zwei bis drei Zentimeter tief in die Vagina zu stecken und deren Rückseite durch seitliche Bewegungen zu reizen. Man kann den Finger in der Vagina auch hin und her drehen oder die Muskeln unmittelbar hinter

der Scheidenöffnung fassen und zwischen Daumen und Zeigefinger reiben, auf und ab, hin und her, ja sie sogar nach unten ziehen und drücken. Selbst wenn eine solche Liebkosung ein wenig Schmerz bereitet, werden viele Frauen sie als lustvoll empfinden.

Nach einer gewissen Zeit, gewöhnlich nach einem Jahr der sexuellen Erfahrung (das ist allerdings von Frau zu Frau verschieden), wird auch der Ausgang der Harnröhre sehr empfindlich. Dieser Ausgang liegt vor der Vagina, also zwischen dem eingeführten Penis und dem Schambein. Der Mann kann mit ein oder zwei Fingern an den Vorderwänden der Scheide entlang streicheln und sie gegen das Schambein der Frau drükken, wodurch die Wirkung des Penis bei bestimmten Koitusstellungen unterstützt wird. Dabei sollten sich die Finger stark hinein und heraus bewegen, was natürlich die vom Penis während des Koitus erzeugten Bewegungen und Gefühle verdoppelt.

Die ganze weibliche Genitalzone ist für das Liebesspiel empfänglich. Sanfter Druck auf die Außenseite – direkt auf die Vaginalöffnung oder auf die Zone über dem Venushügel – wird beispielsweise tief innen gespürt. Für die meisten Frauen ist es besonders erregend, wenn das gesamte Gebiet gleichzeitig gereizt wird. (Vielleicht gehört Ihre Partnerin dazu – probieren Sie es aus!) Fassen Sie die ganze Zone sanft mit einer Hand, wobei Ihr Handballen auf dem Schamhügel liegt, und üben Sie einen leichten Druck aus. Die Handfläche soll dabei stark gegen die Klitoris drücken, während Sie mit den Fingern die Schamlippen sowie die afternahe Seite der Vagina erkunden und reizen.

Manche Männer glauben, ihre Partnerinnen Schritt für Schritt reizen zu müssen, angefangen von allgemeinen Zärtlichkeiten über die Reizung eines einzigen kleinen Gebietes bis zum Eindringen in die Vagina – zuerst mit dem Finger und dann mit dem Penis. Das ist geradezu kindisch! Sex ist keine Fließbandarbeit; man kann in der Technik und im Vorspiel nach Belieben vorwärts und rückwärts schalten.

Ermutigen Sie Ihre Partnerin auch zu unterschiedlichen Reaktionen. Wenn Sie beispielsweise die ganze Genitalzone ergreifen, kann Ihre Partnerin auf verschiedene Weise reagieren. Vielleicht will sie sich lediglich mit weit gespreizten Beinen zurücklegen und läßt Ihnen völlige

Freiheit, sie nach Belieben zu liebkosen. Oder sie rollt, während Sie mit ihrer Vagina spielen, vor Erregung mit den Hüften.
Vielleicht preßt sie aber auch die Schenkel um Ihre Hand zusammen. Die Hand wird dadurch in ihrer Bewegungsfreiheit zwar ein wenig eingeschränkt, aber das Einklemmen drückt die Innenwände der Vagina zusammen und erzeugt besondere Gefühle. Während Sie sich vorantasten, drängen ihre Beinmuskeln die Scheidenwände zusammen und auseinander, vor und zurück und verschieben sie seitlich gegeneinander, so daß Ihre Partnerin mit der inneren Selbstreizung auf den Reiz antwortet, den Ihre Hand auf der Außenseite verursacht.
Erregen Sie Ihre Partnerin mit allem, was Ihnen zur Verfügung steht. Ihre Hand ist zwar geschickt, und auch Ihr Penis vermag viel auszurichten, aber Sie können außerdem Mund, Zunge, Zähne, Arme und Knie einsetzen. Wenn Sie nebeneinander stehen oder liegen, kann Ihr Knie, wenn Sie es zwischen die leicht gespreizten Beine Ihrer Partnerin heben, auf deren Genitalzone einen sanften und sehr wirkungsvollen Druck ausüben. Bewegen Sie das Knie sehr behutsam vor und zurück, so wird die Wirkung noch verstärkt. Stehend ist es ratsamer, stillzuhalten und Ihre Partnerin sich auf das Knie herabsenken zu lassen. Sie kann sich dann vor und zurückbewegen, während Sie sie an sich pressen.
Fast alle Frauen werden durch das Mundspiel an der Vagina sehr erregt – und den meisten Männern macht es Spaß. Experimentieren Sie also mit verschiedenen Techniken. Ihre Zunge kann die Klitoris, die Schamlippen oder das Innere der Scheide reizen. Um herauszufinden, was Ihrer Partnerin das meiste Vergnügen bereitet, gibt es nur eine Möglichkeit: Probieren Sie alles aus! Vielen Frauen verschafft es auch Genuß, wenn Sie sie *sanft* in die Klitoris beißen oder sehr zart mit den Zähnen kratzen, ohne zu knabbern. Aber dabei müssen Sie aufpassen! Ein kleiner Schmerz kann durchaus angenehm sein, zu hartes Zubeißen aber tut sehr weh.
Saugen an der Klitoris empfindet Ihre Partnerin wahrscheinlich als höchste Lust. Beginnen Sie vorsichtig, saugen Sie nur leicht, während Ihre Zunge die Klitoris umspielt. Verstärken Sie das Saugen allmählich, umkreisen Sie die ganze Zone mit dem Mund oder bewegen Sie den Kopf auf und ab, während Sie nun so kräftig wie möglich saugen – das

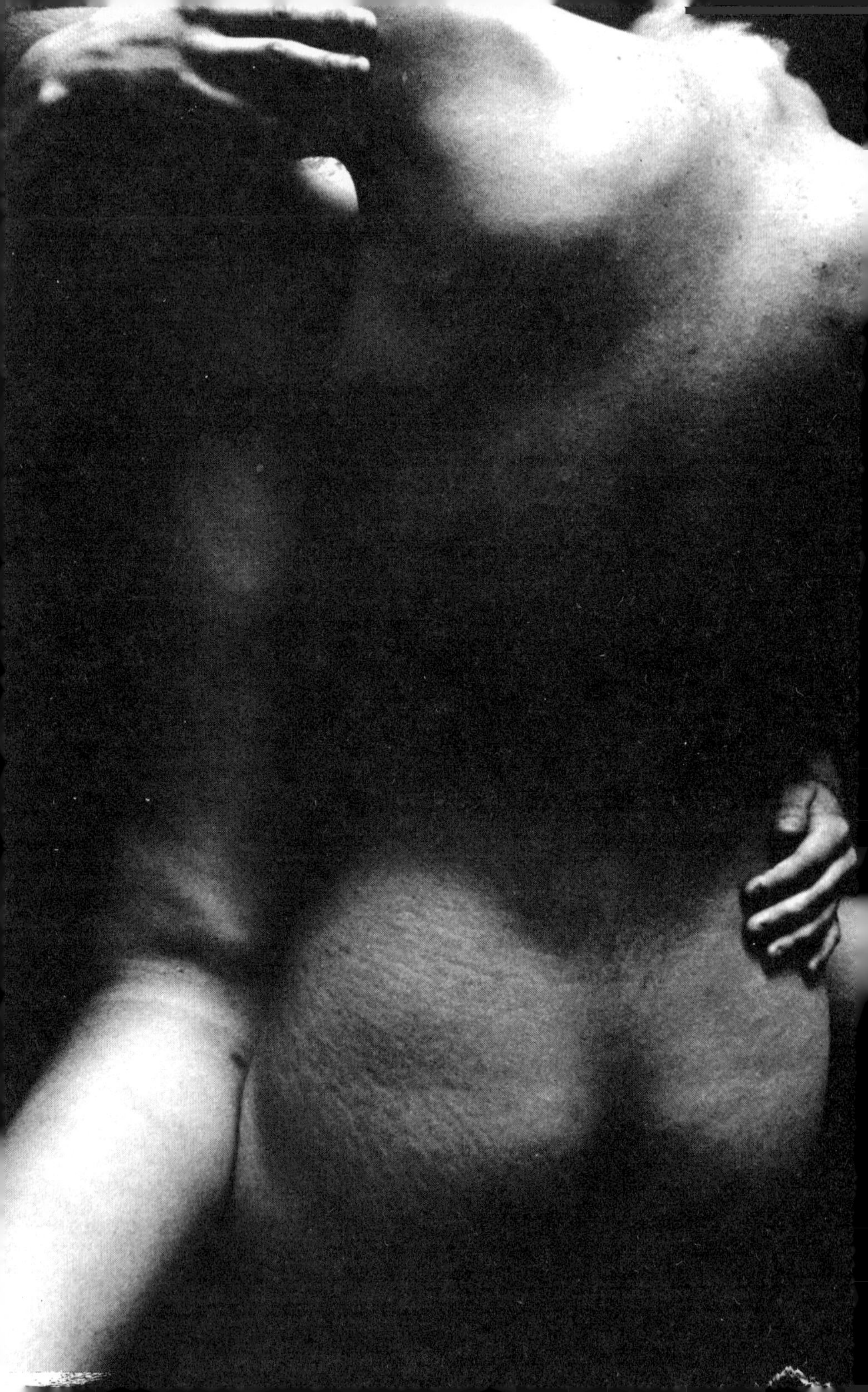

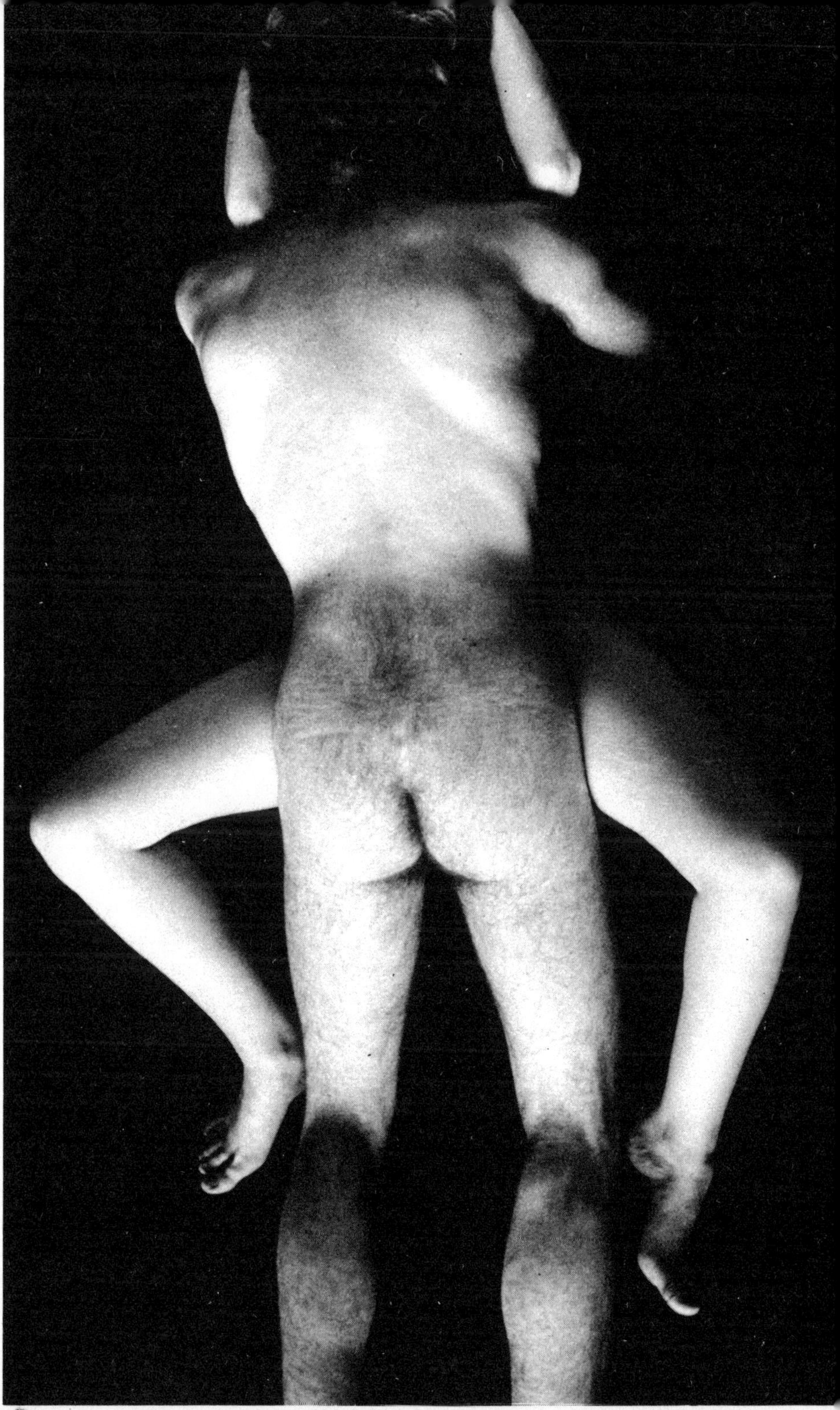

wird Ihre Partnerin zu höchsten Höhen des Genusses bringen. Die meisten Frauen können auf diese Weise zum Orgasmus gelangen – und sind unmittelbar darauf zum Koitus bereit. Die Vagina, in die vor und während des Orgasmus nur die Zunge oder die Finger eingedrungen sind, spricht auf das männliche Glied dann besonders stark an.

Je nach der eingenommenen Position können Sie mit einer Hand oder beiden Händen verschiedene Körperteile Ihrer Partnerin erreichen, während Sie Ihre Genitalien oral reizen. Mit den Fingern lassen sich After, Gesäßbacken oder die Innenseiten ihrer Schenkel erregen. Sie können auch nach oben greifen und ihre Brüste oder ihren Leib liebkosen – oder eine Position einnehmen, bei der Ihre Partnerin Ihre Genitalien mit den Händen oder dem Mund reizen kann, während Sie bei ihr das gleiche tun. (Manchen Frauen bereitet es Genuß, das erigierte männliche Glied in der Hand zu halten, während sie zärtlich geliebt werden. Den Penis währenddessen zu streicheln oder zu reizen, kann zu sehr ablenken; hält die Frau den Penis jedoch lediglich fest, so kann das ihr Vergnügen steigern.)

Es ist von Vorteil, die Vagina selbst zu stimulieren. Mit ein bis zwei Fingern, die so tief wie möglich eindringen, um dann fast völlig wieder herausgezogen zu werden, steigert man die sexuelle Reizung der Frau. An der Feuchtigkeit und dem Anschwellen der Scheidewände kann der Mann bei der Erkundung der Vagina die sexuelle Erregung seiner Partnerin messen. Solche Zärtlichkeiten schenken der Frau manchmal auch mehr Orgasmen, als der Mann nur mit dem Penis erreichen kann. Es gibt unzählige Möglichkeiten, mit den Fingern in der Vagina die sexuelle Erregung der Partnerin zu steigern. Man kann einen Finger (den Zeige- oder Mittelfinger) oder auch beide steif einführen (bei zwei Fingern sind diese gegeneinander zu pressen). Mit diesem Penisersatz sind Ein- und Auswärtsbewegungen möglich, wobei man gegen eine Vaginalwand einen starken Druck ausübt. Man kann ferner in der Vagina zwei oder mehr Finger spreizen, um die Scheide zu dehnen, wodurch auf manche Stellen der Innenwand ebenfalls starker Druck entsteht. Die Finger müssen jedoch nicht die ganze Zeit über gestreckt bleiben. Im Gegensatz zum Penis kann ein Finger in jeder Richtung gedreht und gebeugt werden und an den Vaginalwänden spielen. Eine rotierende oder seitliche Bewegung oder eine Kombination von beiden ist ebenso angebracht wie die Ein- und Auswärtsbewegung. Wird mehr als ein Finger eingeführt, können diese auch an einem Punkt bleiben, man braucht sie nicht hinein und hinaus oder von links nach rechts zu bewegen, sondern es genügt, sie einfach in pulsierendem Rhythmus zu spreizen. Bewegen Sie die Finger nicht zu rasch, und spreizen Sie sie nicht zu stark. Ein langsames, weiches, pulsierendes Tempo ist besser. Manche Frauen reagieren darauf sehr stark.

Für eine andere, gewöhnlich sehr wirkungsvolle Methode müssen Sie vielleicht selbst oder bei Ihrer Partnerin erst Hemmungen überwinden, um wirklich Gefallen daran zu finden: Führen Sie zuerst den Zeigefinger in die Vagina ein und bewegen Sie ihn hin und her, damit er sich stark befeuchtet. Nun nehmen Sie ihn heraus und stecken stattdessen den Daumen hinein. Den feuchten Zeigefinger schieben Sie behutsam in den After der Partnerin, während der Daumen tief in der Vagina bleibt.

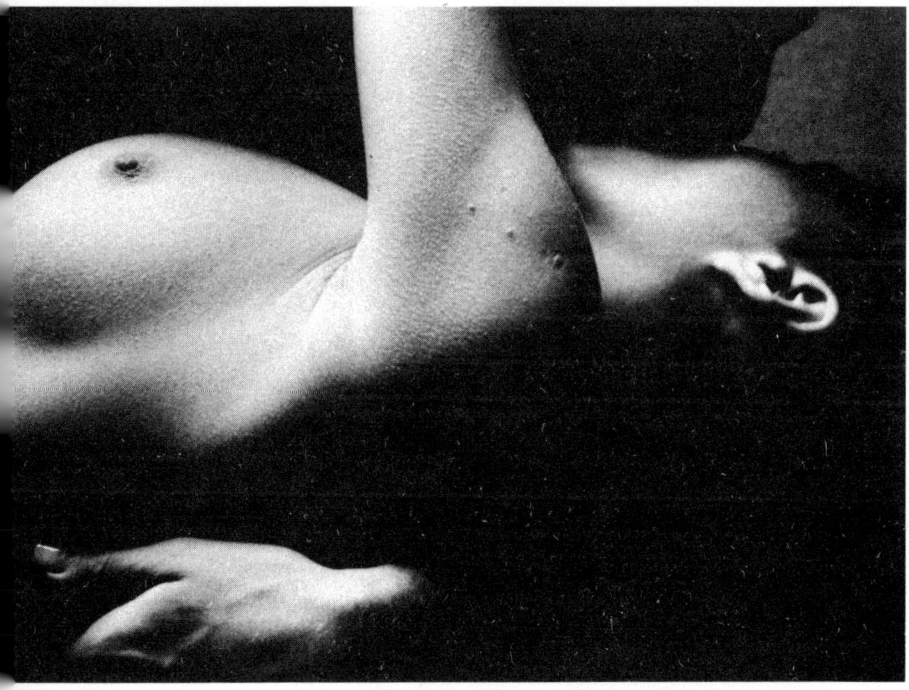

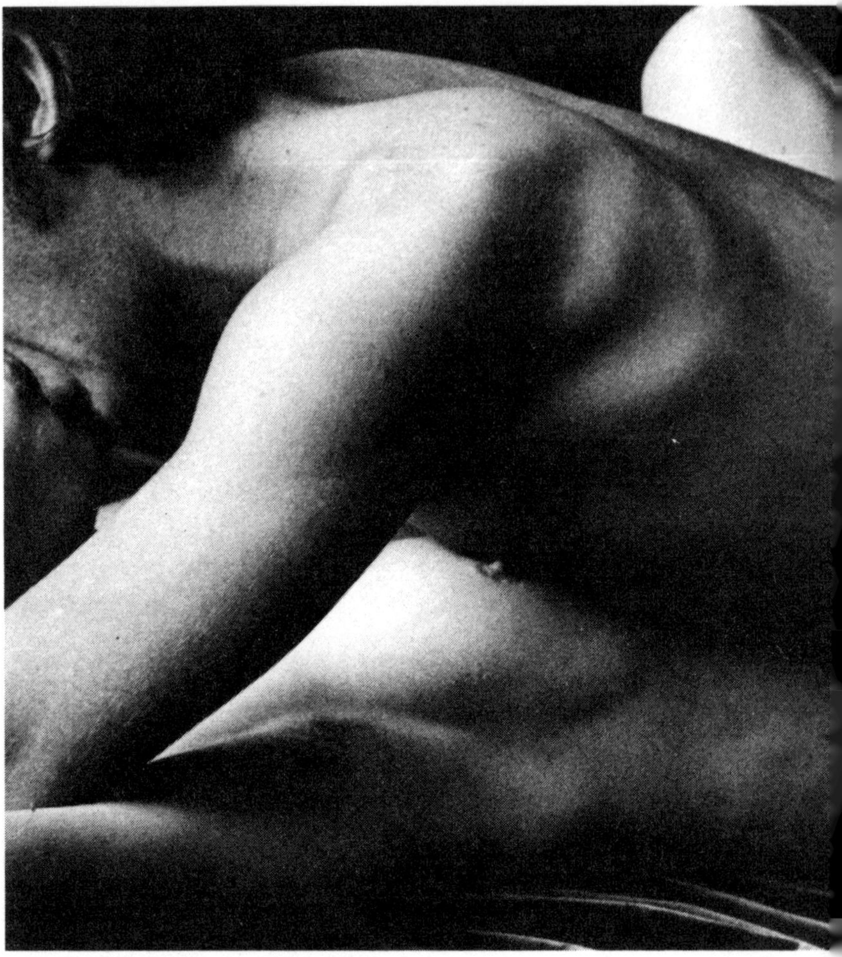

Sie müssen langsam und sehr vorsichtig vorgehen. (Eine rasche, harte Bewegung kann zu einer Kontraktion der Schließmuskeln führen. Ihr Finger wird zurückgestoßen, was Ihrer Partnerin Schmerz verursacht – und ihre Erregung abflauen läßt.) Haben Sie den Zeigefinger im After, so können Sie die Vaginalwand zwischen Daumen und Zeigefinger nehmen und sanft massieren, was auf keine andere Weise möglich ist. Vielen Frauen bereitet diese Technik höchsten Genuß; versuchen Sie es bei Ihrer Partnerin, wenn sie dazu bereit ist.

Bei der Liebkosung Ihrer Genitalien sollte Ihre Partnerin in der Regel mit dem Hodensack und der Eichel anfangen. Man macht es gewöhnlich so, daß man die Rückseite des Hodensacks sanft streichelt, und zwar beginnt man etwa zwei Zentimeter hinter dem Sack und bahnt sich dann vorsichtig den Weg abwärts. Ehe Ihre Partnerin die empfindliche Zone hinter den Hoden verläßt, kann sie diese – nicht zu stark – mit zwei oder drei Fingern nach oben drücken.

Ihre Partnerin sollte den Hodensack flach auf der Hand liegen lassen und

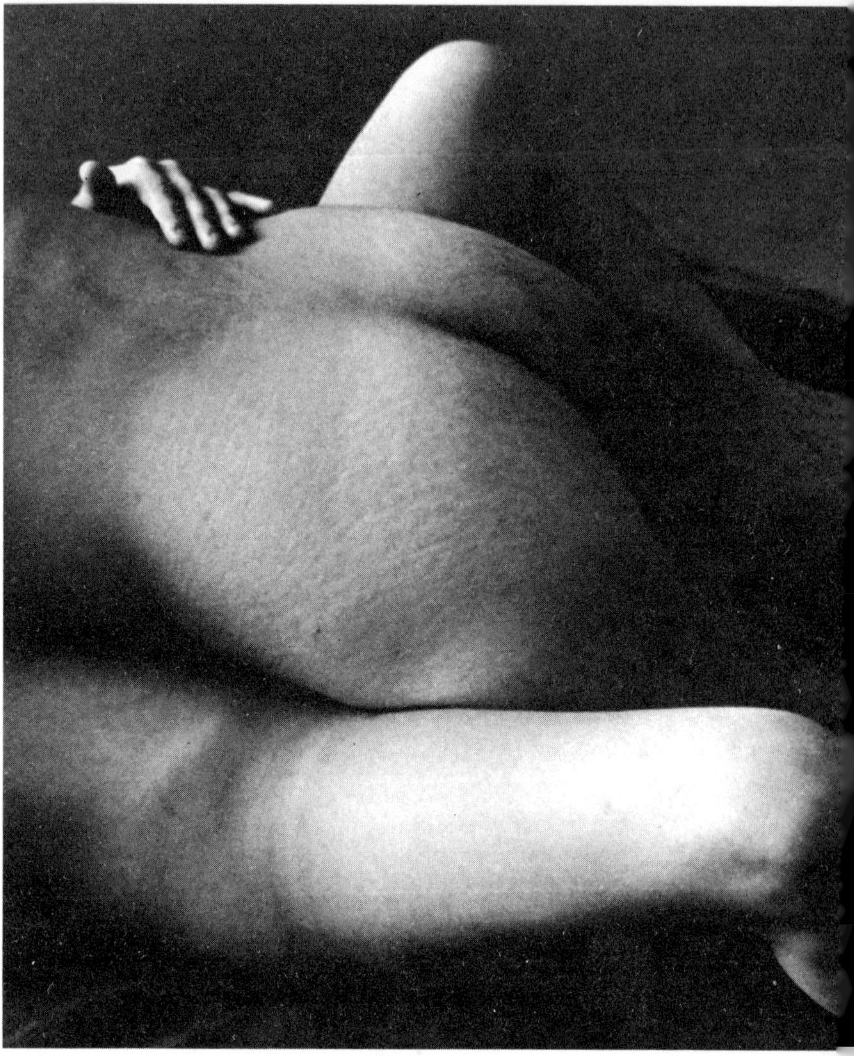

dann die üblichen Liebkosungen anwenden. Sie kann die Hoden auf den Fingern hüpfen lassen und dabei die Rückseite des Hodensackes sanft mit den Fingernägeln und Fingerspitzen kraulen. Wenn sie will, kann sie auf der Vorderseite auch den Daumen benutzen oder versuchen, die lockeren Falten des Sackes zwischen Daumen und Fingern zu rollen.

Von dort greift sie dann weiter zum Penis oder spielt mit einer Hand mit den Hoden, während sie mit der anderen den Penis liebkost.
Natürlich gilt für das Spiel mit Ihren Genitalien dasselbe wie für das Spiel mit der Vagina: es braucht keiner festgelegten Routine zu folgen. Eine Hand, die von den Hoden zum Penis gelangt, kann stets zu den Hoden zurückfassen. Ihre Partnerin kann einmal den Hodensack völlig außer acht lassen, um sich auf den Penis zu konzentrieren, ein andermal verweilt sie vielleicht bei der Liebkosung des Hodensacks und berührt den Penis kaum. Möglicherweise spielt sie manchmal auch wie geistesabwesend mit Ihren Genitalien, während Sie sich mit den ihren beschäftigen. Dann wieder verwendet sie alle Kräfte darauf, Sie und sich beim Spiel mit Ihren Genitalien zu erregen.
So kann sie den Penis auf der Oberseite von der Wurzel bis zur Eichel streicheln oder je nach Laune die Oberseite mit den Fingern schnippen und dabei leicht kratzen und zwicken. Sie werden dadurch in höchste Erregung versetzt, desgleichen, wenn sie sanft und doch lebhaft mit den Fingern gegen die Oberseite des Penis klopft.
Sie können Ihre Partnerin veranlassen, Ihre Hodenzone sehr sanft zu zwicken – falls sie es nicht von sich aus tut. Es wird jedenfalls sehr erregend und stimulierend auf Sie wirken. (Vielleicht allzu stimulierend; weshalb man dies wohl am besten für die letzten Augenblicke vor dem Orgasmus aufspart.)
Weitverbreitet ist auch die Methode, bei der die Partnerin den Penis leicht umfaßt. Dabei kann sie natürlich die Hand auf und ab bewegen, aber das muß sehr behutsam geschehen, damit bei Ihnen nicht vorzeitig eine Ejakulation ausgelöst wird.
Sollten Sie sehr müde oder von Sorgen geplagt sein und deshalb nur schwer zu einer vollkommenen Erektion gelangen, kann Ihre Partnerin den Schaft des Penis in die eine und die Eichel in die andere Hand nehmen und dann beide Hände sanft in die entgegengesetzte Richtung bewegen – als wollte sie das Organ auswringen. Dadurch wird fast augenblicklich jeder Penis zu einer felsenharten Erektion gebracht. Diese Methode bereitet auch bei einem bereits erigierten Glied großen Genuß.

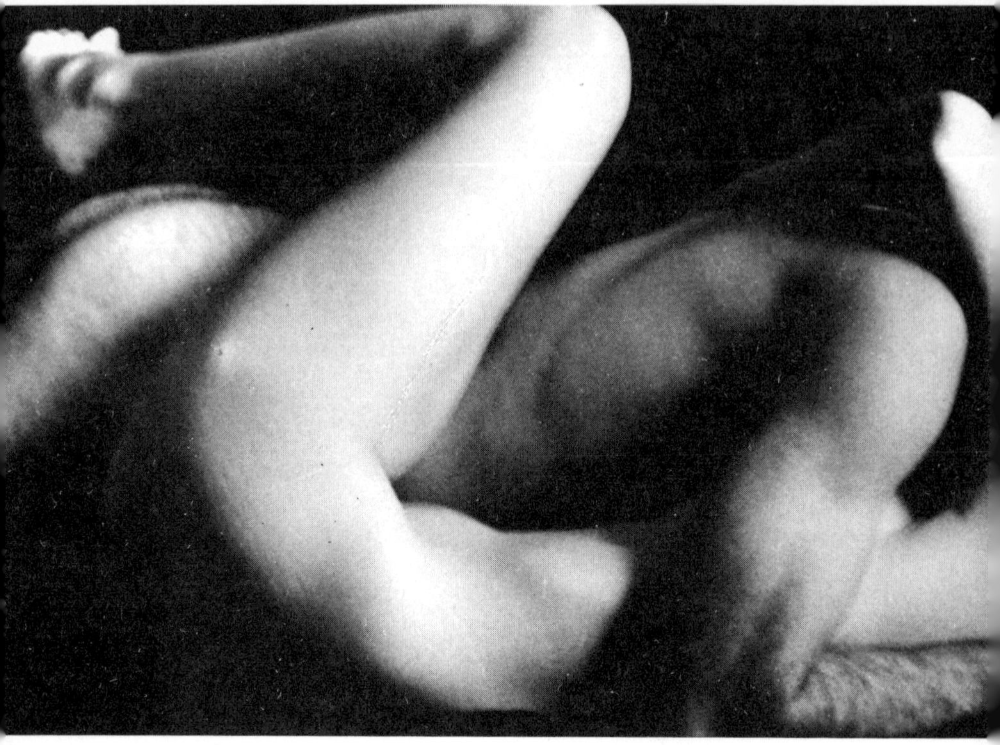

Ihre Partnerin kann versuchen, auf der Unterseite den Penis entlang dem Harnleiter zu streicheln, zu kratzen oder gar zu zwicken. Zwei oder drei Fingerspitzen können stark in diese Zone hineingepreßt werden. Auch dies wirkt sehr anregend; also heißt es aufpassen!
Mit den Fingernägeln einer Hand kann Ihre Partnerin die Basis der Eichel umgreifen und dann die Finger in schnelle Vibration versetzen. Wenn sie gleichzeitig mit der anderen Hand das empfindliche Gebiet hinter dem Hodensack nach oben preßt, muß sie sehr aufpassen, wenn sie keine vorzeitige Ejakulation herbeiführen will.
Ist der Penis einigermaßen feucht, wird Ihre Partnerin die nasse Eichel mit dem flachen Daumen massieren können. Behutsam ausgeführt, ist dies ungemein anregend und insofern sicher, als es dadurch kaum zu einem verfrühten Orgasmus kommt.

Eine andere anwendbare Technik: Ihre Partnerin nimmt Ihren Penis zwischen die offenen Hände und dreht ihn wie ein Stück Teig hin und her. Diese Methode ist auch nützlich, um ein unvollkommen erigiertes Glied zu versteifen.

Natürlich sollte Ihre Partnerin ihre Phantasie benutzen, und Sie sollten sie alles ausprobieren lassen, was immer ihr in den Sinn kommt. Wenn es ihr und natürlich auch Ihnen Spaß macht – dann ist es richtig.

So werden beispielsweise nicht alle Männer daran Gefallen finden, wenn die Frau den Penis fest packt und kräftig daran zieht. Nicht alle Männer empfinden das als lustvoll, aber vielleicht gehören Sie zu jenen, denen es Genuß bereitet.

Manche Frauen aber mögen ein viel zarteres Spiel: Ihre Partnerin liebkost Ihre Schenkel oder den Unterleib, wobei sie mit Handgelenk oder Unterarm «zufällig» über Sack und Penis streift. Als kleines Erlebnis bei einem langen, genüßlichen Zusammensein wird dies besonders geschätzt.

Wie die Frau mag es auch der Mann, wenn beim Liebesspiel der After mit einbezogen wird. Leider haben viele Männer in dieser Hinsicht Hemmungen und glauben, es sei etwas «Perverses». Unsinn! Wenn Sie mit einer Frau beisammen sind, ist alles, was geht, einen Versuch wert – und es lohnt sich, alles auszuprobieren, was vielleicht funktionieren könnte. Die Empfindsamkeit des männlichen Afters kann beim Geschlechtsakt eine ebenso große Rolle spielen wie die entsprechende Reizbarkeit der Frau. So vermag beispielsweise ein rascher Stoß in den After des Mannes im Augenblick des Orgasmus seine Lust zu steigern – und er wird dadurch veranlaßt, tiefer in seine Partnerin einzudringen. Vielleicht müssen Sie einige Energie aufwenden, um Ihre Partnerin dazu zu bringen – aber das ist mit vielen Dingen so, die Sie beide bei Ihren sexuellen Abenteuern ausprobieren wollen.

Ein wesentliches Werkzeug für die Liebkosung der Genitalzone des Mannes ist der Mund der Partnerin. Diese Liebkosung wird von allen Männern sehr geschätzt. Und jede wirkliche Frau wird es als Lust empfinden, auf diese Weise Wollust zu spenden – und von Zeit zu Zeit sogar darauf brennen, Sie dadurch zum Orgasmus zu bringen.

Ihre Partnerin sollte Ihren Penis sanft in den Mund nehmen und behutsam blasen und saugen. Dabei muß sie das männliche Glied so weit wie möglich in den Mund stecken. Beim ersten Versuch mag es sie vielleicht würgen, und sie wird Schwierigkeiten haben, den Penis tief in den Mund zu bringen. Machen Sie ihr klar, daß ihr Würgen Sie nicht beleidigt (manchen Frauen ist es peinlich), und lassen Sie sie es nochmal probieren. Nach einigen Versuchen sollte sie imstande sein, so viel von Ihrem Penis im Mund unterzubringen, wie dort überhaupt Platz hat. (Wenn Sie allerdings ein besonders großes Glied haben, wird die Partnerin nur die Eichel und sehr wenig vom Schaft aufnehmen können.) Bei dieser Form der Liebe kommt es im wesentlichen auf die Eichel an. Deshalb sollte sie ihre Lippen möglichst um den unteren Rand der Eichel bewegen und dadurch die Gefühlsnerven reizen. Dann kann sie mit den Zähnen vorsichtig in die Eichel sowie in jene Stelle beißen, wo die Eichel in den Schaft übergeht – dadurch werden wiederum Gefühlsnerven gereizt. Manche Frau scheut sich, dem Penis mit den Zähnen zu nahe zu kommen; Sie müssen Ihrer Partnerin deshalb zeigen, was sie tun kann und was nicht. Machen Sie ihr klar, daß der leichte Schmerz, den ihre Zähne verursachen, für Sie wirklich angenehm ist. Sagen Sie ihr aber auch ruhig, wenn der Schmerz so stark wird, daß er keinen Genuß mehr bedeutet.

Während sie mit dem Mund an Ihrer Eichel oder dem Schaft spielt, ist es empfehlenswert, die Zunge für eine Reizung einzusetzen, da diese wegen ihrer rauhen Oberfläche dafür besonders geeignet ist. Noch ehe Sie ihr den Penis in den Mund schieben, kann sie ihre Zunge auf der Eichel und dem Schaft spazierengehen lassen, die Harnröhrenöffnung kitzeln, den Eichelansatz umschmeicheln, die Eichel «waschen» oder auf der Unterseite des Penis dem Verlauf der Harnröhre folgen. Auch wenn Ihre Partnerin Ihren Penis im Mund hat, sollte sie während des Blasens, Saugens und Beißens mit der Zunge weiterhin die Eichel reizen.

Ein so großes Objekt wie einen Penis im Mund zu haben und daran zu saugen oder zu blasen ist auf die Dauer natürlich anstrengend, selbst wenn es Ihrer Partnerin noch so viel Spaß macht. Sie wird es deshalb nur dann längere Zeit aushalten, wenn sie verschiedene Techniken benutzt, bei der sich die Muskeln des Mundes immer wieder ausruhen können.

Den Penis mit der Eichel voran in den Mund zu nehmen, ist nicht die einzige Möglichkeit. Ihre Partnerin kann auch versuchen, den Schaft so zu packen, daß sie die Unterseite des Penis in den Mund bekommt. Die Eichel bleibt dabei außerhalb. Vielleicht kann sie die Unterseite blasen und saugen und mit der Zunge in rascher Folge lecken.
Die Eichel läßt sich auch mit aufgeworfenen Lippen so umfassen, daß sich lediglich die vorderste Spitze im Mund Ihrer Partnerin befindet. Jetzt kann sie die Eichel mit der Zunge und den Schneidezähnen erregen. Oder sie kann ihre Lippen an die Wurzel des Penis über dem Hodensack legen und diese durch Summen in rasche Vibration versetzen.
Alles in allem bedarf es nur geringer Bewegungen von Zähnen, Zunge und Lippen, und es genügt leichtes Blasen auf der Eichel, um einen Mann sehr schnell kurz an den Rand des Orgasmus zu bringen. Es ist also klar, daß man bei dieser Technik sehr behutsam vorgehen muß.
Wie bereits erwähnt, sind die Finger und Fingernägel bei der Erregung der Eichel fast ebenso wirkungsvoll wie der Mund. Wieder sind nur sehr geringfügige Zärtlichkeiten, Kitzeln oder sanftes Zwicken nötig, um eine sofortige Reaktion auszulösen.
Um es also noch einmal zu betonen: der weibliche Partner sollte sich bemühen, bei der Liebkosung der männlichen Genitalien behutsam und zurückhaltend zu sein, da ein Mann gewöhnlich stets eher zum Höhepunkt kommt als eine Frau. Denken Sie daran, daß ein oder zwei Bewegungen im verkehrten Augenblick und am falschen Ort genügen, um die vollkommene Harmonie zu zerstören.
Andererseits kann es bei länger anhaltenden Beziehungen durchaus Momente geben, in denen die Frau das Liebesspiel mit den Händen, dem Mund oder mit beiden zu vollenden wünscht.
Kein Gesetz verbietet einem Mann oder einer Frau mehr als einen Orgasmus am Tag. Ihr Liebesspiel ist nicht vorbei, wenn Ihre Partnerin zum Orgasmus gelangt ist, und es muß auch nicht zu Ende sein, wenn es bei Ihnen zuerst gekommen ist. Eine Frau aber, die noch mehr will, nachdem ihr Partner den Höhepunkt erreicht hat, sollte wissen, wie man Vergangenes wieder zum Leben erweckt. Nach kurzer Verschnaufpause – sie sei Ihnen gewährt –, sollte Ihre Partnerin Sie mit Händen und Mund erneut erregen. Ist der Penis überhaupt nicht mehr erigiert, so kann Ihre

Partnerin ihn fast ganz in den Mund nehmen und ihn so lange sanft mit der Zunge massieren, bis er wieder steif ist.

Nach der Ejakulation ist der Penis gewöhnlich sehr empfindlich und kann leicht irritiert werden; also muß Ihre Partnerin äußerst behutsam vorgehen. Dennoch sollte sie imstande sein, ihn wieder aufzurichten, indem sie zuerst einfach den Penis und die Hoden küßt, um dann den Sack in einer Hand zu halten und dabei den Penis mit den Fingern, der Zunge und dem Mund zu reizen. Warnen Sie sie jedenfalls davor, zu diesem Zeitpunkt die Zähne zu benutzen.

Zu neuen Höhen

Erfolgreicher Sex muß in einer wilden Ekstase enden. Im Idealfall sollte der Höhepunkt dem Ganzen die Krone aufsetzen und alles beinhalten, was man sich vorzustellen vermag, die Erwartungen der Partner weit übertreffend. Wie das erreicht werden kann, sei hier kurz geschildert.

Schmerz und Lust gehen oft Hand in Hand. Der sexuelle Höhepunkt wird durch die Reizung der Nervenendungen erzielt, wobei intensive Reaktionen der Lust mit jenen des Schmerzes identisch sind. Kurz vor dem Orgasmus besteht kein großer Unterschied mehr zwischen Schmerz und Lust; wichtig ist nur die Intensität der Reizung. Zärtlichkeiten, die in bereits stark gereizten sexuell empfänglichen Zonen sowohl Schmerz wie Lust erzeugen, steigern den Höhepunkt mehr als zartere Liebkosungen, durch die weniger intensive, schmerzlose Empfindungen entstehen. Die Stellen, auf die man seine Aufmerksamkeit und seine Zärtlichkeit konzentrieren soll, sind von Mensch zu Mensch verschieden. Und auch jene Punkte, an denen Schmerz und Lust am wirkungsvollsten kombiniert werden, hängen ebenso von den individuellen Vorlieben und der Empfindsamkeit des betreffenden Menschen ab wie das Maß schmerzhafter Reizung, das er verträgt. Dennoch gibt es einige Zonen, die man in diesem Stadium des Liebesspiels in der Regel noch liebkosen und stimulieren kann.
Zwicken und packen Sie das Hinterteil, die Schenkel und den Bauch, was meist sehr wirksam und anregend ist. Graben Sie Ihre Finger ins Fleisch und greifen Sie mit aller Kraft zu. In den letzten Augenblicken sind sanfte Berührungen und zartes Zupfen des Fleisches wenig wirksam. Um die Haut zu liebkosen, ist es jetzt zu spät, denn solche Zärtlichkeiten werden nur als störend empfunden. Seien Sie also hart, fest, ja fast ein wenig grob. In den Anfangsstadien des Liebesspiels war Sanft-

heit am Platz; jetzt aber dürfen Sie nicht zart sein. Schlagen Sie kräftig auf den unteren Teil des Rückens und die Gesäßbacken! Sie brauchen nicht zu befürchten, Ihre Partnerin zu verletzen. Ein gut plazierter und richtig versetzter Schlag ist zwar meist zu spüren, doch nur kurz, und die dadurch entstehende Erwärmung der betreffenden Körperzone wird von vielen Menschen als stimulierend empfunden. Natürlich muß sich ein starker Mann ein bißchen zurückhalten, wenn er seine Partnerin während des Koitus derart behandelt. Schließlich führen Extreme auf diesem Gebiet zur Perversion – und machen der vollsten Befriedigung im Sex ein Ende. (So ist es möglich – wenn auch selten –, daß sexuell unausgeglichene Männer in solchen Augenblicken der Ekstase die Kontrolle über sich verlieren und ihre Partnerinnen brutal verwunden, ja sogar töten. Natürlich geschieht dies nicht absichtlich; sie haben lediglich die Selbstbeherrschung verloren – aber für die Opfer solch unkontrollierter Leidenschaft macht das keinen Unterschied.) In vernünftigen Grenzen ist der Schmerz ein nützliches und völlig legitimes Mittel, um eine Frau zu stimulieren – das gilt umgekehrt natürlich auch für den Mann.

Ihre Partnerin schätzt zwar vielleicht nicht immer den unmittelbaren Schock, den der Schmerz eines Schlages, des Kneifens oder eines Bisses auslöst, aber sie wird einen kurzen Augenblick später reichlich davon profitieren, wenn sie lustvolle Gefühle in sich aufsteigen fühlt.

Das Zwicken des Hodensacks versetzt viele Männer in Ekstase und kann die letzte Phase des Koitus zum Gipfel der Befriedigung machen. Techniken zum Abdrücken der «geladenen Pistole» gibt es genug, so daß eine Frau ihren Partner fast immer genau nach Wunsch zum Höhepunkt bringen kann. Frauen, die den Orgasmus des Partners im gleichen Augenblick zu spüren wünschen, in dem sie selbst ihren Orgasmus haben, sollten sich keinen Zwang antun, diese Mittel einzusetzen, um die Leidenschaft zu steigern.

Außer den Sack zu kneifen, was meist die einfachste und beste Lösung ist, gibt es aber noch eine Reihe weiterer Möglichkeiten: Einmal kann man kurz auf den After oder hinter den Hodensack des Partners stoßen, und oft geht es auch, wenn man die Zunge rasch ins Ohr schnellt. In einigen Positionen kann die Frau die Hand zwischen ihren Unterleib

und die Lenden ihres Partners schieben, um den tief in ihr steckenden Penis an der Wurzel zu packen. Wenn sie hier kräftig zudrückt, kann das den Orgasmus auslösen. Manchmal ist es gut, die Gesäßbacken des Partners zu packen und sie kräftig gegen den Leib zu schieben, so daß der Penis ganz tief eindringt, doch ist bei den meisten Männern diese Methode weniger zuverlässig. Natürlich sind alle Männer verschieden, und die Frau sollte deshalb so lange experimentieren, bis sie den «Auslöser» gefunden hat, auf den sie sich sicher verlassen kann.

Sehr stimulierend ist häufig ein Biß in Hals, Schultern oder Brust. Dabei sollten Sie neben den Zähnen die Zunge und die Lippen nicht vergessen. Während die Zähne Schmerz verursachen, wirken Lippen und Zunge liebkosend. So verschafft man seiner Partnerin das interessante Gefühl, Schmerz und zugleich die zärtliche Berührung von Lippen und Zunge zu empfinden. In die Schulter kann man getrost so kräftig hineinbeißen, als wollte man bis auf den Knochen kommen. Vorsichtiger dagegen müssen Sie am Hals sein, wo man besser einen saugenden Druck anwendet, der die Blutgefäße an die Oberfläche hebt. Die Brust hat empfindliche und weniger empfindliche Stellen; wirkliche Zurückhaltung muß man nur bei der Warze üben.

Die Reizung der Schmerznerven, von denen eben die Rede war, kann auch dadurch erreicht werden, daß man die Haut unterkühlt. Vor dem Koitus sollte die Frau eine Schale Eis in ein Tuch einwickeln und in Reichweite des Bettes aufstellen. Nehmen wir an, Sie haben Ihr Spiel (natürlich völlig nackt) in einer beliebigen einander zugekehrten Position begonnen, wobei Sie oben liegen. Während Sie nun Ihren endgültigen Aufstieg zum Höhepunkt beginnen, sollte Ihre Partnerin eine Handvoll Eis nehmen, Ihnen zwischen die Schenkel schieben und dort so lange festhalten, bis Sie bereit sind. Wenn Ihre Partnerin oben ist, können Sie bei ihr dasselbe tun.

Vielleicht finden Sie es aber auch etwas unangenehm, daß einem von ihnen beiden kaltes Wasser über den Körper laufen soll; es gibt eine bessere Möglichkeit. Wer Eis benutzt, braucht nur eine Hand auf das

Eis in der Schüssel neben dem Bett zu halten, bis sie ganz kalt ist. Dann nimmt man die kalte Hand, um die Stelle zwischen den Schenkeln zu stimulieren.

Sehr zweckmäßig ist auch, wenn Ihnen Ihre Partnerin die zusammengelegten Fingerspitzen unmittelbar hinter dem Hodensack mit einem plötzlichen Stoß kräftig ins Fleisch drückt, ehe Sie den Höhepunkt erreichen. Da die Ejakulation in dieser Zone beginnt, wird Sie der Druck in einen gewaltigen Orgasmus versetzen.
Auch Frauen entwickeln, wie schon früher erwähnt, im Harntrakt eine starke sexuelle Empfindlichkeit. Sie können diese Organe, die Sie normalerweise nicht berühren, in die Reichweite Ihres Penis schieben. Dazu müssen Sie eine Hand auf den Unterleib Ihrer Partnerin legen, unmittelbar über dem Schambein, und kräftig in Richtung Becken drücken, so daß ihre Bauchdecke zur Scheidenöffnung hin verschoben wird.

Eine zusätzliche Berührung wie diese, das sollten Sie wissen, bildet den eigentlichen Inhalt der Sexualkraft; sie fügt dem Liebesspiel jene besonderen Empfindungen hinzu, die den Unterschied zwischen einem mittelmäßigen Akt und einem entfesselten Feuerwerk ausmachen.

Die schaukelnden und rollenden Bewegungen zu Beginn des Koitus können auch beim Klimax sehr wirksam sein, wenn das Paar einen rascheren Rhythmus anwendet. Dabei werden hauptsächlich die Gesäßmuskeln eingesetzt – Bauch oder Rückgrat –, und die Genitalzone wird in einem Bogen von hinten nach vorne gerollt. Mindestens eine

Hand sollte die Frau auf der Hüfte des Mannes behalten, damit sie mit ihm im Rhythmus bleibt.

Beim Höhepunkt kann das Schaukeln und Rollen aber auch einen anderen Zweck haben: Statt die Bewegungen in schnellerem Rhythmus auszuführen, behält das Paar den langsameren Anfangsrhythmus bei. Wenn der Höhepunkt naht, beschleunigt man das Tempo meist von selbst, aber es kann auch manchmal besonders lustfördernd sein, das nicht zu tun. Behalten Sie also – selbst wenn Ihr ganzer Körper bis zum

Äußersten angespannt ist – den langsamen, sinnlichen Rhythmus bei, den Sie die ganze Zeit über hatten. Die Wogen des Orgasmus können dann in einer langsamen, überwältigenden Flut heranrollen.

Eine Methode der Stimulation und des Liebesspiels, die von Millionen Paaren praktiziert wird, wird von vielen jedoch immer noch aus unerklärlichen Gründen als nicht ganz anständig betrachtet.
Für das Liebesspiel ist das oral-genitale Küssen ganz wesentlich. Anomal ist es nur dann, wenn es übermäßig betrieben wird, sozusagen als Ersatz für die normale sexuelle Vereinigung während des Koitus. Aber damit wollen wir uns hier nicht befassen, denn wir behandeln nur normale Sexualpraktiken. (Natürlich ist es nicht die Form selbst, die an der übermäßigen oral-genitalen Sexualität anomal ist, sondern deren Ausschließlichkeit. So wie fanatisches Briefmarkensammeln, sturer Antialkoholismus, kurz alles Übertriebene nicht ganz normal ist.)
Die oral-genitalen Beziehungen können einseitig und beidseitig sein. Während sich der eine Partner entspannt, kann der andere orale Zärtlichkeiten schenken, oder man stimuliert sich gegenseitig, d.h. beide Körper liegen in entgegengesetzter Richtung, und beide Partner erregen die Genitalien des anderen mit dem Mund.
Nehmen wir zuerst die Positionen, durch die Cunnilingus (orale Zärtlichkeiten mit der Zunge an der Vagina) bei der Frau möglich sind:
Sie kann mit hochgezogenen Knien und gespreizten Schenkeln auf dem Rücken liegen – in der üblichen Koitusstellung. Dabei breitet sich ihre Genitalzone offen vor Ihnen aus – Sie können sie mit den Augen, mit den Händen, dem Penis und dem Mund erforschen. Von unten können Sie Ihren Mund auf die Klitoris oder die Vagina legen und haben beide Hände völlig frei, um an ihren Bauch oder an ihre Brüste zu greifen, die Sie stimulieren können, während Sie ihre Genitalien mit dem Mund liebkosen. Befindet sich Ihr Mund auf der Scheidenöffnung, dann kann die Klitoris mit der Nase gereizt werden.
Je nach Wunsch kann Ihre Partnerin die Beine leicht strecken und Ihnen die Schenkel auf die Schultern legen. Wenn Sie wollen, klemmt sie mit noch stärker gestreckten Beinen Ihren Kopf zwischen die Schenkel, während Ihr Mund auf ihrer Klitoris ruht.

Ihre Partnerin kann auf der Seite liegen und Sie mit ihr zugewandtem Gesicht in entgegengesetzter Richtung daneben. In dieser Stellung können Sie den Kopf auf ihre Schenkel legen und sie mit dem Mund an den Genitalien stimulieren. In der Regel ist diese Position unbequemer als die oben beschriebene.
Sie können sich auch auf den Rücken legen, wobei Ihre Partnerin so über Ihnen kniet, daß Sie an ihrem Rumpf entlang bis zu den Brüsten blicken können. (Vielleicht schieben Sie sich ein Kissen unter den Kopf!) So haben Sie die Möglichkeit, Ihre Partnerin in der Vaginalzone mit den Händen und dem Mund zu reizen.
Es gibt mehrere Positionen, in denen Ihre Partnerin bei Ihnen Fellatio (orale Zärtlichkeiten mit der Zunge am Penis) vornehmen kann.
Wenn Sie auf dem Rücken liegen, wird sie von verschiedenen Seiten an Ihren Penis gelangen. Sie kann zwischen Ihre Schenkel kriechen – das ist genau dieselbe Position, wie sie oben für Cunnilingus beschrieben wurde, nur sind diesmal die Rollen vertauscht – oder im rechten Winkel zu Ihnen liegen, neben Ihnen sitzen oder sich in entgegengesetzte Richtung zu Ihnen legen, wobei sie sich so über Sie legt, daß Sie mit einer Hand ihre Genitalien reizen können.
Für Cunnilingus können Sie mit Ihrer Partnerin ferner die oben beschriebene seitliche Position einnehmen.
Während Ihre Partnerin vor Ihnen kniet, mit den Händen Ihr Gesäß umfaßt und an Ihrem Penis saugt, stehen Sie aufrecht.
Bei gegenseitigem genitalen Küssen – also beide gleichzeitig – können mehrere der oben genannten Positionen eingenommen werden.
Wenn die Frau auf dem Rücken liegt und die angezogenen Beine spreizt, können Sie in entgegengesetzter Richtung so über sie steigen, daß sich Ihr Gesicht über der Vaginalzone und Ihr Penis über ihrem Mund befindet. Diese Position ist sehr bequem, und Ihre Partnerin kann mit den Händen Ihren Penis oder Ihr Gesäß streicheln. Die einzige Gefahr dabei ist, daß sich der Mann bei der Fellatio zu Bewegungen hinreißen läßt und dadurch seiner Partnerin den Penis zu tief in den Mund stößt. Das kann unter Umständen für die Frau sehr schmerzhaft sein.
Bei vertauschten Rollen löst sich das Problem von selbst. Nun liegt der Mann auf dem Rücken und die Frau oben. Die Frau kann so besser den

Kopf auf und um den Penis bewegen, selbst wenn ihre Hände weniger Freiheit haben. Dafür hat der Mann nun die Hände frei, um die Brüste zu fassen und sie zu liebkosen oder den Bauch, das Gesäß oder den After zu reizen. Wenn Sie ein Kissen unter den Kopf schieben, kommen Sie leichter an die Vaginalzone, ohne daß sich Ihre Partnerin mit dem ganzen Gewicht auf Sie setzen muß. Viele Paare finden diese Stellung höchst bequem.

Auch die seitliche Position ist sehr angenehm. Beide Partner können dabei ihre Schenkel gegenseitig als Kopfkissen benutzen und das Liebesspiel in aller Muße durchführen. Jeder hat auch mindestens eine Hand frei, um den Partner während des Mundspiels zu streicheln.

Wichtig ist, daß eine für beide Teile bequeme Position gefunden wird, damit keiner sich besonders beeilt, um die Stimulation zu beenden. Nichts spricht dagegen, daß einer sich zwischendurch einmal ausruht und dem anderen Partner eine Zeitlang die Initiative überläßt. Wenn Ihre Partnerin oben ist, kann sie sich auf Sie legen, mit dem Kopf auf Ihre Schenkel (wobei sie immer noch den Penis vor sich hat), einige Zeit entspannen und dabei den Genuß auskosten, den Sie ihr durch die Reizung von Vagina und Klitoris zuteil werden lassen. Liegen Sie dagegen auf ihr, so braucht sie sich nur ganz flach auszustrecken, Ihren Penis neben dem Gesicht hängen lassen und sich ausruhen. Auch in der seitlichen Position ist es einfach, ein wenig zu rasten. In jeder Stellung können Sie unterbrechen, sich erholen und auf die erregenden Gefühle konzentrieren, die sie mit ihrem Mund an Ihren Genitalien erzeugt.

Welche Position Sie auch wählen, Sie sollten auf jeden Fall dem oral-genitalen Reiz in Ihrem Liebesspiel einen Platz einräumen. Lassen Sie sich nicht durch törichte Hemmungen davon abhalten, mit Ihrer Partnerin diese äußerst intime und sehr reizvolle Erfahrung zu machen.

Die Steigerung weiblicher Leidenschaft

Das Entfachen der Leidenschaft Ihrer Partnerin ist wie Feuermachen: es braucht Sorgfalt und Vorbereitung. Beim Feuermachen schichten Sie zunächst Brennmaterial auf, und zwar so, daß die Flamme später zu einem lodernden Brand wird; Sie nehmen dann ein Streichholz, zünden das Brennmaterial an und schüren sorgfältig nach, bis die Flamme wächst und ein heißes Feuermeer entsteht. Nicht anders ist es bei einer Frau. Auch hier folgen Sie, genau wie beim Anzünden eines Feuers, einem bestimmten Schema, das sich nach der besonderen Art des Brennstoffs und der möglichen Feuerstelle richtet. Gewöhnlich entzünden Sie erst etwas Papier oder Reisig und versuchen nicht, einen dicken Holzklotz mit dem Streichholz zu entflammen. Der würde niemals Feuer fangen. Genauso werden Sie wohl nicht die Leidenschaft einer Frau dadurch entfachen wollen, daß Sie gleich so wild über sie herfallen, wie es vielleicht kurz vor dem Höhepunkt angebracht ist. Was ihr so große Lust verschafft, wenn sie dafür bereit ist, könnte sie in einem frühen Stadium des Sexspiels leicht abstoßen, anekeln, verletzen, ja sogar abkühlen. Sie beginnen also ganz von vorne, fangen mit zartem Streicheln und Liebkosungen an und – das ist sehr wichtig! – mit schmeichlerischen, betörenden Worten. Das ist der Zündstoff des sexuellen Feuers – und dazu müssen Sie ein gewöhnliches Streichholz nehmen; lassen Sie den Blasebalg noch in der Versenkung.

Wie beim Feuer müssen Sie ständig Brennstoff nachlegen, nach Bedarf immer größere Scheite, damit die Glut wächst, statt sich abzukühlen, bevor das Gericht gar ist.

Sie müssen das Feuer stets vor Einflüssen schützen, die es zum Erlöschen bringen könnten, ehe es wirklich heiß und groß geworden ist. Auch das von Ihnen entfachte sexuelle Feuer Ihrer Partnerin muß vor jenen Störungen bewahrt werden, die es erkalten lassen: Schmerz, Angst,

Ungeschicklichkeit, Ablenkung, Hemmungen, Langeweile, gewalttätiges oder plumpes Vorgehen, zu große Geschwindigkeit – all das kann eine Frau in den frühen Stadien des Sexspiels abkühlen.
Ein warmes Wannenbad vor dem Koitus entspannt die Muskeln und verbreitet im ganzen Körper angenehme Wärme – der Körper wird dadurch ausgezeichnet auf zarte Reizungen vorbereitet.
Füllen Sie die Wanne mit heißem Wasser – so heiß, daß Ihnen die Haut prickelt und Sie das Gefühl haben, Sie würden mit hunderttausend Nadeln gestochen. Dann gießen Sie reichlich Kokosöl ins Wasser und legen sich bis zum Hals hinein. Wenn Sie dann aus der Wanne steigen und sich mit einem Handtuch kräftig abreiben, wird Ihre Haut warm sein und prickeln, und Sie sind mehr als bereit für das Kommende. Auch Ihre Partnerin sollte ein solches Bad nehmen – sorgen Sie dafür! Schließ-

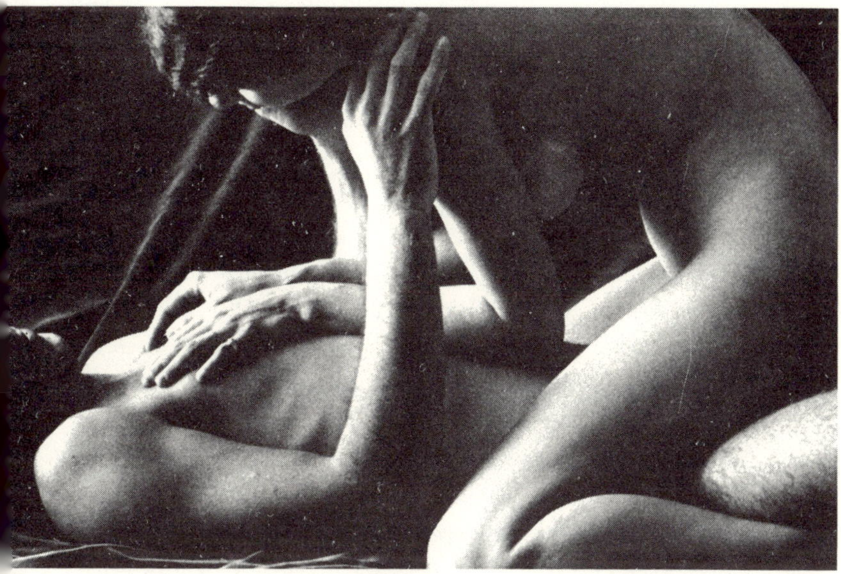

lich möchten Sie ja, daß ihr Körper für Ihre Zärtlichkeiten aufnahmebereit ist – ihre Haut und alle ihre Nervenendungen sollen auf die zärtlichen Liebkosungen eingestimmt sein.

Wer müde und ausgelaugt ist, kann niemals volle Befriedigung beim Sex erwarten. Dies gilt mehr noch für Frauen als für Männer. Ein zu müder Mann bringt vielleicht überhaupt nichts zustande, und er hat nur dann sein Vergnügen, wenn es bei ihm klappt. (Ist der Mann abgespannt, wird er wohl kaum ein kräftiger und aktiver Liebhaber sein.) Eine erschöpfte, nicht ausgeruhte Frau mag zwar zulassen, daß man sie liebt, aber sie wird daraus nicht viel Genuß schöpfen und kaum stark reagieren. Leider sind allzu viele Männer der Ansicht, Frauen seien nichts anderes als Objekte fürs Bett, und sie erfahren niemals die herrlichen Genüsse, die gemeinsame Liebe mit der Partnerin bereithält. Für solche Männer spielt es keine Rolle, ob die Frau müde ist oder nicht – sie haben ohnehin wenig von ihrem Sexualleben.
Wenn Ihre Frau auf dem Feld, in der Fabrik, im Büro, im Laden oder auch im Haushalt – oder wo sie sonst ihren Tag verbringt – zu viel

gearbeitet hat, kann man von ihr nicht erwarten, daß sie die sexuelle Vereinigung aktiv und mit Eifer genießt. Meist reagiert sie wie ein leerer Sack und ist nicht stärker reizbar als ein toter Fisch. Muten Sie also Ihrer Frau bei der Arbeit nicht zuviel zu, wenn Sie wollen, daß sie im Bett noch ihren Mann steht. Die Freude über die paar Mark, die sie vielleicht ins Haus bringt, müssen Sie in der sexuellen Beziehung teuer bezahlen. Natürlich sind Frauen unterschiedlich stark und widerstandsfähig. Wenn Ihre Frau hingegen die Kräfte eines Elefanten hat – und doch im Bett noch ein süßes Kätzchen sein kann –, dann haben Sie in dieser Hinsicht sicher keine Probleme. Möglicherweise sind sogar Sie derjenige, der in der Ehe seine Kraft und Stärke aufbauen und bewahren muß. Nehmen Sie das nicht auf die leichte Schulter. Wenn Sie sich täglich an Ihrem Arbeitsplatz abschuften und in der Freizeit noch einen zweiten

Job haben oder Überstunden machen, ist es möglich, daß Sie zusätzliches Geld auf Kosten Ihres sexuellen Glückes und der sexuellen Befriedigung Ihrer Frau verdienen. Denken Sie daran, daß jede wirkliche Frau lieber ein bißchen weniger Geld hat und dafür ein wenig mehr – und bessere – Liebe. Ein Pelzmantel kann eine Frau zwar wärmen, aber um sie heiß zu machen, bedarf es eines Mannes.
Ebenso wichtig ist es, daß Sie Ihre Arbeitssorgen nicht mit ins Bett nehmen. Auch wenn das leichter gesagt als getan ist – Sie müssen daran denken! Tausende von Männern ruinieren ihr Geschlechtsleben, weil sie sich im Bett wegen der Arbeit Sorgen machen – und vermasseln sich so ihre Karriere, weil sie bei der Arbeit über die sexuellen Mißerfolge nachdenken oder gar sexuell frustriert sind. Es ist ein circulus vitiosus, dem im Bett ein Ende bereitet werden sollte. Schieben Sie Ihre Sorgen beiseite und lassen Sie sich gehen! Vielleicht stellen Sie fest, daß ein

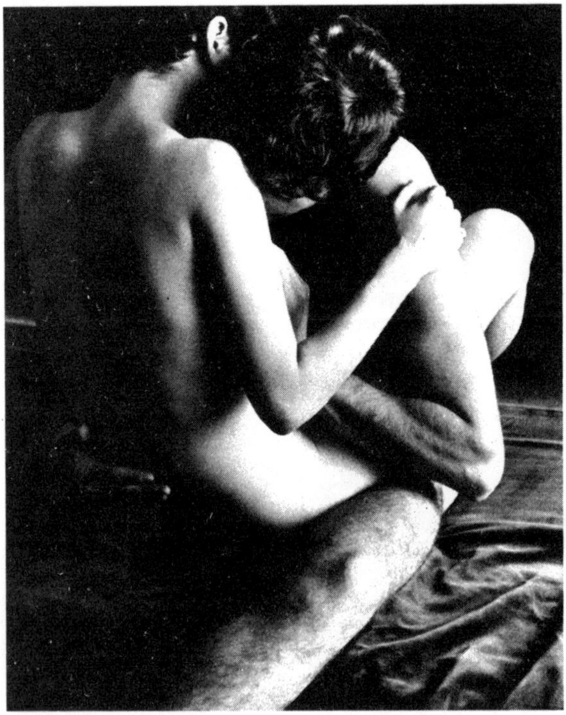

erregendes Sexleben mit Ihrer Frau Ihnen die Kraft schenkt, mit den beruflichen Problemen fertig zu werden.

Ist Müdigkeit das Grundproblem in der sexuellen Beziehung zu Ihrer Frau, dann müssen Sie es lösen, wenn Sex Sie jemals wirklich befriedigen soll. Zum Glück können die meisten dieses Hindernis mit ein bißchen gutem Willen aus der Welt schaffen.

Es steht nirgends geschrieben, daß Sex eine Angelegenheit der Nacht sein muß. Am Morgen, wenn beide Partner nach einem guten Schlaf ausgeruht sind, ist die Zeit dafür vielleicht viel günstiger. Sie können auch versuchen, gleich nach der Arbeit ein Nickerchen zu machen. Dann wären Sie ein wenig ausgeruht, wenn die Zeit fürs Schlafengehen gekommen ist. Probieren Sie es: Legen Sie sich nach der Arbeit kurz hin, essen Sie etwas später zu Abend als gewöhnlich und ruhen Sie sich nach dem Abendessen wieder etwas aus. Wenn Sie dann ins Bett gehen, sollten Sie eigentlich imstande sein, Ihr Bestes zu geben und höchsten Genuß zu erleben.

An den Wochenenden – oder an arbeitsfreien Tagen – können Sie sich vielleicht auch einmal am Nachmittag der Liebe hingeben. Das macht sicher mehr Spaß als rasenmähen oder fernsehen.

Bei jeder sexuellen Partnerschaft sollten sich beide Teile grundsätzlich darüber im klaren sein, daß durch die Tendenz des Mannes, rasch zum Höhepunkt zu kommen, die Zahl der Vereinigungen begrenzt ist. Deshalb muß bei einem erfolgreichen sexuellen Zusammensein der allzu schnelle männliche Orgasmus vermieden werden. Aus diesem Grundsatz ergeben sich alle anderen Spielregeln. Normalerweise ist die Kontrolle oder das Hinauszögern des weiblichen Orgasmus kein Problem, da die Frau gewöhnlich länger braucht, bis sie dahin kommt, und außerdem der weibliche Orgasmus sich auch auf die Technik des Koitus nicht so störend auswirkt wie der des Mannes. Anders ausgedrückt: Nach einem Orgasmus ist sie immer noch da, er aber nicht mehr. Dabei sind zwei Punkte besonders zu beachten:

1. Erfolgreicher Sex hängt von der Entspannung ab. Da Muskelspannungen und damit Nervenenergie ein grundlegender Teil der

Geschlechtskraft sind, müssen Sie lernen, Ihre Muskeln in sehr kurzen Zeiträumen kontrolliert anzuspannen und zu lockern. Das ist gar nicht so leicht, wie es aussieht, und es bedarf der Übung; alle Anstrengungen werden jedoch reichlich belohnt. Natürlich fällt es einigen Menschen leichter als anderen, und mancher schafft es kaum. Versuchen Sie folgendes:

Legen Sie sich in einem teilweise verdunkelten Zimmer völlig nackt aufs Bett oder auf einen Teppich, und zwar auf den Rücken, die Arme seitlich. Entspannen Sie sich nun völlig und lassen Sie Ihren Gedanken freien Lauf. Schütteln Sie alle Sorgen und allen Ärger ab und lassen Sie die Spannung abklingen.

Viele Menschen glauben, physische und geistige Entspannung seien etwas ganz Verschiedenes; in Wirklichkeit sind es nur zwei Aspekte

desselben Problems. Wenn Sie die Techniken der Entspannung gelernt haben, werden Sie merken, daß Ihr Geist frei wird, sobald Ihr Körper nicht mehr verkrampft ist.
Zuerst einmal müssen Sie die Kopfmuskeln entspannen: Stirn, Gesicht, Hals, Kopfhaut und Ohren, und zwar nacheinander.
Lernen Sie, die Muskelentspannung zu fühlen, damit Sie sie steuern können. Beginnen Sie mit der Stirn. Spannen Sie hier die Muskeln so stark wie möglich an. Dann lockern Sie sie. Spüren Sie etwas? Schon nach wenigen Versuchen sollten Sie imstande sein, diese Muskeln völlig zu entspannen, ohne sie erst anspannen zu müssen. Das gleiche machen Sie nun mit anderen Muskeln, vom Kopf bis zu den Zehen. Einige lassen sich dabei leichter entspannen als andere – es sind jene Muskeln, deren Funktionen Ihnen am stärksten bewußt sind: Bizeps, Unterarmmuskeln, Fäuste, Gesäßmuskeln usw.

Wenn Sie das Gefühl haben, daß ein bestimmter Körperteil besonders verkrampft ist, versuchen Sie folgendes: Spannen Sie die Muskeln allmählich an, stufenweise, Schritt für Schritt, erst leicht, dann immer stärker, bis sie völlig gespannt und hart sind. Dann verfahren Sie genau umgekehrt, indem Sie die Muskeln nach und nach lockern, bis Sie sie vollkommen entspannt haben. Da man den Kopfmuskeln am wenigsten Beachtung schenkt, ist es besonders wichtig, diese unter Kontrolle zu bringen. Natürlich ist es unerläßlich, auch die beim Geschlechtsverkehr beteiligten Muskeln beherrschen zu lernen, so die Gesäßmuskeln, die Bauchmuskulatur, die Beinmuskeln usw.

Sollte Ihr Körper bei diesen Spannungs- und Entspannungsübungen schmerzen, so übertreiben Sie wahrscheinlich das Anspannen und lockern sich nicht genügend. Den Hauptteil dieser Übungen soll die Entspannung ausmachen. Legen Sie sich hin und lassen Sie das Lockern jedes Muskels auf sich wirken. Genießen Sie die Entspannung Ihrer Kopfmuskeln ein paar Minuten lang, ehe Sie weitermachen. Das gilt für jede Stufe dieser Übungen von Kopf bis Fuß.

Ist ein Teil Ihres Körpers vollkommen entspannt, dann kann er vom Partner behandelt werden, als gehöre er zu einer Stoffpuppe und nicht zu einem lebenden Menschen. Ihr Kopf wird so locker sein, daß man ihn sanft hin und her rollen kann, Ihr Arm wird wie leblos herabfallen, wenn man ihn hochhebt und losläßt. Bieten Sie dabei Widerstand, sind Sie noch nicht völlig entspannt – müssen also noch weiter an sich arbeiten.

Diese Spannungs- und Entspannungsübungen sollten Sie vielleicht einen Monat lang ein- oder zweimal täglich vornehmen. Sie müßten dann feststellen, daß Ihr Körper sich weniger leicht versteift. Sollten die Verkrampfungen und Spannungen wieder auftauchen, so wissen Sie ja, wie Sie Ihren Körper in kurzer Zeit wieder bewußt entspannen können. Welche Technik Sie dabei auch anwenden – Sie müssen konsequent sein. Solange ein Partner völlig verkrampft ist, kann Sex nicht erfolgreich sein – und das hat manchmal verheerende Folgen. Sie wissen doch, wie es ist, wenn man sehr nervös ist und das Gefühl hat, sämtliche Eingeweide seien miteinander verknotet. Zweifellos fühlen Sie sich hundeelend und sind zu nichts zu gebrauchen.

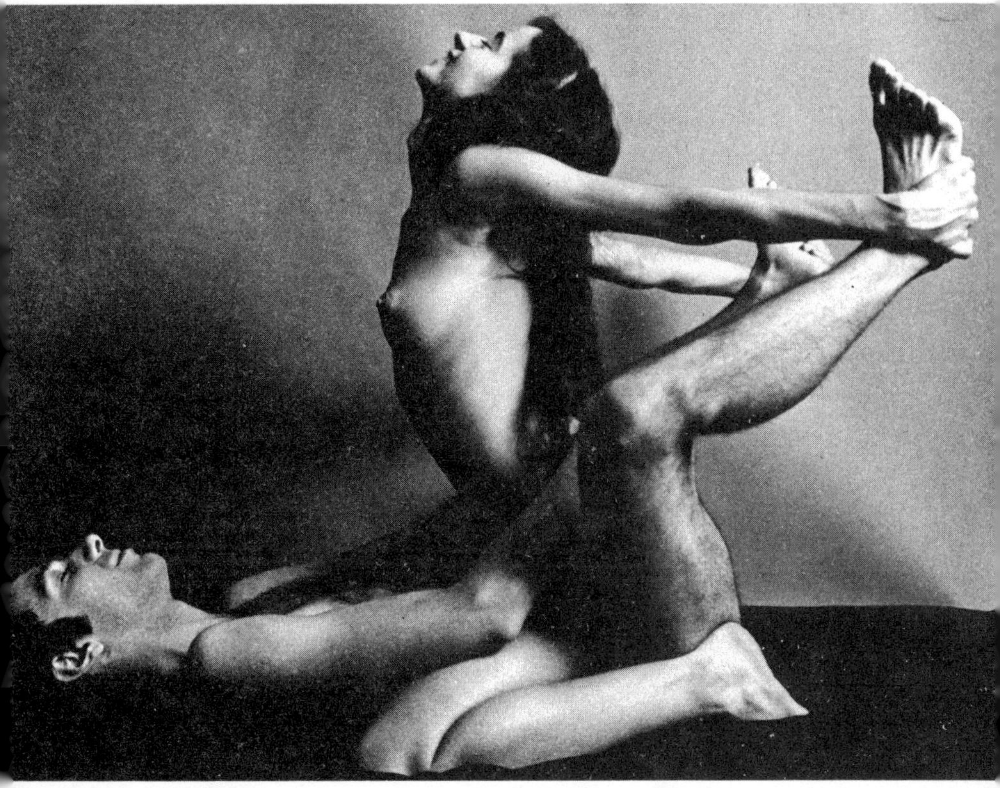

Also lernen Sie aus diesen Übungen drei Dinge: Zuerst sollten Sie sich Ihres Körpers bewußt werden, um festzustellen, ob Sie verkrampft sind oder nicht. Zweitens sollten Sie sich entspannen können, physisch und geistig – also ganz und gar –, wann immer Sie spüren, daß Spannungen und Verkrampfungen auftreten. Und drittens sollten Sie lernen, alle Muskeln zu beherrschen, die Sie beim Sexspiel benötigen. Das ist für Sie und Ihre Partnerin von Vorteil.

2. Es ist außerordentlich wichtig, daß es zwischen Ihnen und Ihrer Partnerin ganz persönliche, bewußte Verständigungsmittel gibt. Jeder muß wissen, was der andere denkt und fühlt; jeder muß erkennen, wann der andere dem Höhepunkt nahe ist, und jeder muß auf die Bedürfnisse

und geheimen Wünsche des anderen eingehen. Es genügt nicht, die Gefühle des Partners zu kennen, sondern man muß darauf reagieren, auf sie eingehen und sie im Sexspiel einsetzen. Die Wünsche Ihres Partners wollen befriedigt werden, und man muß dabei auch die eigenen Wünsche berücksichtigen.

Wie kann man aber auf etwas reagieren, von dem man nichts weiß? Also kommt zu der physischen Intimität, die Sie während des Liebesspiels teilen, eine seelische Übereinstimmung; das ist ungemein wichtig. Sie müssen lernen, den anderen Ihre Gefühle wissen zu lassen. Sie müssen aber auch die kleinen Hinweise Ihres Partners verstehen, die er Ihnen bewußt oder unbewußt gibt.

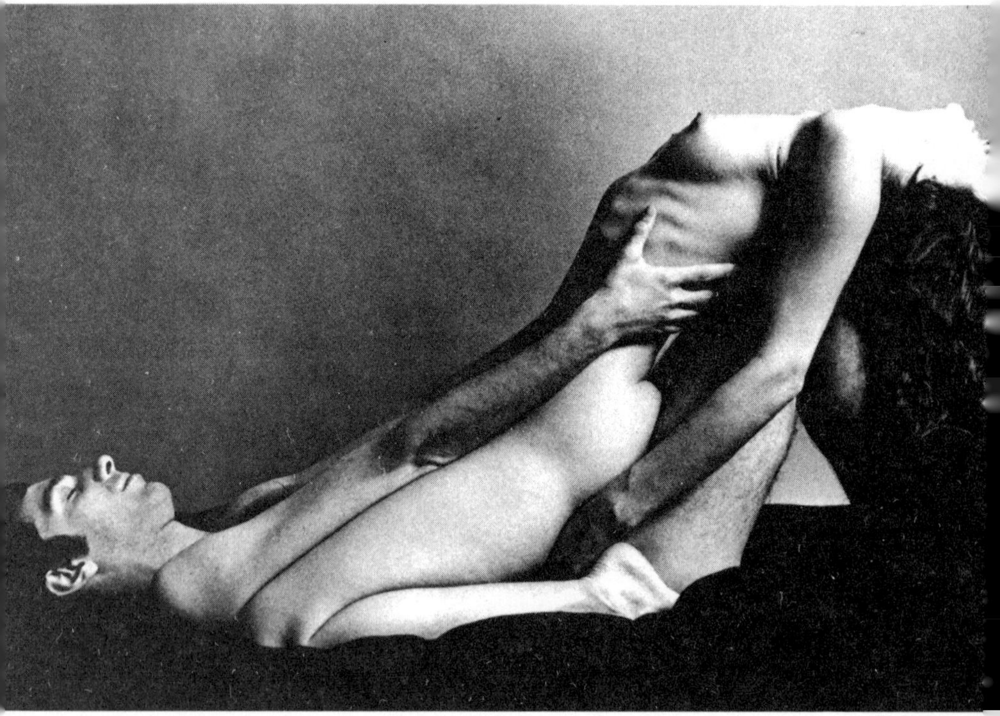

Das Zucken des männlichen Gliedes wird durch das Zusammenziehen und Entspannen von Muskeln verursacht, die sich an der Wurzel des Penis etwa fünf Zentimeter über dem Rektum befinden. Diese Muskeln lassen sich bewegen, wenn man versucht, die Hoden und den Sack einzuziehen. Probieren Sie es, bevor Sie weiterlesen. Sie werden feststellen, wie leicht es ist, und können die Wirkung auf Ihren Penis beobachten, selbst wenn dieser gerade nicht erigiert ist. Bei einem erigierten Penis ist das Zucken noch ausgeprägter.

Um festzustellen, ob Sie die richtigen Muskeln zusammenziehen, brauchen Sie nur mit einem Finger auf jene Stelle zu drücken, wo sich der Hodensack hinten mit dem Körper vereinigt.

Während des Koitus sind kurze, scharfe, heftige Zuckungen des Penis am wirkungsvollsten. Dies sollte man gewissenhaft lernen – was bedeutend leichter fällt, wenn man die oben beschriebenen Spannungs- und Lockerungsübungen mit einigem Erfolg hinter sich gebracht hat –, und man sollte dieses Zucken fleißig üben, indem man die Muskeln täglich kontrahiert und schnellen läßt, bis man den Trick völlig beherrscht. Nur dann können die Muskeln und der Höhepunkt unter Kontrolle gebracht werden.

Versuchen Sie auch, während des Koitus auf diese Weise zu zucken. Probieren Sie es vorher in den Pausen aus. Das Zucken wirkt fast wie ein Elektroschock und hält Ihre Partnerin in starker Erregung und Leidenschaft, ohne daß dadurch Ihr eigener Höhepunkt beschleunigt würde. Man kann diese Technik anwenden, um den Koitus lange hinauszuzögern, wodurch Ihrer Partnerin großer Genuß bereitet wird, den Sie völlig unter Kontrolle haben. Lassen Sie nach dem Eindringen den Penis ganz ruhig in der Vagina; bewegen Sie sich weder vor und zurück, noch seitwärts, noch im Kreis. Nach kurzer Zeit beginnen Sie mit den Peniszuckungen, doch machen Sie sonst keine Bewegung. Ohne daß einer von Ihnen müde wird – und ohne die Gefahr einer vorzeitigen Ejakulation –, werden Sie so ein lustvolles Gefühl erzeugen. Die meisten Paare werden diese Technik nicht immer anwenden wollen, aber sie bietet eine interessante und angenehme Abwechslung. Gewöhnlich fällt es etwas schwer, sich völlig ruhig zu verhalten, weil die steigende Leidenschaft Ihrer Partnerin, die durch das Peniszucken verursacht wird,

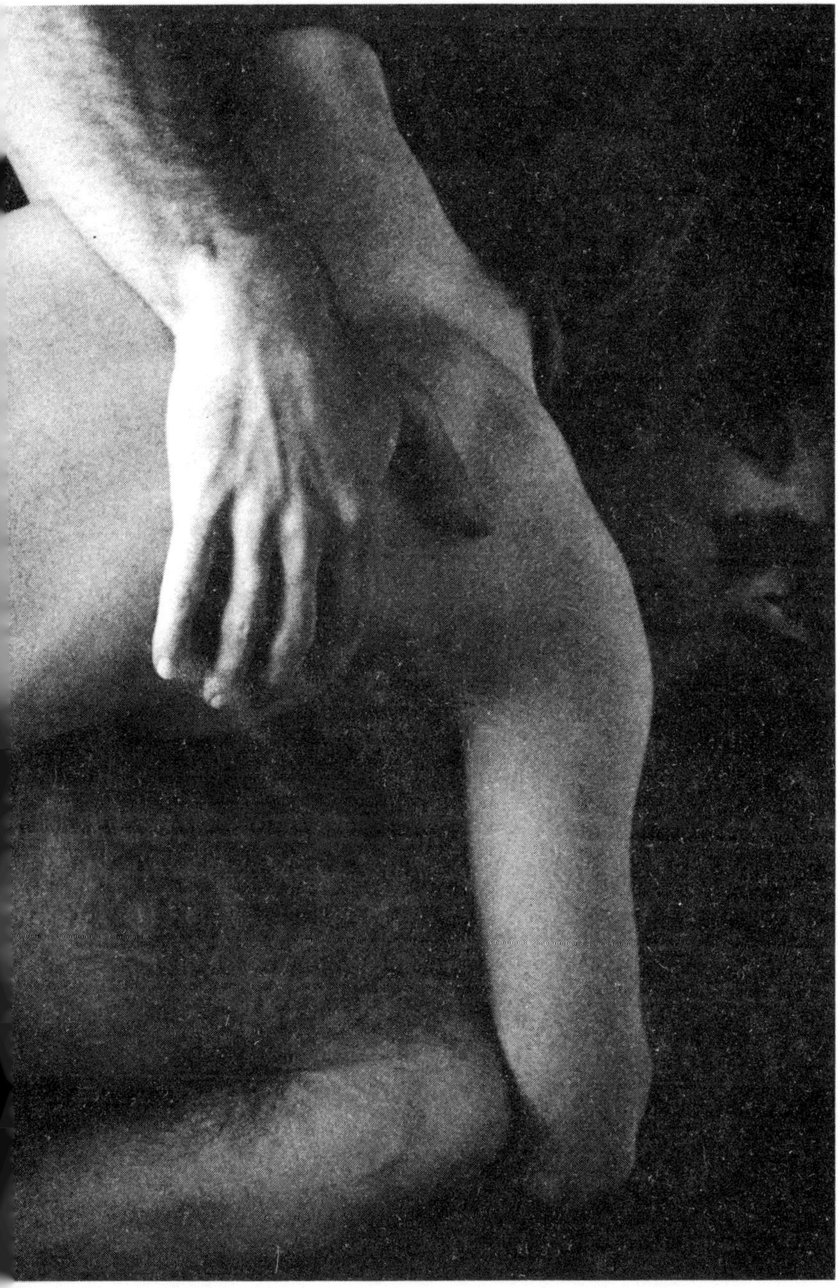

Sie zu Bewegungen verführen wird – Sie müssen sich aber unbedingt beherrschen und dürfen sich nicht rühren.

Sie können das Zucken auch dann einsetzen, wenn Sie schon völlig in Ihre Partnerin eingedrungen sind und die üblichen Bewegungen ausführen. Wenn Sie diese Technik beherrschen und voll entwickeln, sind Sie in der Lage, alle Muskeln, die Ihren Penis steuern, zwei- oder dreimal zusammenzuziehen, während Sie sich langsam vor und zurück bewegen. Beobachten Sie, wie das auf Ihre Partnerin wirkt.

Ihre Partnerin kann ihrerseits eine Reihe verschiedener Genitalbewegungen erlernen, die sich unterschiedlich kombinieren lassen. Es ist sehr wichtig, daß Ihre Partnerin daran arbeitet, die Muskeln der Genitalzone zu beherrschen und diese Fähigkeit weiterzuentwickeln. Das wird mit entscheiden, ob sie als mittelmäßige oder ganz außergewöhnliche Partnerin beim Sex anzusprechen ist. Wie das Peniszucken ihre Lust während des Koitus steigern kann, so kann sie durch die Fähigkeit, ihre Muskeln zu beherrschen, Ihren Genuß wesentlich erhöhen.

Die einfachste Bewegung, die sie ausprobieren kann, ist, den After einzuziehen. Langsam durchgeführt, übt diese Bewegung einen angenehmen Druck auf Ihren Penis in der Vagina aus, aber geradezu einmalig ist eine rasche Folge solcher Kontraktionen. Wie der Mann, kann sich auch die Frau durch ein paar Minuten täglicher Übung in dieser Technik vervollkommnen. Eine solche Übung läßt sich ohne große Vorbereitung jederzeit und fast überall durchführen.

Etwas schwieriger ist es schon, die Muskeln der Vagina zu steuern, denn das erfordert wesentlich mehr Konzentration. Aber denken Sie daran, daß die Mühe reichlich belohnt wird. Wenn man versucht, die Vagina zusammenzupressen, werden die Muskeln kontrahiert. Dies sollte man täglich üben, bis man es völlig beherrscht – es hat aber nichts mit der Kontraktion der Vaginamuskeln während des Koitus zu tun, sondern es geht darum, die Muskeln zu entwickeln und Muskelspannungen aufzubauen. Wenn Ihre Frau imstande ist, die Vaginalwände enger um Ihren Penis zu schließen, so daß die beiden Organe sich während des Koitus gegenseitig viel stärker reiben, wird sie ein wesentlich besserer Sexpartner. Natürlich steigert sich dadurch ihr Lustgefühl während des Koitus ebenso wie das Ihre; schließlich geht es ja beim dynamischen

Koitus um nichts anderes. Was der eine besonders lustvoll findet, das vermehrt auch das Vergnügen des anderen.
Wenn sich Ihre Gefährtin tüchtig anstrengt und einige Wochen lang mehrmals täglich übt, wird sie noch wirksamer und stimulierender zu Ihrer Lust beitragen können. (Natürlich müssen Sie während dieser Zeit Ihre Übungen ebenfalls ausführen, damit Sie beide im Bett Maximales leisten.)

Der Körper verbraucht sehr viel Sauerstoff, wenn man sich stark anstrengt, sei es beim Schwimmen, Laufen, Tennisspielen oder auch beim Koitus. Dieser Sauerstoff muß rasch ersetzt werden, und deshalb ist richtiges Atmen für den Schwimmer, Läufer oder Tennisspieler ebenso wichtig wie für den Liebhaber. Ein kurzatmiger Läufer kann sich nicht mit Läufern messen, die sich in guter Kondition befinden. Genauso können kurzatmige Männer oder Frauen keine guten Sexpartner abgeben.
Eine gute Atemtechnik zu entwickeln, ist äußerst wichtig, wenn Sie sich auf dem Feld der Liebe ganz verausgaben wollen. Dazu sind rasche Spaziergänge mehrmals in der Woche sehr nützlich. Gehen Sie mit schnellem, gleichmäßigem Schritt, schwingen Sie zwanglos mit den Armen und mit dem ganzen Körper – und atmen Sie beim Gehen tief und regelmäßig.
Für die Entwicklung einer richtigen Atemtechnik gibt es noch viele andere Übungen, doch würde es den Rahmen dieses Buches sprengen, wollte man hier auf alle eingehen.
Abschließend muß jedoch noch folgendes gesagt werden: Rauchen und zu reichliches Essen sind zwei Möglichkeiten, um Ihren Atem zu verkürzen und Sie zu einem wenig aktiven und unbefriedigenden Sexpartner zu machen. Was das starke Rauchen angeht, so könnte die Aufschrift auf (amerikanischen) Zigarettenpackungen gut sinngemäß dahingehend abgeändert werden: «Vorsicht vor Zigarettenrauchen. Es gefährdet Ihre Gesundheit – und Ihr Sexleben!»

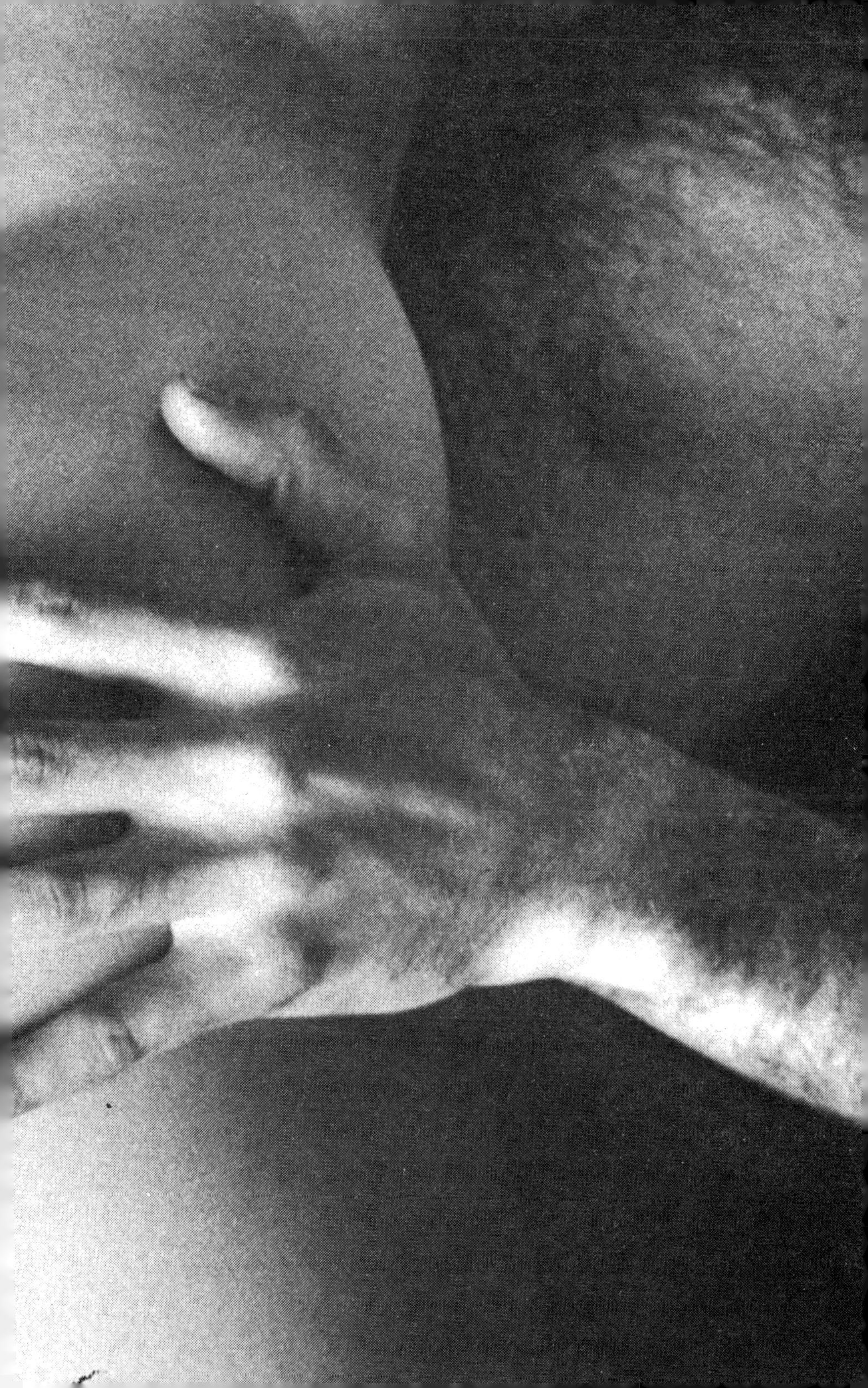

Für viele Paare läßt sich das Sexspiel in zwei Teile gliedern: in das Vorspiel, bei dem beide Partner einander leidenschaftlich stimulieren und sich aufs höchste steigern; und in den Koitus, eine im wesentlichen mechanische Tätigkeit mit nur einem Ziel – dem Orgasmus. Zwischen beiden Stufen kann es einen kurzen, aber unerfreulichen Positions- und Stimmungswechsel geben. Dies ist eine törichte Verschwendung sexueller Energie!

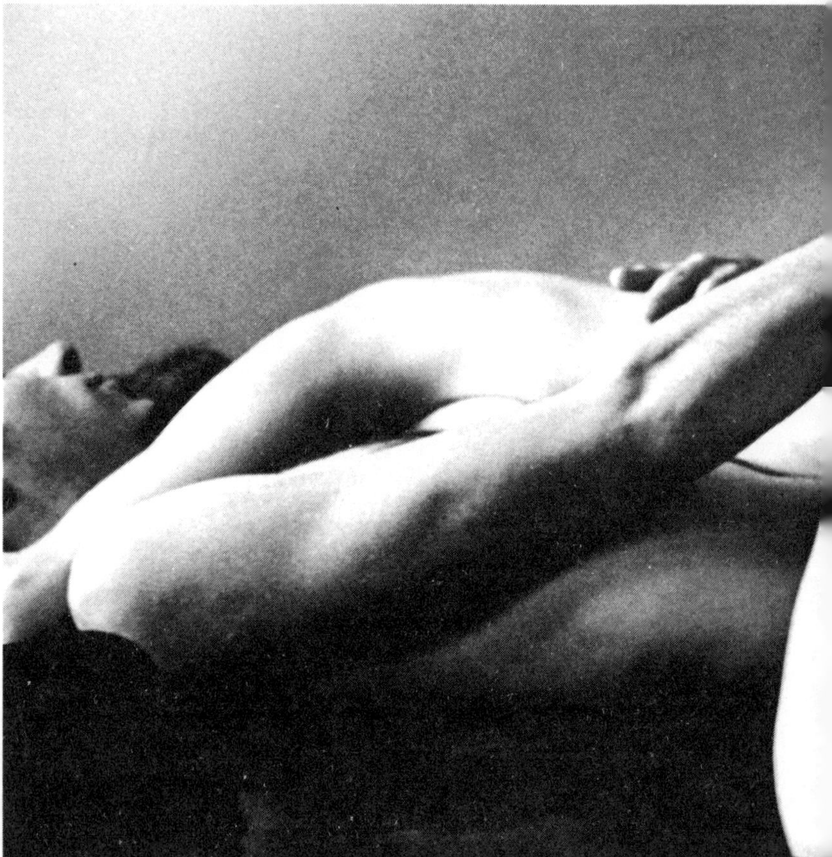

Der Koitus ist der Höhepunkt des Sexspiels. Er sollte nicht mechanisch sein und das Ende der gegenseitigen Stimulierung bedeuten, die Stimmung darf sich nicht abkühlen – das ist entscheidend. Die wenigen Augenblicke, in denen man die Stellung wechselt und der reine Geschlechtsakt beginnt, sollten nicht das Signal zum Abkühlen sein. Es liegt am Mann, dafür zu sorgen, daß die im Vorspiel aufgebauten Leidenschaften in diesen kurzen Momenten nicht geschwächt, sondern gesteigert werden.

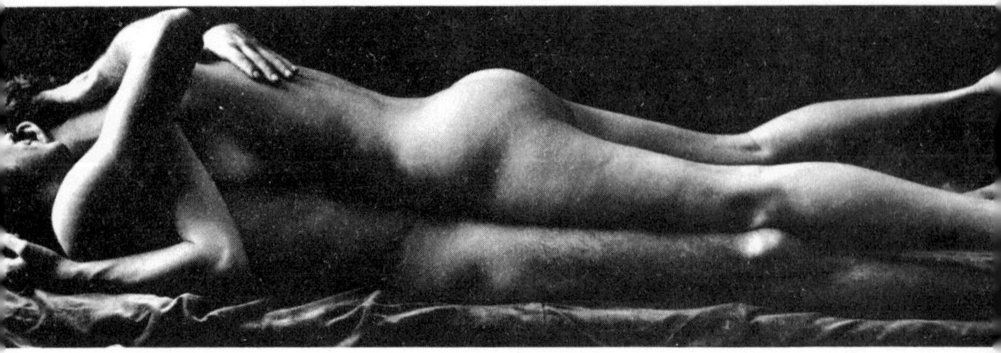

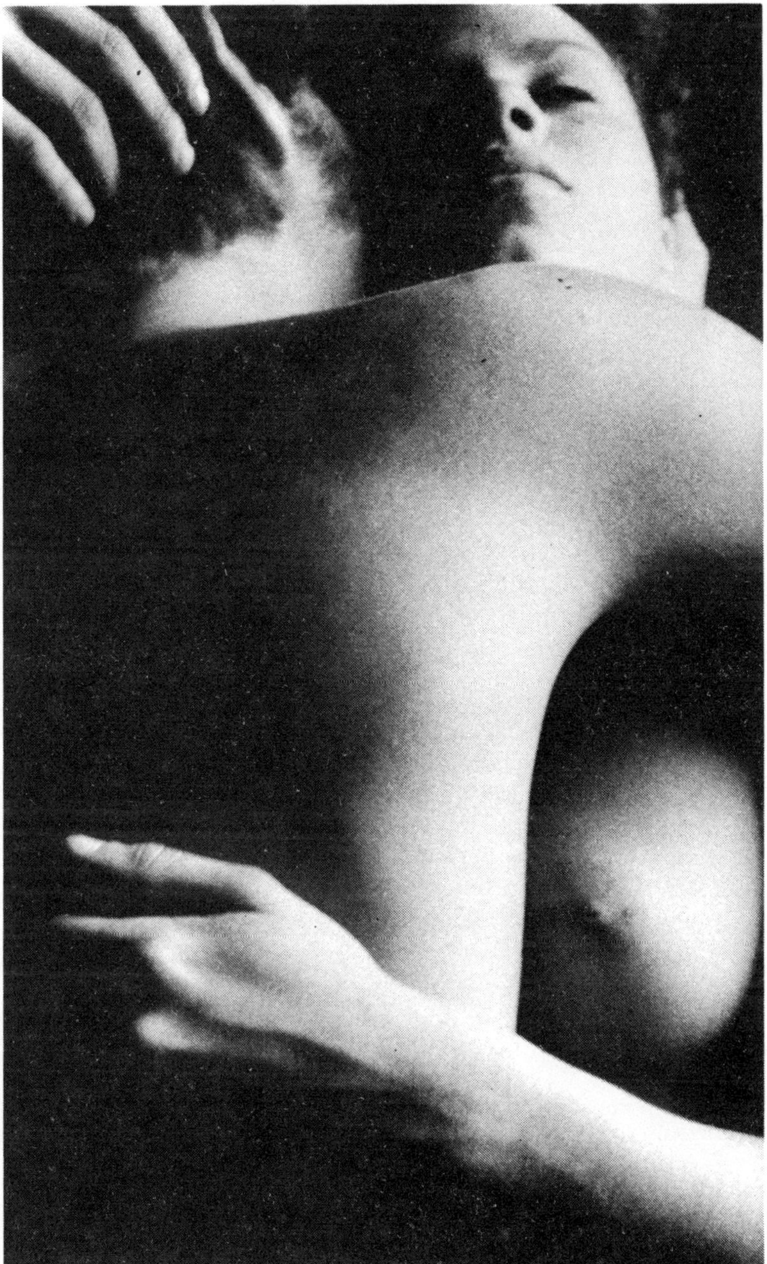

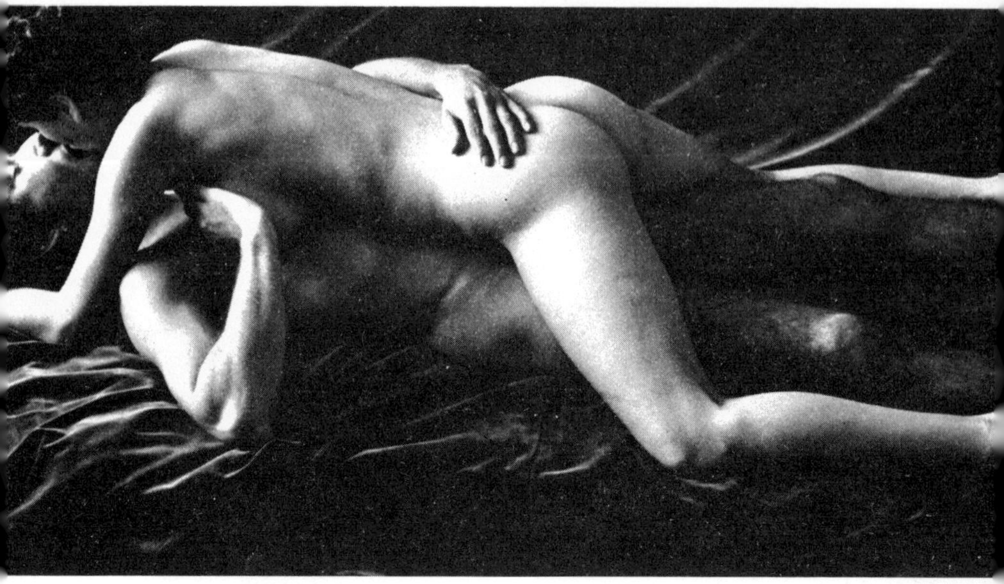

Setzen Sie deshalb unbedingt Ihr Liebesspiel fort, auch wenn nun nach dem Vorspiel das Eindringen kommt. Dies geschieht am besten dadurch, daß man sich für die Penetration Zeit läßt und den Penis als Werkzeug benutzt, mit dem man die Partnerin sowohl außen als auch innen erregt. Man kann mit dem Glied den Vaginaleingang sanft massieren, ja sogar die Klitoris, ehe man weitergeht. Man kann die Vagina mit der Eichel kitzeln, nur sehr wenig eindringen und dann den Penis wieder zurückziehen, um die Außenseite, die Schamlippen oder die Klitoris zu reizen. So ist es möglich, daß der Penetrationsakt mehrere Minuten dauert, bis er wirklich vollzogen ist – wobei sich die Leidenschaft und das Verlangen Ihrer Partnerin nach vollständigem Eindringen steigern.
(Manche Frauen lieben es, wenn man den Penis während des Koitus zurückzieht, um kurze Zeit die Klitoris zu massieren, und ihn dann wieder einführt.)
Manchmal wünschen sowohl die Frau als auch der Mann eine rasche, tiefe Penetration. Aber auch in diesem Fall ist es wichtig, daß der Akt bewußt und leidenschaftlich ist – nicht eine mechanische Angelegenheit, die man lässig hinter sich bringt.
Auch während einer langsamen, gleichmäßigen Penetration kann man mit dem Penis zucken. Oder eine rotierende, schraubenartige Bewegung anwenden. Dabei erkundet Ihr Penis das ganze Gebiet, das er passiert, und drückt unmittelbar gegen die Vaginalwände, während er sich seinen Weg bahnt.
Wenn die Befeuchtung nicht ausreicht, empfinden Sie oder Ihre Partnering – oder beide – die Reibung und Dehnung als schmerzhaft. In diesem Fall sollten Sie den Penis zurückziehen und zum Vorspiel zurückkehren, bis die gesteigerte Leidenschaft Ihrer Partnerin zu einer besseren Befeuchtung geführt hat.

Die Gefahren der Angst

Angst kann den Sex töten, kann Ihr Selbstvertrauen zerstören und die Leidenschaftlichkeit Ihrer Partnerin gefrieren lassen. Angst kann Sie beide von der vollen Konzentration auf den Liebesakt ablenken, kann Spannungen erzeugen, die Ihnen die Lust verdirbt und Sie in Ihrer Sexualkraft schwächt. Angst macht aus Ihnen einen untüchtigen Liebhaber und aus Ihrer Partnerin eine fade Bettgenossin.

Das Besiegen der Angst – indem Sie sie ganz ausschalten – spielt eine sehr wesentliche Rolle beim Erreichen der vollen Sexualkraft und des vollständigen Genusses in der sexuellen Beziehung. Als Mann ist es Ihre Aufgabe, die eigenen Ängste zu bezwingen und Ihrer Partnerin zu helfen, ihre Befürchtungen zu überwinden.

Vielen Paaren macht die Frigidität besondere Sorgen. Wenn eine Frau nach einer Woche Ehe (oder Zusammenlebens) keinen Orgasmus erreicht, fürchtet sie vielleicht, daß mit ihr etwas nicht in Ordnung ist. Diese Angst kommt und verstärkt sich rasch, und sie wird noch größer, sobald die Frau die sexuellen Rückschläge erlebt, die unausbleiblich sind, wenn während des Liebesspiels Angst als wichtigste Emotion alle Leidenschaft verdrängt. Angst zeugt neue Angst, sie vermehrt sich von selbst, und das Ergebnis ist ein gewaltiges sexuelles Fiasko. Wer je ein glückliches Geschlechtsleben haben will, muß aus diesem circulus vitiosus ausbrechen.

Oft ist es klüger, die Erwartungen, die man an das Ehebett knüpft, etwas herabzuschrauben. Die neuen, realistischeren Vorstellungen können in den kommenden Wochen und Monaten natürlich übertroffen werden, aber es ist töricht und schädlich, sich mehr zuzumuten, als man im Augenblick wahrscheinlich zu geben vermag. Vergessen Sie nicht, daß das Liebesspiel ein Spiel ist und keine Olympiade oder ein Wettkampf.

Setzen Sie sich keine Ziele, die Sie nicht erreichen können, und versuchen Sie keine Rekorde zu brechen: Entspannen Sie sich nur und genießen Sie. Weder Sie noch Ihre Partnerin sollten verlangen, daß sie einen Orgasmus hat. Freuen Sie sich vielmehr am Sexspiel und lassen Sie die Orgasmen kommen – oder auch nicht –, wie es sich eben ergibt. Denken Sie daran, daß ein noch so großartiges Finale in einer Oper doch nicht das ganze Werk ausmacht. Die Musik im ersten und zweiten Akt ist nicht nur auf das Finale hin komponiert, sie will auch für sich genossen sein. Die Frau, die glaubt, mit dem Orgasmus eine Probe ihrer Geschlechtskraft ablegen zu müssen, ist wahrscheinlich zu verkrampft, um diesen Orgasmus zu erzielen. Der Mann, der von seiner Partnerin als Beweis ihrer Liebe oder seiner Geschicklichkeit einen Orgasmus fordert, übt einen so großen Druck auf sie aus, daß sie aller Erwartung nach ihren Höhepunkt nicht erreicht. Manche Paare wenden alle möglichen gymnastischen Übungen und Tricks an, um die Frau zum Orgasmus zu bringen, aber sie setzen damit an die Stelle der Leidenschaft die pure Mechanik, und es ist sehr zweifelhaft, ob ihr Bemühen Erfolg hat.

Nun gibt es natürlich echte Frigidität, und wenn man Grund zu der Annahme hat, daß eine Frau frigide ist, sollte sie auf jeden Fall zum Gynäkologen gehen. In den meisten Fällen ist die «Frigidität» jedoch nichts anderes als *Angst vor der Frigidität,* die in den Gedanken einer Frau die Oberhand gewinnt. Nicht die Frigidität also, sondern die Angst davor ist das große, weitverbreitete Problem. Es liegt an Ihnen, Ihrer Partnerin zu helfen, diese irrationale Furcht zu besiegen.

Überzeugen Sie sich zuerst, ob nicht Sie selbst durch irgend etwas diese Angst nähren. Fragen Sie Ihre Partnerin nicht dauernd: «Bist du gekommen?», und wecken Sie in ihr nicht das Gefühl, sie werde Ihnen nicht gerecht, wenn es ihr nicht gelingt, den Höhepunkt zu erreichen. Machen Sie aus einem ausbleibenden Orgasmus keine große Affäre, nur weil Sie meinen, Sie selbst seien vielleicht an ihrer sogenannten Frigidität schuld. Und seien Sie nach dem Koitus zu Ihrer Partnerin genauso zärtlich wie zuvor. Sorgen Sie dafür, daß sie sich in ihrer Einstellung zum Sex entkrampft. Ihr kann geholfen werden, wenn Sie Spannungen und Ängste beseitigen.

Einige Frauen haben Angst davor, im Bett zu «versagen», das heißt, sie fürchten, ihren Partner nicht zu befriedigen. Natürlich erzeugt auch diese Furcht Spannungen und macht solche Frauen zu weniger mitreißenden und befriedigenden Partnerinnen. Wieder ist es Sache des Mannes, seiner Partnerin zu zeigen, daß er sie nicht nach ihren sexuellen Fähigkeiten beurteilt und Sex kein Wettstreit ist. Sorgen Sie dafür, daß die Frau ihre Ängste einfach vergißt, sich entkrampft und genießt. Sobald sie anfängt, Lust am Sex zu bekommen, anstatt dauernd an ihre Rolle dabei zu denken, wird sie eine reaktionsfreudigere, leidenschaftlichere und tüchtigere Partnerin sein.

Viele Männer fürchten, impotent zu sein oder zu früh zu ejakulieren oder einen schlechten Liebhaber abzugeben. Wie bei den Frauen wird das Problem oft erst durch die Ängste geschaffen. Befällt einen Mann

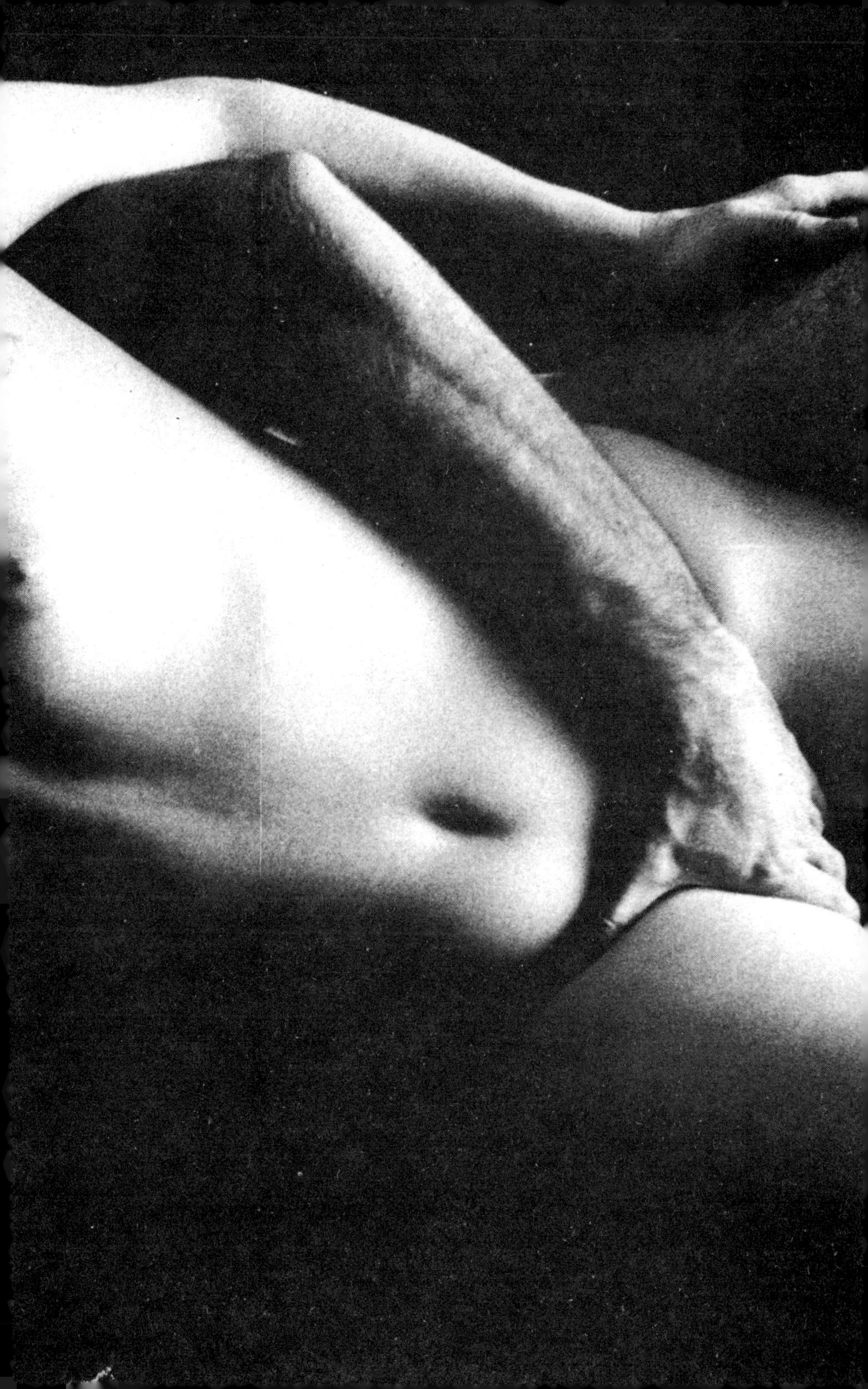

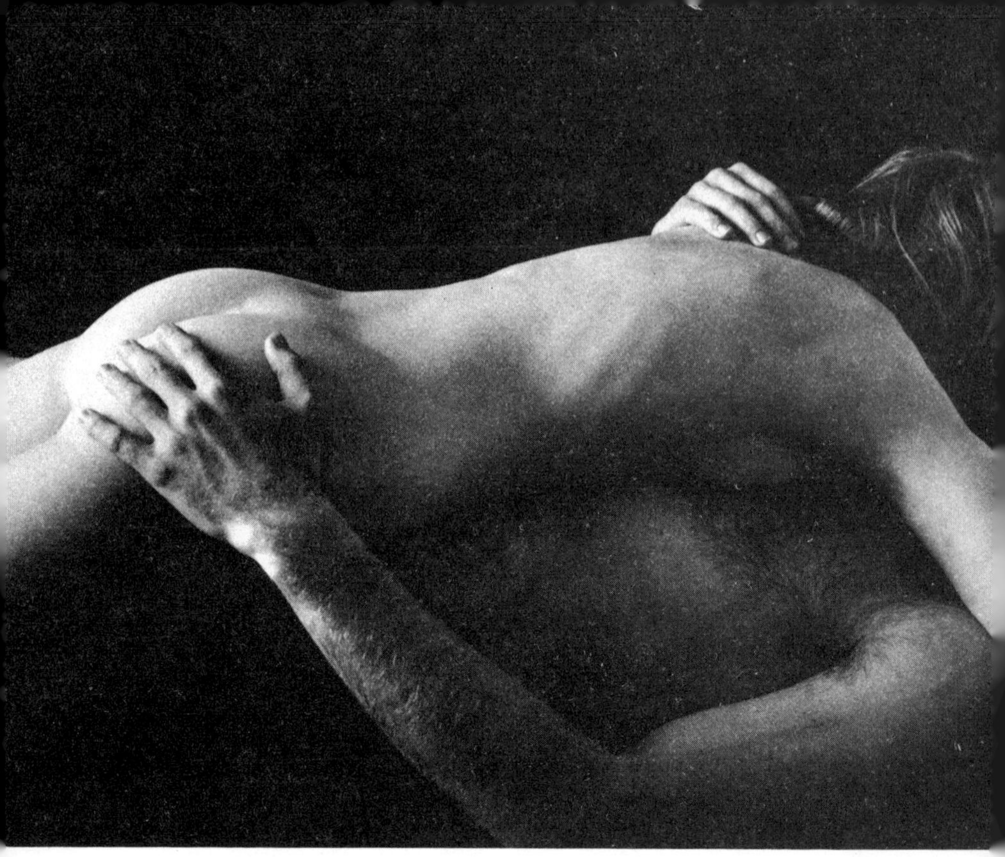

die Angst, keine Erektion zu erreichen (oder zu halten), im ungeeigneten Augenblick, so kommt er oft wirklich nicht zu einer Erektion. Die Furcht vor vorzeitiger Ejakulation führt meist dazu, daß der Mann sofort ejakuliert, wenn er eingedrungen ist, oder sogar noch früher. Die Befürchtung, man sei ein schlechter Liebhaber, kann einen Mann so stark verkrampfen, daß er im Bett überhaupt nichts leistet.

Für die Impotenz bei Männern gibt es alle möglichen Ursachen. Es würde den Rahmen dieses Buches sprengen, die tiefsitzenden psychologischen Probleme zu behandeln, die den verschiedenen Potenzstörungen zugrundeliegen. Tatsache ist, daß viele Männer Impotenz erleben, nur weil sie sich einbilden, sie seien impotent. Als Gegenmaßnahme sollte man sich entspannen. Schaffen Sie Ihre Ängste und Befürchtungen dadurch aus der Welt, daß Sie sich gehen lassen. Vielleicht können Ihnen die im vorhergehenden Kapitel geschilderten Entspannungsübungen dabei helfen. Vielleicht tröstet Sie aber auch der Gedanke, daß viele Männer zeitweise an Impotenz leiden. Seien Sie also nicht verlegen, und machen Sie sich keine Sorgen. Reden Sie sich vor allem nicht ein, daß Ihre Männlichkeit irgendwie vermindert wäre, nur weil Sie erleben, was schon so viele Männer vor Ihnen erfahren haben.

Im vorigen Kapitel wurden auch einige Möglichkeiten erwähnt, die Zeit vor dem Höhepunkt zu verlängern. Diese Methoden können Ihnen helfen, das Problem einer verfrühten Ejakulation zu lösen. Es ist jedoch wichtig, daß Sie sich nicht sorgen und ängstigen, den Höhepunkt zu bald zu erreichen, und sich dadurch verkrampfen. Wenn wir uns hier mit diesen Fragen befassen, so deshalb, weil sehr viele Männer – vielleicht alle – das irgendwann einmal erleben; ein hoher Prozentsatz sogar ziemlich oft. Nur eines sollten Sie nicht tun: sich vorstellen, daß es passiert. Die sich daraus ergebende Spannung hat fast sicher zur Folge, daß Sie die Kontrolle verlieren und noch eher ejakulieren.

Nun gibt es selbstverständlich auch Männer, die weder impotent sind noch zu früh ejakulieren – die aber trotzdem Angst haben, im Bett zu versagen. Eine solche Angst ist noch törichter. Sie können bestimmte Dinge unternehmen, um ein besserer Liebhaber zu werden – in dieser Hinsicht gibt Ihnen dieses Buch zahlreiche nützliche Hinweise –, aber belasten Sie sich nicht. Mit Ängsten, Sorgen und Befürchtungen können Sie sich schließlich nicht als ganzer Mann ins Liebesspiel stürzen. Konzentrieren Sie sich also darauf, Ihrer Partnerin Lust zu bereiten und selbst zu genießen, und machen Sie sich keine Gedanken darüber, ob Sie ein Meister sind oder nicht. Wenn Sie genießen und Ihrer Partnerin Lust verschaffen, genügt das vollauf. Nicht nur Frauen, auch Männer sollten sich nicht zu hohe und unvernünftige Maßstäbe setzen und die Erwartungen an das Ehebett nicht zu hoch schrauben. Versuchen Sie also, sich zu entspannen und Ihre irrationalen Ängste zu vergessen – Sie werden sehen, daß Ihre Furcht unbegründet war.

Die Angst vor Verletzungen der Geschlechtsorgane kann manchmal großen Schaden anrichten. Beispielsweise fürchten manche Frauen die Stimulation mit den Fingernägeln, weil sie der Meinung sind, sie könnten dadurch verletzt werden. Wenn Sie darauf achten, daß Ihre Fingernägel kurzgeschnitten sind, ohne scharfe Kanten, die Reizungen verursachen könnten, ist dieses Problem schon gelöst. Eine Verletzung der Geschlechtsorgane durch übermäßiges Dehnen der empfindlichen Gewebe bei unzureichender Gleitfähigkeit bereitet wieder anderen Frauen Sorge. Zwar ist die Vaginalregion, besonders nach ausgiebiger Reizung, in der Regel durch natürliche Sekretionen genügend befeuchtet, aber der Mann sollte dennoch darauf achten, daß auf jeden Fall die Gefahr einer schmerzhaften Reibung vermieden wird. Wird eine Frau nicht ausreichend sexuell erregt, so sondert sie möglicherweise nicht genügend natürliche Sekrete ab. Sorgen Sie also dafür, daß der Frau ein natürliches oder künstliches Gleitmittel zur Verfügung steht. Sie verhindern damit Schmerzen und Unannehmlichkeiten, die Leidenschaft nur abtöten würden.

Die wahrscheinlich absurdeste aller sexuellen Ängste ist am einfachsten zu beheben: Viele Paare haben unbefriedigende Beziehungen, weil der eine – oder vielleicht auch beide – Partner fürchtet, beim anderen Anstoß zu erregen und ihn zu schockieren. Meist ist der geheime Wunsch, den man nicht auszusprechen wagt, die einfachste Sache von der Welt. Eine Frau, deren Mann es unterläßt, ihre Klitoris zu reizen, hält es möglicherweise für «pervers», ihn darum zu bitten. Sie fürchtet, ihre Bitte könnte den Partner schockieren oder beleidigen. Das ist natürlich Unsinn! Beide Partner sollten alle Wünsche und Vorlieben frei äußern; schließlich hat man es in der Ehe ja nicht mit Fremden zu tun. Wenn man schon die körperliche Intimität teilt, sollte man vorbehaltlos intim miteinander sein und dadurch die höchste Befriedigung erreichen.
Manche Männer haben Angst, ihre Partnerin zu beleidigen, wenn sie eine Koitusposition vorschlagen, die nicht als «normal» gilt. Ein solcher Mann handelt ebenso töricht wie die Frau, die ihren Mann nicht zu bitten wagt, ihre Klitoris zu stimulieren. Schließlich haben doch beide Teile dasselbe Interesse, höchste Lust zu genießen. Warum also nicht sagen, wie man dieses Ziel seiner Meinung nach erreichen kann?
Es gibt Paare, die sich größtes sexuelles Vergnügen dadurch entgehen lassen, daß ein Partner sich scheut, den anderen auf etwas Unangenehmes hinzuweisen. Tut Ihre Partnerin beispielsweise etwas, das Ihnen nicht paßt, so ist es besser, es ihr zu sagen, als womöglich sein ganzes Sexualleben zu gefährden. Hat ein Partner schlechten Mund- oder Körpergeruch, der den andern stört, so muß ihm das offen gesagt werden. Ist es nicht geradezu kindisch, mit jemandem zu schlafen und Angst zu haben, mit dem Betreffenden ehrlich zu sprechen? Wenn das Gefühl, den andern zu beleidigen, Ihr Geschlechtsleben behindert, müssen Sie lernen, sich unmißverständlich auszudrücken. Es liegt am Mann, der Beziehung hier die entscheidende Wendung zu geben.

Die Scheu, Gefühle zu zeigen, hat im Geschlechtsleben eines erwachsenen Menschen nichts zu suchen. Leider werden viele Ehen dadurch belastet, obwohl es eigentlich nicht sein sollte.
Viele halten es für gut, sich «kühl» zu geben; doch alles zu seiner Zeit. Manchmal ist es weder der Ort noch die Stunde, aus sich herauszugehen.

Im Schlafzimmer aber sollte man nicht Beherrschung üben. Trotzdem lassen sich manche Frauen kaum einmal gehen, aus Angst, ihre Gefühle zu erkennen zu geben – oft sogar gegenüber dem eigenen Mann. Das geschieht meist, wenn sich die Frau in der Ehe unsicher fühlt, und da muß der Mann ihr mehr Sicherheit geben, damit sie ihren Gefühlen freien Lauf lassen kann.

Noch häufiger als bei Frauen trifft man ein solches Verhalten bei Männern an. Viele Männer glauben ihre Rolle so spielen zu müssen, daß sie sich schweigsam, reserviert und stark geben, und sie halten Gefühle für weibisch. Das ist geradezu lächerlich! Macht es Ihnen denn nicht Spaß, zu wissen, daß Ihre Frau sich am Sex mit Ihnen erfreut, und freuen nicht auch Sie sich, wenn Sie sie befriedigen? Zeigen Sie ihr also, wie sehr es Ihnen Vergnügen bereitet, sie zu lieben – und zwar nicht nur vor und nach dem Liebesspiel, sondern auch während des Koitus. Sie brauchen nicht zu befürchten, nun Liebeslyrik zitieren zu müssen, aber geben Sie sich so, wie Sie sich Ihre Partnerin wünschen.

Die Kraft, die man auf das Verbergen von Gefühlen verschwendet, geht dem Sex verloren, das ist das Schlimme. Sie schwächen Ihre Sexualkraft, und deshalb hat eine solche Einstellung in Ihrem Sexualleben nichts zu suchen.

Heranwachsende, die außerehelichen Geschlechtsverkehr haben, trüben sich die Freude am Sex meist durch die Furcht, entdeckt zu werden. Aber auch verheiratete Paare – besonders solche, die mit den Schwiegereltern leben oder Kinder haben – leiden noch unter dieser Angst. Das Verlangen nach Ungestörtsein ist natürlich, und es ist schlecht, wenn die Umstände ein verheiratetes Paar dazu zwingen, Angst vor der Entdeckung zu haben. Die mangelnde Intimsphäre ist ein schwerwiegendes Problem, und die sexuelle Beziehung kann dadurch ernsthaften Schaden nehmen. Es liegt an dem Paar selbst, seinen Lebensstil zu ändern – zum Beispiel die Wohnungseinrichtung umzugestalten oder das Geld so einzuteilen, daß man in eine weniger bevölkerte Umgebung ziehen kann –, irgend etwas ist immer möglich. Die sexuelle Verbindung ist ein wichtiger Bestandteil der Ehe, und ein Paar muß alles unternehmen, damit es sich der Liebe hingeben kann – ungestört von einem Dritten, selbst wenn dieser zur Familie gehört.

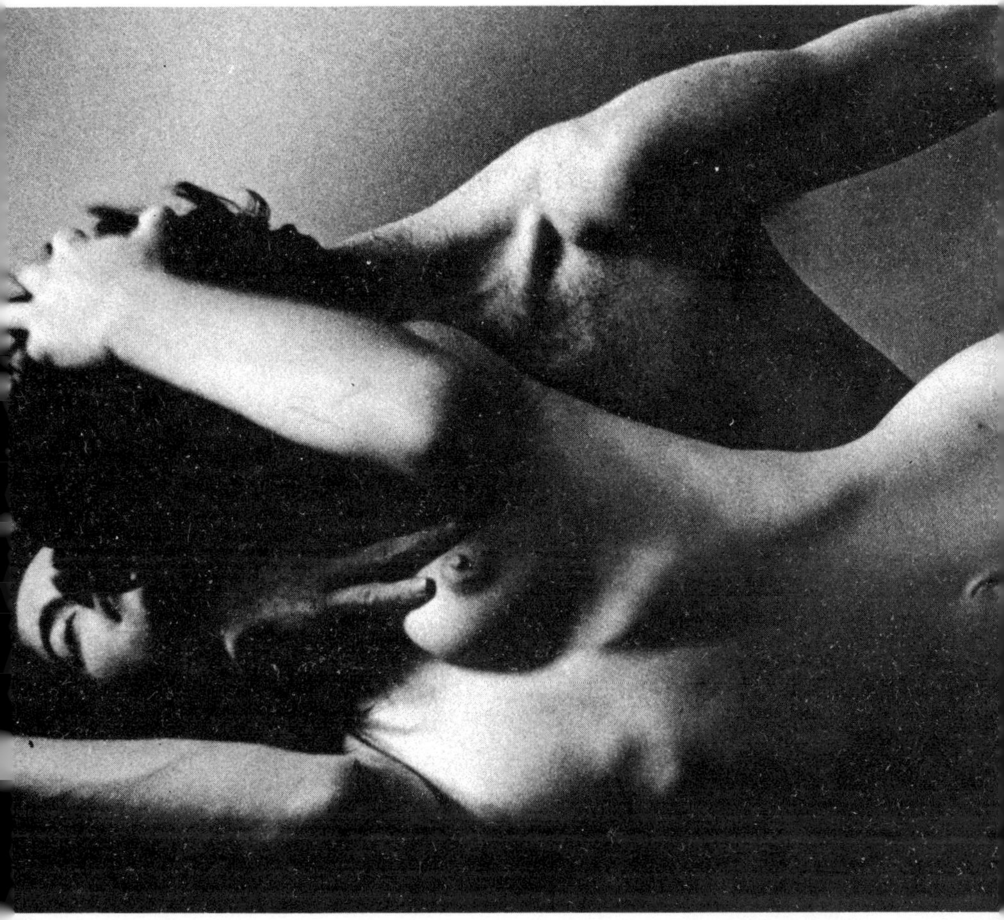

Natürlich kann die Angst vor der Entdeckung zur Gewohnheit werden und selbst dann noch weiterbestehen, wenn in Wirklichkeit nichts mehr zu befürchten ist. In diesem Fall ist sie krankhaft und gehört in das Aufgabengebiet des Eheberaters oder eines Psychologen und nicht in dieses Buch.

Für viele Frauen ist die Angst vor einer Schwangerschaft sehr real und kann das sexuelle Vergnügen stark herabsetzen. Eine Frau, die aus bestimmten Gründen nicht schwanger werden will, kann sich natürlich nicht ganz einem Akt hingeben, bei dem sie möglicherweise geschwängert wird. Zum Glück läßt sich diese Furcht sehr leicht ausschalten: durch Empfängnisverhütung. Nun gibt es andererseits Frauen, die aus moralischen Gründen die Verwendung von Verhütungsmitteln ablehnen, und für sie ist die Lage schon schwieriger. Sie können sich auf die Methode Knaus-Ogino verlassen, sofern sie moralisch damit einverstanden sind. Aber diese Methode ist alles andere als zuverlässig, und die Angst vor der Schwangerschaft kann weiterbestehen und ihr Sexualleben zerstören. Nach der Knaus-Ogino-Methode hat die Frau nur an den «sicheren» Tagen ihres Zyklus Geschlechtsverkehr. Leider ist es oft schwer oder gar unmöglich, diese Tage zu bestimmen, und es kommt häufig zu ungewollten Schwangerschaften.

Abgesehen von Frauen, deren Moralauffassung keine Empfängnisverhütungsmittel erlaubt, gibt es viele, die sich aufgrund bestehender Gesetze keine empfängnisverhütenden Mittel beschaffen können. Für sie gibt es nur drei Möglichkeiten: keinen Geschlechtsverkehr, schwanger werden oder dorthin ziehen, wo Empfängnisverhütung erlaubt ist.

Die meisten Frauen fühlen sich allerdings weder durch moralische, noch durch gesetzliche Bestimmungen eingeschränkt. So empfehlen viele Religionen die Verwendung von Verhütungsmitteln, und von den meisten Regierungen sind sie auch zugelassen.

Frauen, denen es gesetzlich, moralisch und medizinisch gesehen möglich ist, Empfängnisverhütung anzuwenden, können die Angst vor einer Schwangerschaft am besten ausschalten und dadurch ein entspannteres und erfüllteres Geschlechtsleben erreichen. Heute stehen die verschiedensten Verhütungsmethoden zur Verfügung:

Am wenigsten zuverlässig ist das Kondom. Wenn keine zwingenden Gründe dafür vorliegen, sollte man darauf verzichten. Es ist nicht nur eine unsichere Methode, sondern sie verringert auch das Vergnügen am Geschlechtsverkehr – besonders für den Mann, dessen Penis keinen direkten Kontakt mehr mit den Vaginalwänden hat. Außerdem wird die Gefahr, daß das Kondom reißt, noch größer, wenn man die weiblichen Genitalien mit dem Penis äußerlich reizt. Das Präservativ ist also nur begrenzt zu verwenden. So muß beispielsweise der Penis nach der Ejakulation sorgfältig zurückgezogen werden, damit das Kondom nicht abrutscht, nachdem das männliche Glied etwas von seiner Größe eingebüßt hat.

Auch das Diaphragma ist nicht vollständig sicher, wenngleich zuverlässiger als das Kondom. Durch zu heftige Bewegungen kann es verrutschen; um schützen zu können, muß es aber den Muttermund fest verschließen. Zusätzlich braucht man für diese Vorrichtung auch noch Zeit, da nach jedem Koitus neue Salbe in die Vagina eingeführt werden muß. Eine Nacht vollständiger Hingabe in absoluter Sicherheit ist nicht möglich. Schließlich kann wegen der notwendigen Vaginalsalbe nicht gleichzeitig mit dem Koitus oral-genitale Stimulation durchgeführt werden, es sei denn, die Frau stehe auf und füge das Pessar ein, nachdem die oral-genitalen Liebkosungen zu Ende sind, also vor dem Koitus. Dies muß doch jedes echte Liebesspiel verderben!

Es gibt mittlerweile auch das Intrauterinpessar (Spirale), aber seine Sicherheit ist noch umstritten. Ihr Arzt wird Ihnen sagen können, welchen Wert die Spirale hat und welche möglichen Gefahren.

Für die meisten Paare ist die Pille am besten. Damit läßt sich fast absolut sicher eine Schwangerschaft verhüten, vorausgesetzt, man nimmt sie genau nach Vorschrift ein. Es gibt verschiedene Sorten, und der Arzt wird feststellen, welche Pille für Ihre Frau die geeignetste ist. Zwar treten etliche Nebenwirkungen dabei auf, aber die meisten Frauen können die Pille nahezu ohne Schaden einnehmen. Der große Vorteil der Pille besteht darin, daß sie die Angst vor einer Schwangerschaft ausschaltet, ohne sich irgendwie auf das Sexspiel auszuwirken.

Viele Paare, deren Geschlechtsleben durch die Angst vor der Schwangerschaft gestört war, haben eine völlig neue Welt der Intimitäten und Befriedigung gefunden, seit es die Pille gibt.

Wenn keine moralischen, legalen oder medizinischen Gründe gegen die Pille sprechen, ist sie ein wesentlicher Schritt zu einer sexuellen Beziehung, die nicht durch eine drohende Schwangerschaft beeinträchtigt wird.

Es sollte jedoch unbedingt vor Gebrauch der Pille ärztlicher Rat eingeholt werden. Manchmal muß man aus medizinischen Gründen auf die Pille verzichten. Beispielsweise sollten stillende Mütter die Pille nicht nehmen, da sie gelegentlich den Milchfluß stoppt oder den Nährwert

der Milch beeinträchtigt. Auch ist Frauen, deren Stoffwechsel oder körperliche Verfassung es nicht zuläßt, von der Pille abzuraten. Richten Sie sich in dieser Angelegenheit unbedingt nach den Empfehlungen Ihres Arztes.
Zum Schluß sollte noch vor einer Form der Empfängnisverhütung gewarnt werden, die überhaupt nicht funktioniert: Es ist die Technik des coitus interruptus, bei der der Mann unmittelbar vor der Ejakulation den Penis herauszieht. Wer sich auf diese Methode verläßt, muß darauf aufmerksam gemacht werden, daß bereits vor dem Herannahen des Orgasmus ein gewisses Quantum an Samenflüssigkeit in den weiblichen Körper ausgetreten ist. So hat diese Technik meist nicht mehr Erfolg, als das Vergnügen beider Partner einzuschränken.

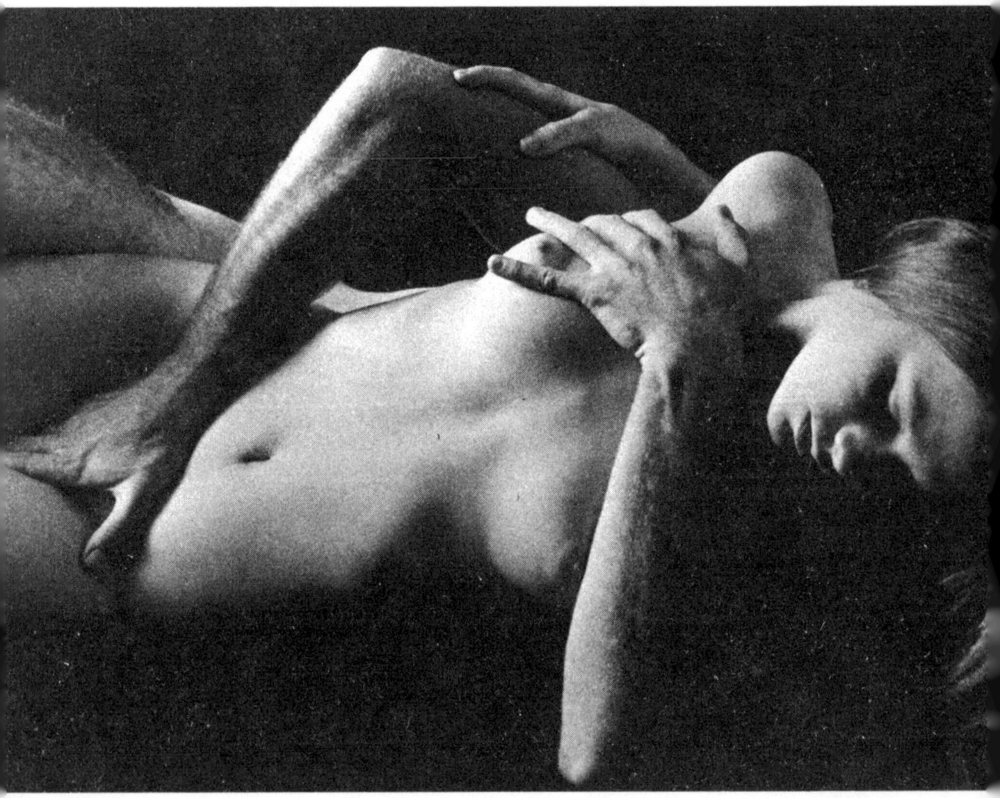

Die Potenz des Mannes

Jeder Mann möchte die Männlichkeit besitzen, die er an einigen wenigen Geschlechtsgenossen bewundert, und jeder, Sie eingeschlossen, wünscht sich die Kraft, eine Frau immer wieder nehmen und jedesmal restlos befriedigen zu können. Alle Männer wollen so potent sein, daß sie das Gefühl haben, nach dem dritten Höhepunkt eben erst richtig in Fahrt zu kommen – anstatt nach dem ersten oder zweiten Orgasmus aufgeben zu müssen. Sie möchten alle die Heldentaten vollbringen, die sie sich in der Bar, im Schlafsaal des Studentenwohnheims oder in der Fabrikkantine erzählen – obgleich den meisten durchaus klar ist, daß viele dieser angeblichen sexuellen Extravaganzen mehr Dichtung als Wahrheit sind.

Zum größten Teil beruht die Gabe, eine Frau häufig beglücken zu können, auf der Fähigkeit des Mannes, sich unter Kontrolle zu halten und seinen eigenen Orgasmus zu steuern. In vernünftigen Grenzen kann jeder Mann sein sexuelles Vermögen dadurch steigern, daß er sich bemüht, sich besser zu beherrschen und seinen Orgasmus stärker zu kontrollieren.

Dabei sind drei Punkte besonders zu beachten:

1. Sie werden sehr rasch erregt
2. Sie werden noch rascher befriedigt
3. Ihr Verlangen nach weiterem Sexspiel verschwindet fast augenblicklich nach der Ejakulation

Ihre Partnerin verhält sich natürlich ganz anders – und hier liegt, wie man so schön sagt, der Hase im Pfeffer. Eine Frau braucht länger, um erregt zu werden; bis ihre sexuelle Erregung so stark ist, daß sie zum Orgasmus kommt, dauert es bei der Frau gewöhnlich eine ganze Weile. Und die meisten Frauen können – im Gegensatz zum Mann – in einer

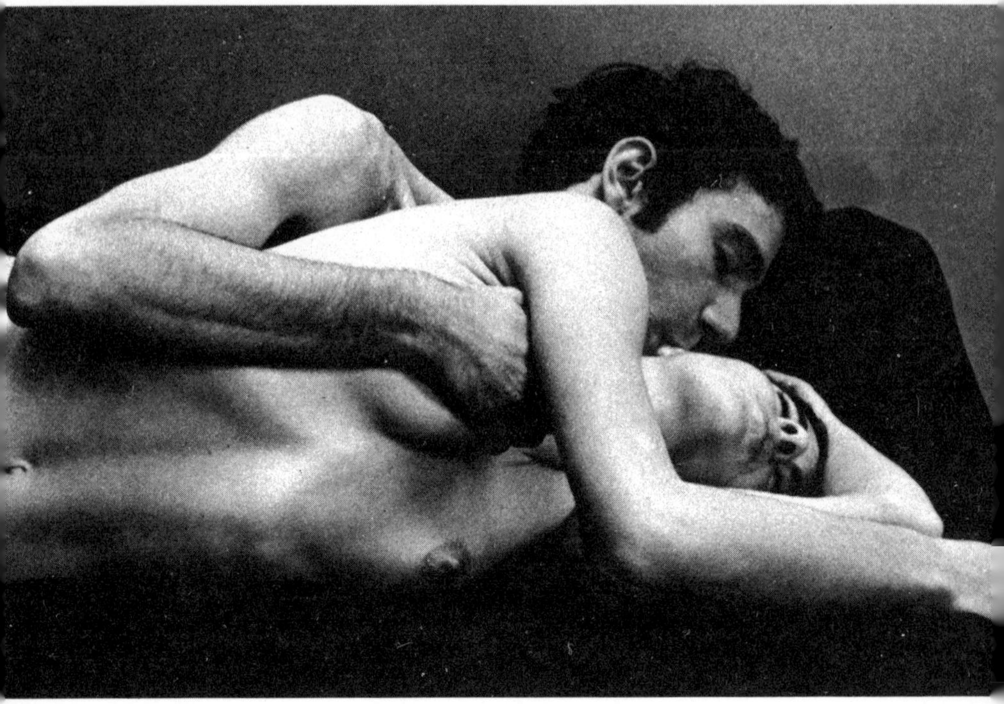

verhältnismäßig kurzen Zeit mehr als einen Orgasmus erleben. Zwar klingt auch bei der Frau die sexuelle Erregung und die Begierde nach dem Erreichen des Höhepunktes ab, aber das geht normalerweise allmählich, nicht plötzlich vor sich. Kurz gesagt, Frauen brauchen länger, um auf den Höhepunkt zu kommen – haben sie ihn aber erst einmal erreicht, so verlassen sie ihn nicht so bald wieder.

Es steht also praktisch jeder Mann vor dem Problem, sein Tempo richtig anzupassen und sich nach Bedarf vollständig unter Kontrolle zu halten. Zum Glück gibt es Möglichkeiten, die drei Unterschiede auszugleichen, in denen das sexuelle Timing von Frau und Mann nicht übereinstimmt. Erstens sollten Sie der Partnerin durch ein ausgedehntes, abwechslungsreiches Vorspiel, bei dem Sie sich darauf konzentrieren, sie möglichst stark zu reizen, einen guten Vorsprung verschaffen. Wenn Sie sich von ihr im gleichen Maße erregen lassen, wie Sie es bei ihr tun, kann die

Sache natürlich nicht klappen. Benutzen Sie das Vorspiel, um Ihre Partnerin stärker als sich zu erregen; sie braucht länger, also soll sie auf dem Weg zur starken sexuellen Erregung auch zuerst starten. Natürlich kann das Stimulieren einer Frau sehr anregend sein, aber machen Sie langsam, damit Sie selbst die Beherrschung nicht verlieren. Sie müssen in dieser Anfangszeit Ihre eigene Erregung bewußt dämpfen.

Betrachten wir doch einmal das Problem der verfrühten Ejakulation – gewöhnlich eine Schwierigkeit bei Jugendlichen, die sehr wenig sexuelle Erfahrung haben und allein schon durch die Berührung eines weiblichen Körpers stark erregt werden; aber auch Männer, die stark angespannt sind und weit empfindlichere Nerven haben, als gut ist, leiden darunter. (Auch hier geht es also darum, Ihrer Partnerin einen Vorsprung zu verschaffen; das Problem ist gelöst, wenn Sie die eigene sexuelle Erregung bewußt zurückhalten.) Nun trifft das aber nicht nur für Jugendliche und sehr abgespannte Männer zu, sondern jeder normale Mann wird gelegentlich eine verfrühte Ejakulation erleben. Dies kann der Fall sein,

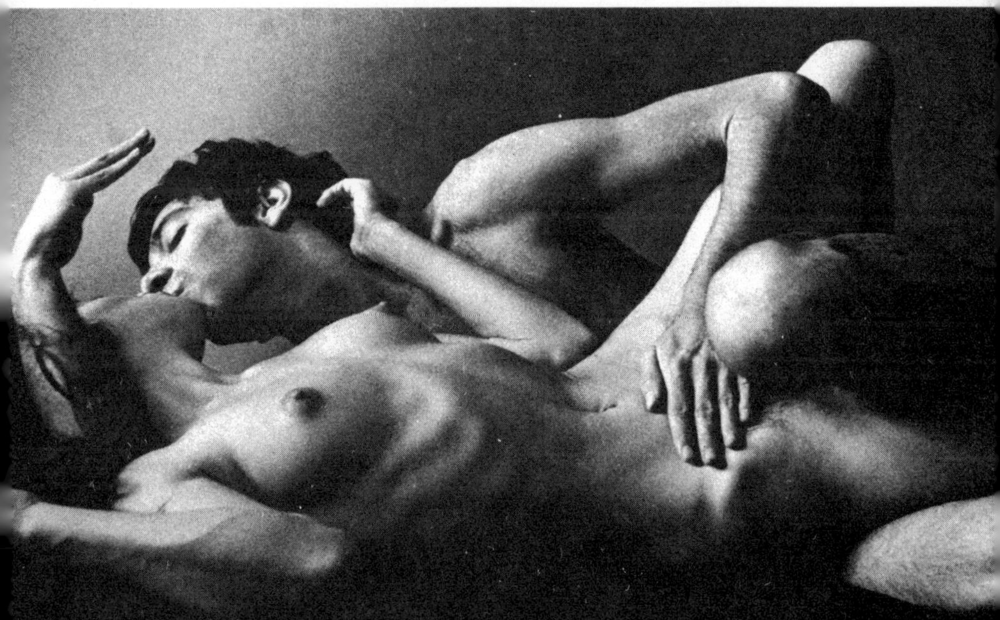

wenn er längere Zeit keine sexuellen Beziehungen mehr gehabt hat und alle Gefühle bei ihm derart gestaut sind, daß schon die bloße Berührung eines weiblichen Körpers ihn außer Rand und Band bringt. Oder aber, wenn er sein Tempo nicht richtig anpaßt und deshalb vor der Zeit den Höhepunkt erreicht.

Manchmal lernt ein Mann, der an eine sehr passive Frau gewöhnt ist, eine außerordentlich leidenschaftliche Partnerin kennen, die ihn augenblicklich zur Ejakulation bringt. Das zusätzliche Beisammensein mit einer anderen Frau kann sehr leicht zu starker Erregung führen. Wenn ein Frauenwechsel keine besondere Erregung erzeugen würde, warum sollte man sich dann schon die Mühe mit einer anderen machen? Seien Sie also vorsichtig bei neuen Frauen! Andererseits kann sogar die Frau, an die Sie gewöhnt sind, einmal besonders stark reagieren, was dieselbe Wirkung hat.

Wenn Sie das Gefühl haben, zu rasch zu kommen, so zwingen Sie sich, an etwas zu denken, das mit Sex nichts zu tun hat. Denken Sie beispielsweise an das Abendessen vom Tag vorher! Oder an die Einkommenssteuer!! Das wird Ihre Erregung sichtlich abkühlen. Manche Männer multiplizieren im Geiste: Zweimal zwei ist vier, zweimal drei ist sechs, zweimal vier ist acht und so weiter. Das hat den Vorzug, daß man im Sexrhythmus bleibt, ohne die starke Erregung beizubehalten. Am besten ist es, wenn Sie für solche Situationen einen zuverlässigen Gedanken parat haben und immer vorbereitet sind, sich auf diese Weise abzukühlen, ehe das Thermometer explodiert.

Jedenfalls sollte sich kein Mann wegen eines gelegentlichen verfrühten Orgasmus Sorgen machen. (Denken Sie nur stets daran, daß eine Überreizung beim Liebesspiel die Ejakulation vor der Einführung auslösen kann. Sie sind nicht der einzige, dem das passiert. Fast alle Männer, abgesehen von jenen, die durch besondere psychologische Umstände die Erregung durch das Liebesspiel nicht voll auskosten können, werden leicht zum Auslösen gebracht. Eine Ejakulation vor dem Eindringen des Penis als Ergebnis eines übermäßig aufreizenden Liebesspiels kann also in keiner Weise als verfrüht bezeichnet werden. Der Mann verträgt nur ein gewisses Maß an Erregung, dann geht er los. Unter «verfrüht» in dem hier besprochenen Sinn ist also zu verstehen, daß man den Orgasmus eher erreicht, als normal zu erwarten wäre. In diesem Fall kann man etwas unternehmen, um sich zu kontrollieren – vorausgesetzt, man kennt die Mittel.)

Betrachten wir Mann und Frau als sexuelle Einheit, so ist die Selbstkontrolle seitens des Mannes die Voraussetzung für volle Gemeinsamkeit. Als Mann sind Sie in der Lage, die sexuelle Befriedigung, die Sie Ihrer Partnerin verschaffen, mit dem Verstand zu erfassen, und deshalb müssen Sie die Geschwindigkeit, mit der Sie den Orgasmus erreichen, genau steuern. Diese Rücksichtnahme auf Ihre Partnerin ist unbedingt notwendig, wenn Sie im Bett Erfolg haben wollen. Sie ist sogar wesentlich für das normale Selbstbewußtsein eines Mannes, der im Rufe stehen will, daß sich die Frauen um ihn zerreißen – zumindest die eigene Frau. Wenn Sie allerdings in einer Frau nicht mehr sehen als nur ein Mittel, um die eigene Begierde so rasch und einseitig wie möglich zu befriedigen, dann haben Sie Ihrer Partnerin kein aufregendes sexuelles Erlebnis zu bieten. Selbst wenn Sie so egoistisch sind, daß es Ihnen nur auf die eigene Lust ankommt, sollten Sie sich darüber im klaren sein, daß Sie von einer teilnahmslosen Frau im Bett weniger Lust gewinnen als von einer aufgestachelten Wildkatze. Zum einen ist es sehr erregend und lustvoll, zu spüren, wie Ihre Partnerin den Höhepunkt erreicht, zum anderen ist es am schönsten – für beide –, wenn Sie Ihren Höhepunkt kurz vor ihr oder gleichzeitig mit ihr haben.

Nun geben sich manche Männer dem Glauben hin, allein die Größe ihres Penis reiche aus, um sie begehrenswert und stark zu machen. Vergleichen Sie Ihren Penis etwa mit einer geballten Faust? Dann machen Sie sich über seine Größe nicht länger Illusionen – und überbewerten Sie ihn nicht. Abgesehen von einer verständlichen Neugier, durch die Frauen anfänglich gewiß angezogen werden können, wird ein großer Penis allein keine Frau glücklich machen. (Wie auch ein Mann mit einem kleineren Penis nicht zu befürchten braucht, er könne einer Frau nicht ebenso viel Genuß schenken wie sein überreichlich ausgestatteter Freund.) Die Größe des Penis ist nicht entscheidend. Wirklich wichtig ist nur, daß man weiß, wie man ihn einsetzt. Es kommt ja auch nicht auf die Größe eines Werkzeugs an, sondern darauf, wie geschickt Sie damit umgehen und wie gut Sie damit arbeiten. Halten Sie sich nicht selbst zum Narren mit der Vorstellung, eine Frau wäre mit ein paar ungeschickten Stößen eines großen Penis zufrieden; wie groß er auch sein mag, sie wünscht mehr als ein paar Stöße, und ungeschickte schon gar nicht.

Sicher finden Sie den Anblick Ihrer Partnerin sehr anregend, besonders wenn sie im richtigen Rahmen genügend entkleidet ist. Trotzdem reicht ihr Anblick niemals für eine Ejakulation aus. Etwas ganz anderes ist jedoch die Berührung ihres Körpers. Sie müssen deshalb sehr aufpassen, welche Bewegungen Sie sich erlauben können, wenn Sie Ihre Partnerin zum erstenmal an sich pressen und Ihre beiden Körper sich gegeneinanderdrehen und aufeinandergleiten, wenn Sie sich packen, umklammern und liebkosen. Denken Sie daran, daß Sie Ihre Partnerin am Anfang nicht zu heftig «attackieren»! Ist Ihre Partnerin im Bett besonders aggressiv, dann dürfen Sie sie keinesfalls zu früh an sich heranlassen und müssen all jene Zärtlichkeiten abwehren, die Sie beschleunigt

zum Orgasmus bringen. Übernehmen Sie die Führung und bestimmen Sie das für Sie erforderliche Tempo, um Ihre eigene Lust und Erregung unter Kontrolle zu halten, während Sie die Erregung Ihrer Partnerin steigern. Seien Sie sanft und entspannt. (Hierbei werden Ihnen die Entspannungsübungen sehr zugute kommen.) Suchen und erkunden und liebkosen Sie – aber halten Sie die heftigeren Bewegungen bis zu einem späteren Zeitpunkt zurück. Passen Sie genau auf, wenn Ihre Partnerin zu Beginn Ihre Genitalien liebkost. Wenn Sie schon seit geraumer Zeit einen zu frühen Orgasmus erleben, sollten Sie sich lieber das Vergnügen versagen, beim Vorspiel die Genitalien berühren zu lassen. Zeigt sich Ihre Partnerin darüber enttäuscht, so machen Sie ihr klar, wie glücklich sie hinterher sein wird, wenn sie Sie wirklich begehrt und Sie ihr etwas zu geben haben. Sollte Ihre Partnerin während des Koitus Ihren Hodensack oder Ihr Gesäß stimulieren wollen – diese Handlungen beschleunigen gewöhnlich den männlichen Orgasmus –, bitten Sie sie, damit aufzuhören. Bevor Sie nicht sich selbst und Ihre Ejakulation besser in der Gewalt haben, sollten Sie sich jede zusätzliche Reizung versagen; sie bewirkt nur, daß Sie den Höhepunkt zu früh erreichen.
Sobald Sie das Zucken in Ihrem Penis spüren, spätestens jedoch wenn das erste sanfte, kitzelnde Gefühl in der Eichel Sie durchrieselt, müssen Sie sofort jede Bewegung des Körpers einstellen und sich durch Ihr Liebesspiel von der Erregung ablenken. Um ganz sicher zu gehen, sollten Sie den Aufstieg zum Orgasmus jedesmal unterbrechen, wenn Sie das Gefühl haben, kurz vor dem Gipfel zu stehen.
Zur Illustration dieses Problems – und es ist ein Problem – bietet sich ein Vergleich mit dem Auto an: Es bedarf großer Kraft, um den Wagen in Bewegung zu setzen, ihn auf hohe Geschwindigkeit zu beschleunigen. Sobald er aber schnell fährt, braucht der Motor nur noch verhältnismäßig wenig Kraft, um den Wagen in Schwung zu halten. Mit der Sexualkraft des Mannes ist es in vieler Hinsicht ähnlich. Wenn sein Penis erst einmal hart und erigiert ist und er sich dem Augenblick der Ejakulation nähert, ist nur noch geringe Bewegung notwendig, um ihn in diesem Zustand zu belassen, sicherlich wesentlich weniger, als erforderlich war, um ihn in diesen Zustand der Härte und Erregung zu bringen. Und selbst wenn es nicht sehr großer Anstrengung bedurfte, ihn soweit

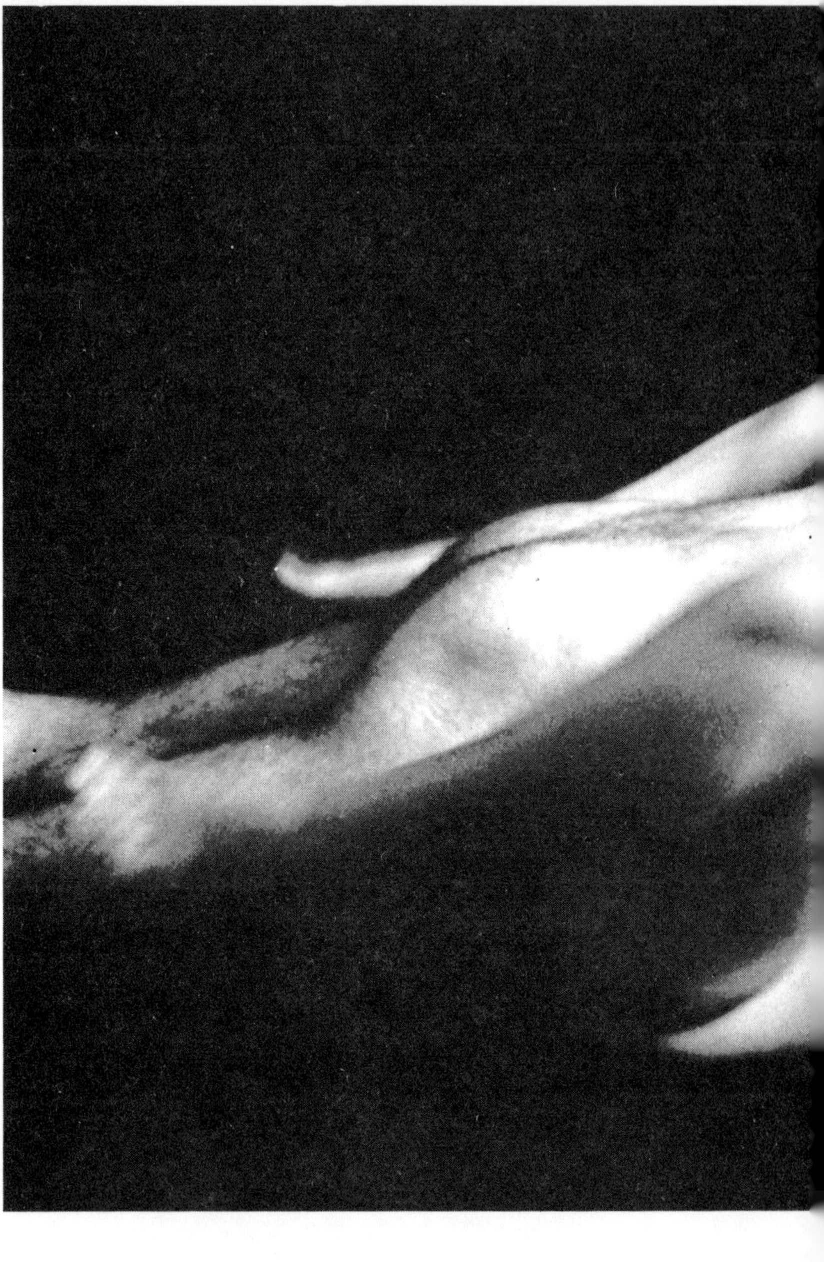

zu bringen, kann er doch mit noch wesentlich weniger aktiver Stimulation dort gehalten werden. Nähert man sich sozusagen mit dem Wagen dem Rand einer Klippe, kann man darüber hinausfahren, ohne noch einmal auf das Gaspedal zu treten; will man aber kurz vorher anhalten, muß man bremsen. Man muß also den Rhythmus verlangsamen, vielleicht sogar vollständig innehalten, um eine unerwünschte Ejakulation zu verhüten. Natürlich wird Ihr Geschlechtstrieb Sie zu höherer Geschwindigkeit antreiben, damit Sie rasch den Höhepunkt erreichen. Diese Instinkte müssen Sie überwinden und sich zurückhalten. Naht ein Orgasmus heran, so stachelt jeder Ihrer Triebe Sie an, ihn rasch herbeizuführen, den kurzen Augenblick der Ekstase zu erleben. Jetzt zeigt sich, ob Sie ein überlegener Liebhaber sind oder nicht, ob Sie imstande sind, die Triebe bis zum richtigen Augenblick zu zähmen. Je eher Sie den herannahenden Höhepunkt abbiegen, desto leichter wird es Ihnen fallen, die Instinkte zu besiegen. Warten Sie deshalb nicht bis zum letzten Moment, ehe Sie zurückschalten; in der letzten Sekunde ist es fast immer zu spät.

All dies sollte Ihnen helfen, das Problem des zu frühen Orgasmus zu lösen. Doch wenn Sie nicht aufpassen und nicht genau wissen, was Sie tun, können Sie eine andere Schwierigkeit heraufbeschwören: Das Verlangsamen des Rhythmus – oder das völlige Aufhören – kann auf Ihre Partnerin die gleiche abkühlende Wirkung haben, die Sie für sich selbst wünschen. Der Orgasmus Ihrer Partnerin hängt ausschließlich von einer gleichmäßigen, ununterbrochenen Folge von Bewegungen ab, und jede Unterbrechung verringert ihre Ekstase. Besonders jene Pausen, in denen sich der eine Partner abkühlen will, werden wahrscheinlich auch die Leidenschaft des anderen herabsetzen.

Um diesem Problem aus dem Weg zu gehen, können Sie sich während des Koitus ständig mit den Händen betätigen. Ihre Hände können den Rhythmus, den Sie mit Ihrem Körper und dem Penis nicht mehr mitteilen, teilweise fortsetzen.

Im Idealfall sollten Sie keine Situation herbeiführen, in der Sie kurz vor dem Höhepunkt sind (so daß dieser durch eine einzige Bewegung ausgelöst wird). Sie müssen dann auch die rhythmische Stimulierung Ihrer Partnerin nicht ganz einstellen. Wenn Sie von der gefährlichen Klippe

Abstand halten, können Sie unentwegt nicht allzu heftige, vielfältige Bewegungen ertragen, während Sie sich gleichzeitig nach Kräften bemühen, Ihre Partnerin mit den Fingern und dem Mund zu stimulieren – oder was immer in der Stellung möglich ist, die Sie sich ausgesucht haben.

Manchmal möchte eine Frau wie ein junges, sich aufbäumendes Pferd behandelt und scharf und tüchtig geritten werden. In der Regel befriedigt sie jedoch ein langsamer, gleichmäßiger Rhythmus mehr, besonders wenn Sie dabei lange genug aushalten und ihr viel Gutes tun. Wenn Sie Ihre Partnerin gut beherrschen, werden Sie vielleicht ein kräftiges, schnelles Tempo lange Zeit durchstehen können – aber das sollte Ihre Sorge erst sein, wenn Sie sich bei langsamerer, gleichmäßiger Geschwindigkeit völlig in der Hand haben. Die Natur ist hier sehr gerecht. Selbst wenn die natürlichen Instinkte Sie antreiben, einen schnelleren Gang einzuschalten, kommt Ihnen die Natur bei einem langsameren Vorgehen doch auch dadurch entgegen, daß die Frau gerade jenes langsamere Tempo bevorzugt, das für Ihre Selbstbeherrschung richtig ist.

Das Gemächliche bietet aber noch einen anderen wichtigen Vorteil: Sie können sich selbst besser steuern, wenn Sie nicht allzu ermüdet sind; und ein langsameres Tempo kostet weniger Kraft. Je ausgeruhter und entspannter Sie beim Koitus sind, desto besser ist die Kontrolle, wie Sie hier deutlich sehen. Entspannung ist also wichtig, weil Ihnen die Kraft, die Sie für das Anspannen der Muskeln benötigen, in diesem Fall für die Selbstkontrolle verlorengeht.

Wenn Sie nicht sehr potent sind, andererseits aber eine sehr leidenschaftliche Frau haben, die viel sexuelle Aktivität verlangt, wird es in Ihrer Ehe vermutlich etliche Spannungen geben, es sei denn, Sie tun etwas dafür, daß Ihre Frau im Bett alles bekommt, was sie sich wünscht, ohne daß Sie mehr geben müssen, als Sie können.

Um mit dieser schwierigen Lage fertigzuwerden, gibt es verschiedene Möglichkeiten – jedenfalls muß die Ehe deshalb noch lange nicht in die Brüche gehen. Ein potenzschwacher Mann sollte zuerst einmal einen Arzt befragen, um festzustellen, ob seine Schwäche durch einen Fehler der Körperfunktionen bedingt ist, der der Sexualkraft des Mannes kostbare Energie und Vitalität entzieht.

Außerdem kann ein Mann sein Sexualverhalten so ändern, daß zwischen seiner niederen Potenz und den hohen sexuellen Ansprüchen seiner Frau ein besseres Gleichgewicht herbeigeführt wird. Auf alle Fälle sollte er sich bemühen, seine Frau in einem Liebesspiel zu befriedigen, das nicht allzusehr vom Koitus selbst abhängt. Dazu muß er seine Hände, den Mund und die Phantasie stärker einsetzen, um seinen sexuell schwachen Punkt nicht übermäßig zu belasten. Das beste ist, er konzentriert sich darauf, Lust auf jede mögliche Weise zu schenken, die ihn zwar nicht zum Höhepunkt führen, aber seine Frau befriedigen kann. Wer sich vornimmt, die Befriedigung der Frau über die Erlösung von eigenen sexuellen Spannungen zu setzen, hat den ersten Schritt dazu schon getan. Wenn Ihre Frau aus irgendwelchen Gründen der Ansicht ist, Sie sollten das Vorspiel teilweise abkürzen und zum «Kern der Sache» kommen, so müssen Sie ihr beweisen, daß sie durch das Vorspiel wirklich Lust empfängt. Das ist natürlich nicht damit getan, daß Sie sich hinsetzen und mit ihr darüber reden. Zeigen Sie ihr, wie stark die Erregung ist, die Sie mit dem Mund und den Händen zu erzeugen vermögen.

Natürlich gilt dies alles nur für den Fall, daß Sie sich mit Ihrer Potenzschwäche abfinden, anstatt ernsthaft zu versuchen, die Potenz zu steigern. Es ist jedoch ebenfalls wichtig und zumindest eine Möglichkeit. Wenn Ihnen Ihre Potenzschwäche Kummer macht, wenn Sie sich ärgern, daß Sie mit den Wünschen Ihrer Frau nicht Schritt halten können, dann beruht dies offensichtlich auf einem Mangel an Samen. Ihr Körper erzeugt in der verhältnismäßig kurzen Zeit nicht genügend Spermien. Und wie wollen Sie eine große sexuelle Erregung schaffen, wenn Sie nicht einen abschußbereiten Vorrat an Samen haben? Spätestens unmittelbar nach Erreichen des Höhepunktes und der Ejakulation stellen Sie fest, daß Ihr Penis sich von einem mächtigen Instrument männlicher Sexualität in ein Ding verwandelt hat, mit dem Sie Ihre Partnerin einfach nicht stimulieren können. Mit der Entleerung Ihres Samens kommt ein spürbares Nachlassen Ihrer Sexualität und Ihrer Sexualkraft. Wenn Ihr Körper den Samen rasch ersetzen kann, ist Ihre volle Geschlechtskraft natürlich bald wiederhergestellt. Kann der Vorrat dagegen nicht ausreichend ergänzt werden, dann ist eine rasche Wiederherstellung der Sexualkraft unmöglich.

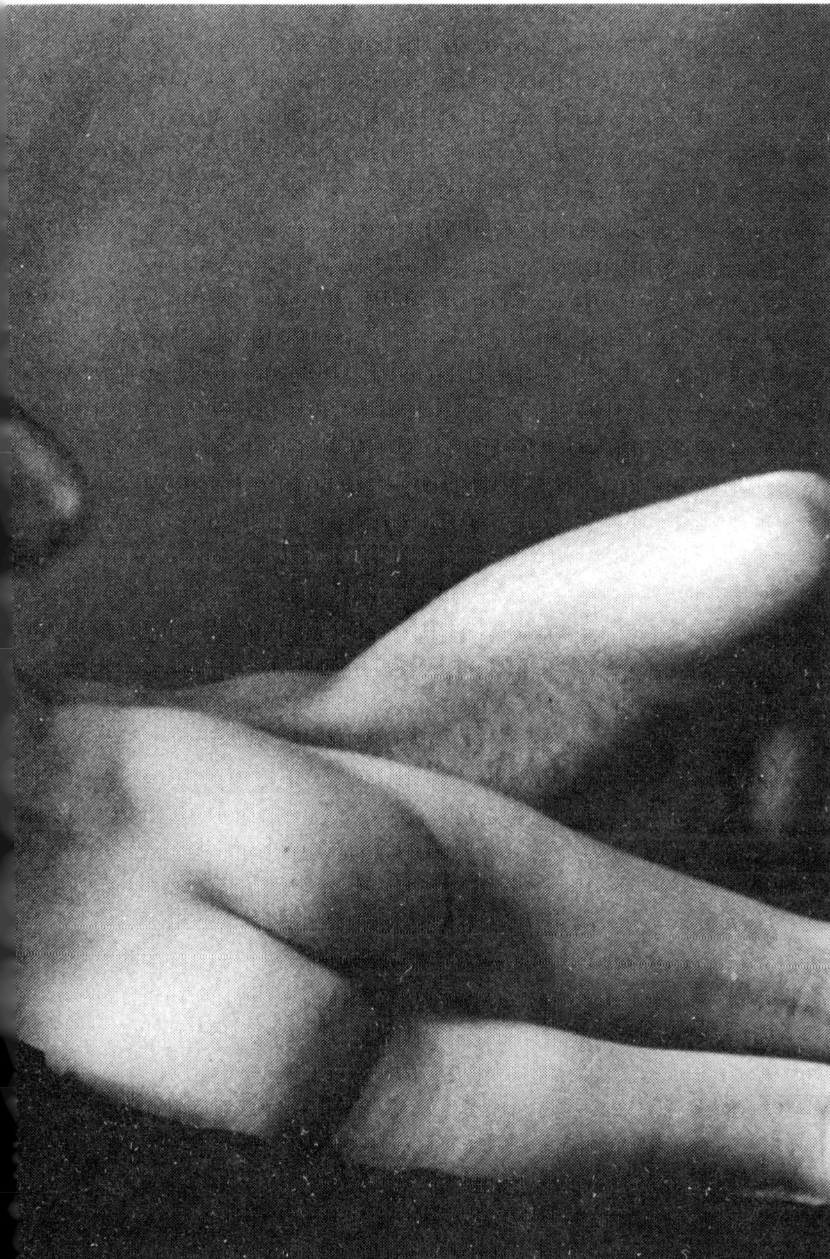

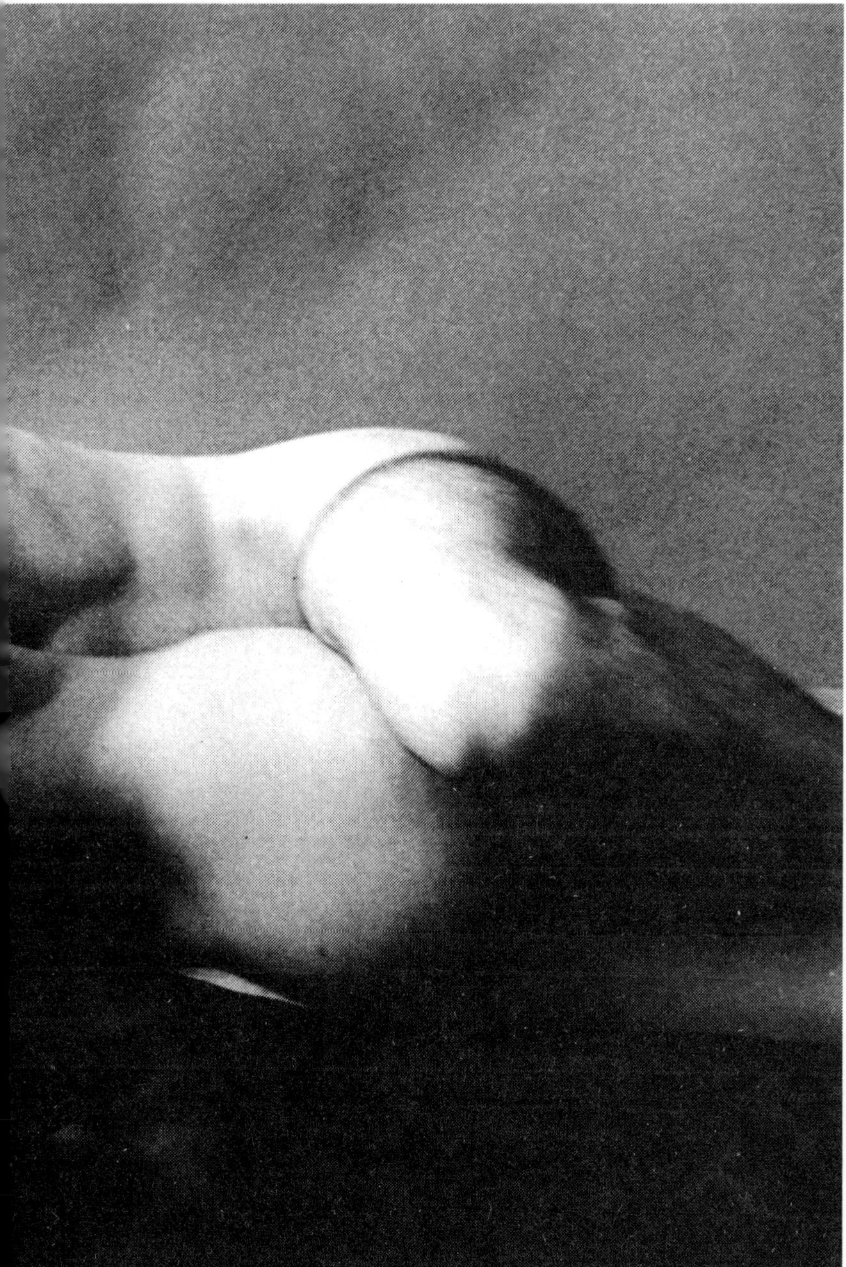

Geringe Sexualkraft hängt also irgendwie mit unzureichender Samenerzeugung zusammen. Wie sich dieses Problem lösen läßt, liegt auf der Hand: Was Sie nicht rasch erzeugen können, müssen Sie weniger großzügig auszugeben lernen. Anders gesagt, Sie müssen Ihren Samenvorrat aufsparen und ihn gut und überlegt einsetzen, in möglichst kleinen Portionen. Denken Sie an einen Langstreckenläufer: Wenn er schon zu Beginn des Rennens zu sprinten versucht, wird er niemals ins Ziel kommen, sondern zusammenbrechen und unterwegs ausscheiden. Ein Mann, der eine lange Strecke bewältigen und das Ziel erreichen will, muß langsam anfangen oder zumindest zunächst gleichmäßig laufen, damit er nicht von vornherein seine ganze Kraft verbraucht.

Nicht anders ist es mit mangelndem Samen. Wenn Sie Ihren ganzen Samen auf einmal verschwenden, haben Sie bis zum «Endspurt» nichts mehr. Sie können Ihren Samen aber auch einteilen wie Ihre Kräfte. Wenn Sie zunächst weniger verbrauchen, können Sie später mehr ausschütten – selbst wenn Ihr Körper noch keinen neuen Samen produziert hat.

Wie der Langstreckenläufer gibt man sich nicht voll aus, bevor man nicht zum Endspurt ansetzt, um das Rennen zu machen. Der Sprint kommt immer zuletzt. Das gilt für jenen, der ein Potenzproblem hat, genauso – und das ist sehr wichtig – wie für den, der diese Schwierigkeiten nicht kennt, sondern lediglich seine Aktivität über mehrere Stunden auszudehnen wünscht. Um dies zu erreichen, müssen Sie also den Samenerguß bei jeder Ejakulation einschränken. Sie haben damit stets einen Vorrat an unverbrauchtem Samen in sich und können Ihren Samenspiegel rasch auf den Stand bringen, bei dem Sie sexuell erregt und wieder zu neuen Taten bereit sind.

Schließlich ist nicht das niedere Potenzniveau an sich das eigentliche Problem, sondern vielmehr die Auswirkung, die es auf die Befriedigung Ihrer Partnerin haben kann. Sie müssen daher Ihre Fähigkeit steigern, sexuell aktiv zu bleiben, wie stark oder schwach Ihre Potenz auch sein mag. Es gibt sehr potente Männer, die ihren Partnerinnen nicht das Vergnügen eines langen, ausgedehnten Zusammenseins schenken. Aber nicht die Potenz ihrer Männer erfreut die Frauen, sondern was die Männer daraus machen.

Frauen sind von Natur aus so beschaffen, daß ihnen lang andauernde Vereinigungen das meiste Vergnügen bereiten, sie wollen nicht nur ein paar enttäuschende Minuten. Durch einen «Schnellschuß» kann der Mann zwar eine rasche Lösung sexueller Spannungen herbeiführen, aber den meisten Frauen gibt das gar nichts. Am besten ist es also, den Samenverlust bei jedem Orgasmus einzuschränken, damit Sie Ihrer Partnerin jene Menge an sexueller Aktivität schenken können, die sie verdient.

Bedenken Sie dabei, daß die Samenzurückhaltung mit der Fruchtbarkeit nicht das geringste zu tun hat. Auch Ihre Orgasmen und die Ihrer Partnerin werden durch dieses Verfahren nicht wesentlich schwächer. Der einzige Nachteil ist, daß der Zeitraum sexueller Erleichterung und Befriedigung etwas verringert und kürzer wird. Sie fühlen sich, wenn Sie noch Samen in sich haben, bestimmt nicht restlos erschöpft und ausgepumpt. Infolgedessen werden Sie bald das Bedürfnis und Verlangen nach erneuter sexueller Vereinigung verspüren – einen neuen Trieb nach sexueller Erlösung. Aber das ist ja gerade der Sinn und Zweck der Samenzurückhaltung.

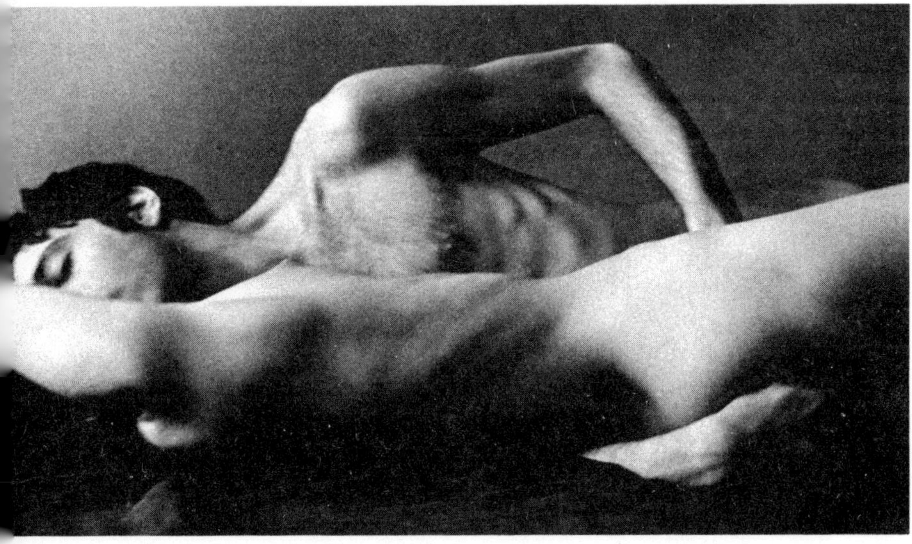

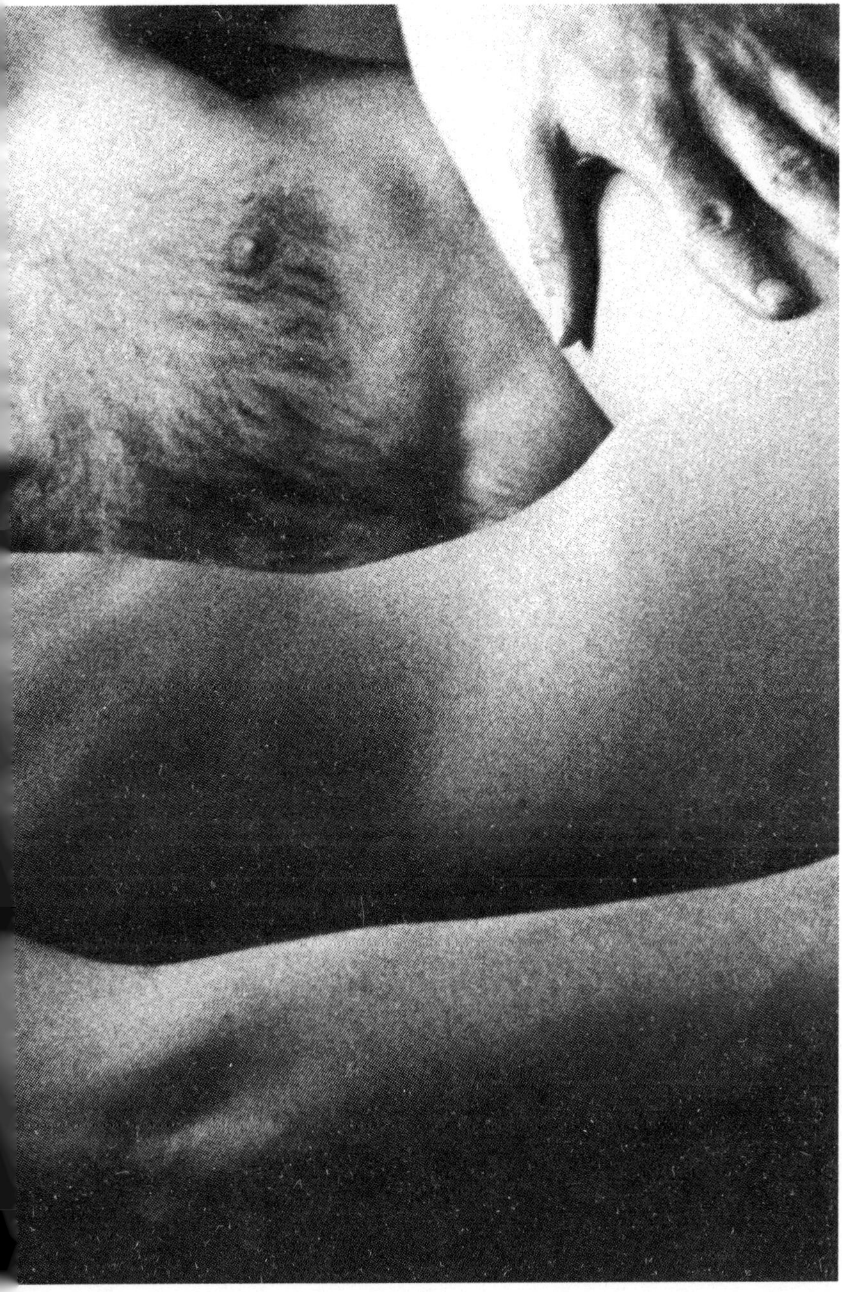

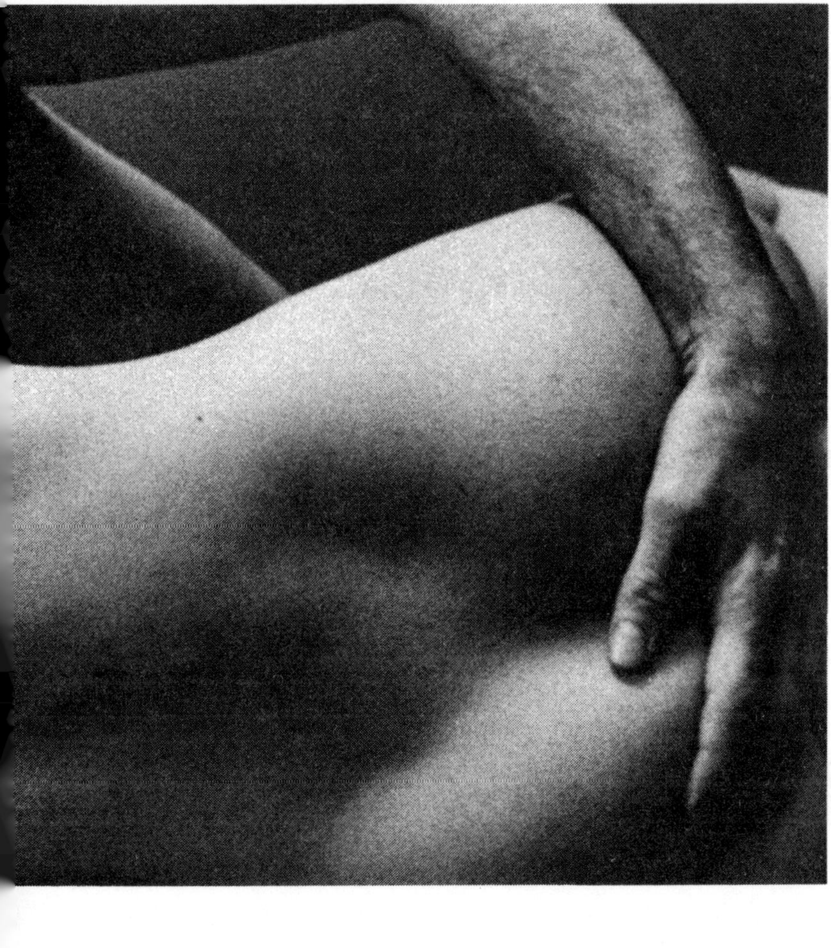

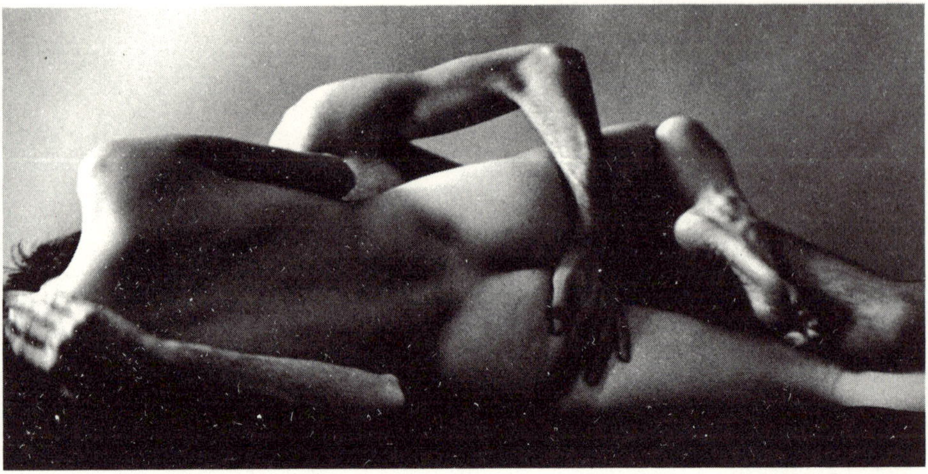

Betrachten wir die Praxis des Samenzurückhaltens einmal genauer: Wenn Sie sexuell noch ziemlich unerfahren sind, sollten Sie es nicht versuchen – oder erst, wenn Sie ein bißchen mehr Erfahrung und Reife in sexueller Beziehung haben. Sie werden nämlich feststellen, daß Sie schon all Ihre Kräfte und Konzentration aufwenden müssen, nur um den Geschlechtsakt so gekonnt wie möglich hinter sich zu bringen, und zwar auch ohne diese besondere Technik.

Wenn Sie Ihren Samen zurückhalten wollen, müssen Sie vor allem Ihre Muskeln vollkommen beherrschen. (Dafür lohnt sich wieder einmal die Mühe, die man auf die in einem früheren Kapitel beschriebenen Übungen verwendet hat.) Am wichtigsten sind dabei die Muskeln, die den Harntrakt umschließen und den Urin bis zum Harnlassen in der Blase zurückhalten. Es sind dies andere Muskeln als jene, die bei den grundlegenden Lebensfunktionen wie Atmung und Blutkreislauf eine Rolle spielen. Sie werden vom Körper gesteuert, ohne daß das Bewußtsein mitwirkt. Die Kontrolle über die Herzmuskeln, die das Blut durch den Körper pumpen, kann man nicht erlernen. Dagegen sind die Muskeln, die den Urin zurückhalten, der Bewußtseinskontrolle unterworfen; die meisten Menschen lernen ihre Beherrschung während der ersten Lebensjahre. Sobald der Mensch jedoch in der Kindheit diese

Kontrolle erst einmal begriffen hat, nimmt er sie als selbstverständlich hin. Sie müssen sich also der Steuerung dieser Muskeln erst wieder völlig bewußt werden.

Um die völlig bewußte Kontrolle über diese Muskeln zu gewinnen, muß man versuchen, den Urinfluß mitten im Entleeren der Harnblase zu unterbrechen. Machen Sie das mehrmals bei jedem Urinieren. Schalten Sie den Urinfluß nicht langsam und gemächlich ab. Lassen Sie den Strahl kräftig fließen, spannen Sie dann die Muskeln an, und drehen Sie sozusagen den Hahn ganz zu. Dann öffnen Sie ihn wieder völlig, damit erneut ein starker Strahl fließt, und schließen ihn ein zweites Mal. Wiederholen Sie das vier- oder fünfmal, wenn Sie dazu imstande sind. Achten Sie darauf, daß der Harn völlig ungehemmt fließt und Sie beim Zudrehen den Hahn vollkommen schließen.

Auch andere Muskeln spielen eine Rolle, die Sie ganz und gar beherrschen müssen. Es sind die Muskeln, die den Hodensack in die Höhe heben und die Peniswurzel umgeben. Versuchen Sie, die Hoden und die Rückseite des Hodensacks in den Körper hineinzuziehen. Dabei spüren Sie, wie die betreffenden Muskeln hart werden. Probieren Sie das gleich mehrmals hintereinander aus. Registrieren Sie das Gefühl beim Spannen und Entspannen dieser Muskeln. Dieses Gefühl müssen Sie erkennen, wenn Sie eine bewußte Kontrolle ausüben wollen. Versuchen Sie, die Muskeln sehr langsam anzuspannen und wieder zu lockern. Sie sollten so lange an sich arbeiten, bis Sie die vollständige Kontrolle über diese Muskeln erreicht haben, und dazu gehört die Fähigkeit, sie sowohl rasch als auch langsam anzuspannen und zu entspannen. Wahrscheinlich ist es für Sie ungewohnt, diese Muskeln bewußt zu kontrollieren – also müssen Sie einige Kraft aufwenden, um sich stärker zu konzentrieren. Übrigens kräftigen Sie dabei auch die Muskeln selbst, was von großem Vorteil ist.

Wenn Sie die vollkommene Muskelkontrolle erreichen wollen, müssen Sie die beiden Übungen einige Wochen lang mehrmals täglich durchführen, bis es Ihnen ganz mühelos und natürlich erscheint, die Muskelbewegungen mit Ihrem Willen zu beherrschen. Aber selbst dann werden Sie beim ersten Versuch, Ihren Samenfluß während der Ejakulation abzuschnüren, noch einige Schwierigkeiten haben. Seien Sie nicht ent-

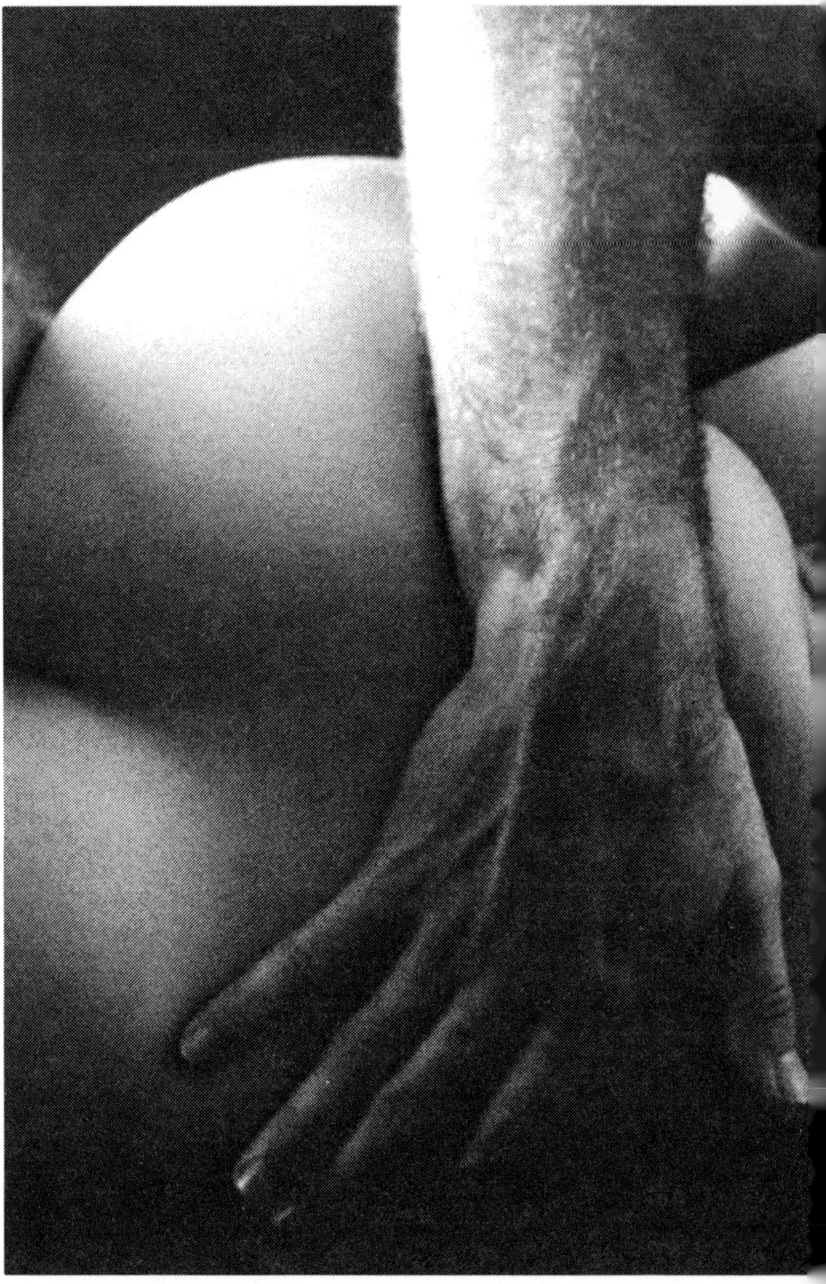

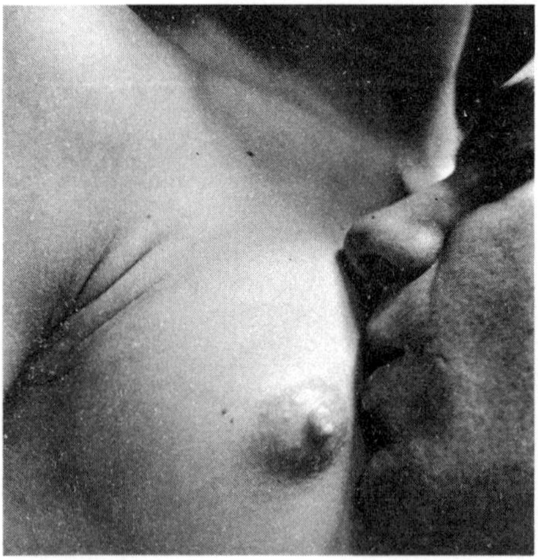

täuscht, wenn es Ihnen nicht gleich beim erstenmal gelingt (oder auch nicht beim zweiten- oder drittenmal). Kehren Sie zu den Muskelkontrollübungen zurück, und versuchen Sie es weiter. Vergessen Sie dabei nicht, daß Sie versuchen, gegen den natürlichen Instinkt zu arbeiten, der die vollkommene sexuelle Befreiung anstrebt. Es mag vielleicht anfänglich schwierig sein, diesen Instinkt zu überwinden, aber es kann erreicht werden, wenn Sie sich Mühe geben. Und haben Sie diese Macht einmal gewonnen, so können Sie sie nach Wunsch fast jedesmal einsetzen.

Zusätzlich zu dieser Muskelkontrolle müssen Sie Ihren Sinn für das Timing entwickeln, so daß Sie genau zum Zeitpunkt der Ejakulation die Muskeln anspannen und den Hahn zudrehen. Wenn Sie erst einmal die für diese Technik wichtigen Muskeln beherrschen, wird auch das Timing eine Leichtigkeit sein.

Mit der vollkommenen physischen Kontrolle sind Sie in der Lage, Ihren Samenfluß auf dem Höhepunkt allein durch Anspannen der Muskeln im richtigen Augenblick zu stoppen. Der Samenerguß wird ganz drastisch eingeschränkt, ohne daß dadurch Ihre anderen sexuellen Bewegungen irgendwie beeinträchtigt werden. Alles andere ist völlig normal. Beenden Sie die Begegnung wie sonst, aber achten Sie darauf, daß Sie jene Muskeln unter strenger Kontrolle haben, bis Ihr Orgasmus vorbei ist. Dadurch entleeren Sie Ihren Samenvorrat nicht restlos und können ihn um so rascher wieder ergänzen. Ihr Penis wird viel von seiner Erektion verlieren, aber am besten setzen Sie die milden Zärtlichkeiten noch eine Zeitlang fort, damit keine rasche Peniserschlaffung eintritt – denn dadurch würde noch mehr Samen ausfließen.

Sie brauchen nicht zu befürchten, daß die Samenzurückhaltung das Vergnügen verringert, das Ihr Orgasmus Ihrer Partnerin bereitet. Natürlich ist der männliche Orgasmus für die Frau, in deren Körper diese Explosion stattfindet, ein besonders lustvolles Gefühl. Die Samenzurückhaltung vermindert jedoch die Wirkung nicht. Das Zucken des Penis findet auf jeden Fall statt, und das ist gerade für die Frau besonders erregend. Auch das Wonnegefühl, wenn der Samen gegen die Scheidewand spritzt, ist dasselbe. Die Lust, die Ihrer Partnerin dadurch bereitet wird, ist ebenso groß, selbst wenn dabei weniger Samen ejakuliert wird. Und was das Wichtigste ist: Sie können schon nach einer kurzen Pause zum Koitus zurückkehren.

Obwohl der Samenvorrat ergänzt wurde, stellen die meisten Männer fest, daß ihr Orgasmus nach dem ersten Beisammensein nicht mehr so rasch kommt. Dies ist günstig, denn es bedeutet, daß die zweite Runde länger dauert – was sicherlich den Wünschen Ihrer Partnerin entspricht. Tritt nach Ihrem ersten Höhepunkt keine sehr lange Pause ein, so können Sie natürlich ohne großes – oder ganz ohne – Vorspiel wieder zum Koitus übergehen. Dies hat den Vorteil, daß der noch hohe Erregungszustand der Partnerin genutzt wird, ohne den Ihren an den Rand eines neuen Orgasmus zu bringen.

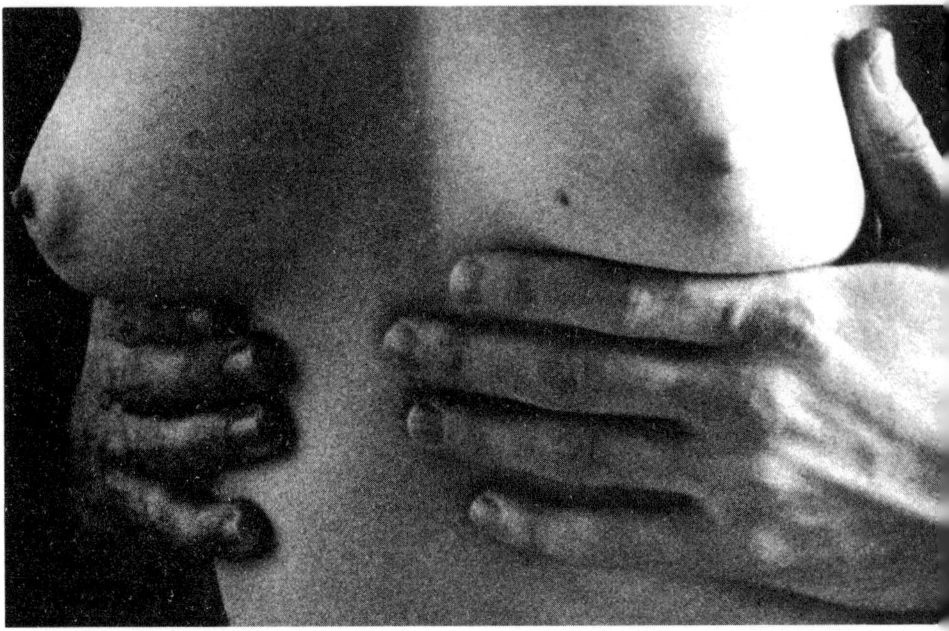

Koituspositionen

Die Frau in Rückenlage

Das Vorspiel ist die Zeit der Phantasie und des Experimentierens; die Zeit, alles auszuprobieren und bei jeder Technik zu verweilen, die Lust verschafft; die Zeit, sich ganz dem Schenken und Empfangen von Leidenschaft zu widmen. Leider beenden viele Paare dieses Probieren und sorglose Lustsuchen, wenn sie vom Vorspiel zum Koitus übergehen. Das ist albern! Vielfalt, Experimente und Tempo sowie Stiländerungen sind beim Koitus ebenso angebracht wie bei den verschiedenen Handlungen, die dahin führen.

Alles zu seiner Zeit – das gilt auch für die verschiedenen Positionen beim Geschlechtsverkehr. Wenn Sie oder Ihre Partnerin sexuell unerfahren sind, empfiehlt es sich, bei den verschiedenen Stellungen eine bestimmte Reihenfolge einzuhalten, damit Sie erst einmal bequem miteinander verkehren können, ehe Sie sich an kompliziertere oder gar akrobatische sexuelle Experimente wagen. Beim Zusammensein sollten Sie irgendwelche seitlichen Positionen wählen, bei denen sich die Partner das Gesicht zuwenden, und darauf achten, Ihren Höhepunkt zu kontrollieren. Sobald Sie einmal den Höhepunkt ganz – oder annähernd – unter Kontrolle haben, besteht der nächste Schritt darin, gleichzeitig zum Orgasmus zu kommen. In diesem Stadium ist die Rückenlage für Ihre Partnerin am geeignetsten, obgleich das Vorspiel in einer anderen Stellung ausgeführt werden kann – oder besser, in einer Vielzahl von Stellungen, bei denen beide Partner von ihren Gefühlen aneinander gedrängt werden in beständiger Bewegung, rollend, gleitend und sich aufeinander pressend.

Nachdem Sie die Stellungen erprobt haben, bei denen die Frau auf dem Rücken liegt, sollten Sie zu einigen Positionen übergehen, bei denen sich die Frau oben befindet, da dabei die Vagina teilweise gestreckt wird und das Eindringen ermöglicht. Wieder ist es unwesentlich, welche Positionen Sie beim Vorspiel eingenommen haben, da Sie Ihre Partnerin vor der Penetration auf den Rücken drehen oder auf sich heben können.

Die nächste Stufe sind kompliziertere, zusammenhängende Bewegungen, die besonders dann nötig werden, wenn die Frau auf dem Rücken liegt. Sie werden wahrscheinlich feststellen, daß die meisten Frauen diese Stufe ohne ernsthafte Schwierigkeiten meistern können – trotzdem sollten Sie sich nicht sorgen oder gar überrascht sein, wenn sich Unerfahrenheit in irgendeiner unbeholfenen Bewegung äußert. Verhältnismäßig unerfahrene Liebende erleben es oft, daß ihr Beisammensein durch Herausrutschen des Penis, falsches Einführen und andere kleine Ungeschicklichkeiten unterbrochen wird, die aber weder Kummer noch Verlegenheit verursachen sollten.

Nachdem Sie beide die Grundpositionen und die dazugehörigen Bewegungen erlernt haben und beherrschen, sollten Sie alle möglichen sexuellen Positionen ausprobieren mit sämtlichen Variationen, die Ihnen einfallen oder die Sie zufällig entdecken.

Dadurch wird Ihr Sexleben ganz von selbst all die Vielfalt erhalten, die für jede längere sexuelle Beziehung wesentlich ist. Wenn Sie jung und relativ unerfahren sind, wenn Sie noch erkunden und Sie der Koitus in den wenigen Grundpositionen unkontrolliert erregt, werden Sie es kaum für möglich halten, daß Sex für manche Paare tatsächlich langweilig und stumpfsinnig werden kann. Und doch ist es so. Mit demselben Partner immer wieder auf dieselbe Art geschlechtlich zu verkehren, tötet fast alle Leidenschaft und Erregung. Und es gibt nichts Langweiligeres als langweiligen Sex.

Je nach Ihrer Einstellung spielen ein oder zwei Faktoren eine Rolle, wenn es gilt, Leidenschaft und Ekstase im Sex zu bewahren: verschiedene Arten des Koitus mit ein und derselben Frau und/oder verschiedenen Frauen. Jede Frau, die das nicht erkennt, ist unglaublich dumm, denn sie setzt den Erfolg ihrer Ehe aufs Spiel. Kaum ein Mann wird Langeweile im Ehebett ertragen, ohne sehr rasch etwas dagegen zu unternehmen. Wenn eine Frau die sexuellen Bedürfnisse ihres Gatten nicht erfüllen kann oder will, findet der Ehemann gewöhnlich ziemlich rasch eine andere Frau, die ihm das gibt, was er braucht und wünscht. Nun ist natürlich die Treue gegenüber einer einzigen Frau an sich sehr umstritten. Wenn Sie als Mann Ihrer Frau treu bleiben wollen, ist das zwar sehr lobenswert, aber immer wird der Mann seinem Naturell ent-

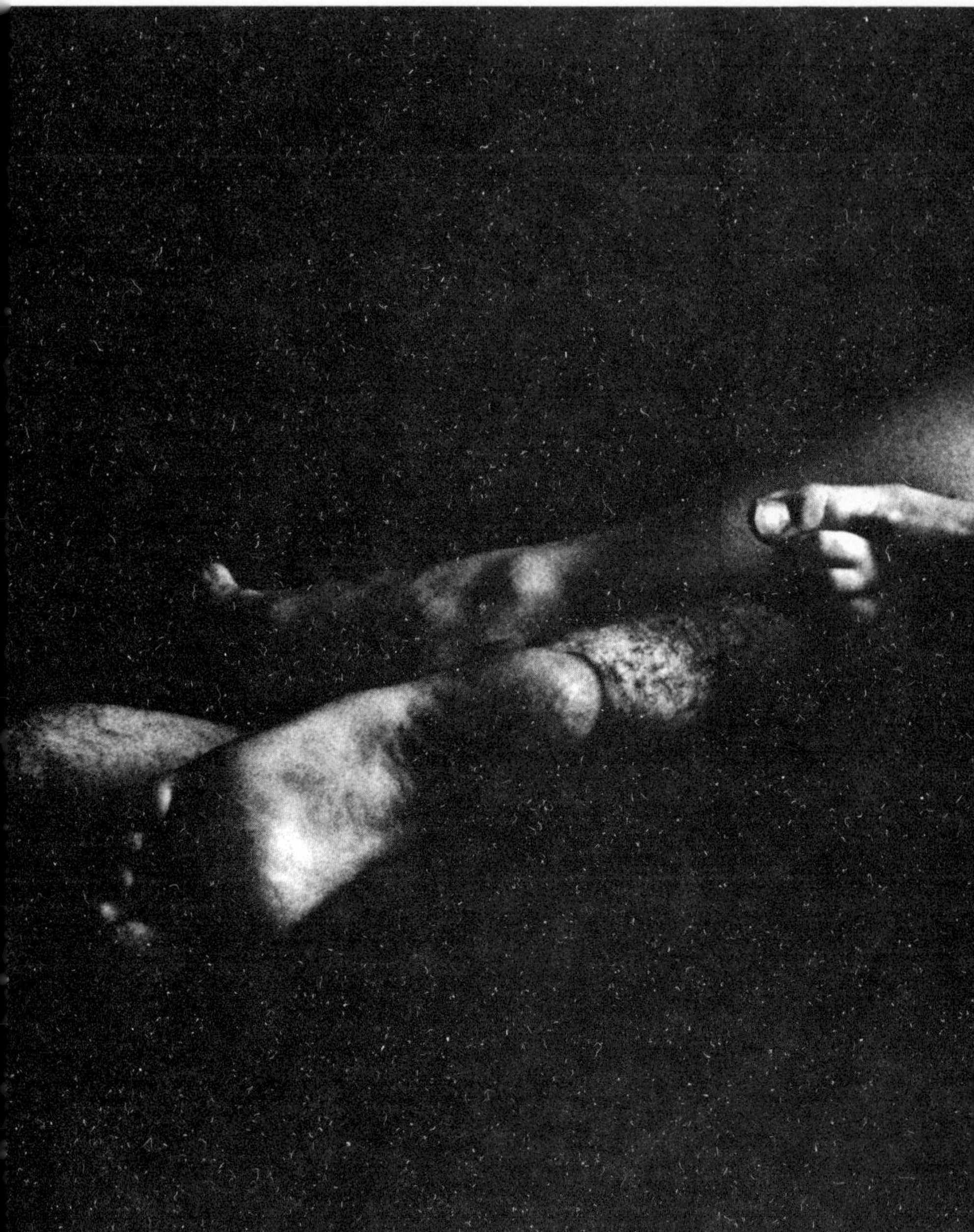

sprechend nach Abwechslung streben – und sie bekommen. Wenn er mit seiner Frau eine langweilige Ehe führt, wird eine kleine stimulierende Abwechslung mit einer anderen für die Ehe Wunder wirken – für sie ebenso wie für ihn. So handelt also jede Frau, die in hysterische Schreikrämpfe ausbricht oder beleidigt ist, sobald sie erfährt, daß ihr Mann andere Betten ausprobiert, ausgesprochen töricht. Von einer solchen Frau wird sich der Mann noch stärker entfremden, nicht nur, weil der Gegensatz zwischen der hysterischen, gespannten Atmosphäre in seinem Heim und der liebevollen sexuell geladenen Umgebung bei der anderen Frau sehr deutlich wird, sondern auch, weil sie nicht einsehen will, was nötig ist, um ihren Mann zu halten. Das heißt, sie muß für sexuelle Abwechslung zu Hause sorgen, wenn sie nicht will, daß ihr Mann diese anderswo sucht. Eine Frau sollte sich darüber im klaren sein, daß auch ihr eigenes Gefühlsleben davon profitiert, wenn ihr Mann die sexuelle Vielfalt genießt – ob nun zu Hause oder anderswo.
Die Zahl der sexuellen Bewegungen ist durch unseren Körperbau verständlicherweise sehr begrenzt. Dennoch sollten Sie versuchen, aus den möglichen Variationen alles herauszuholen, wie eng dieser Rahmen auch gesteckt ist. Dabei können Richtung der Bewegung, Tempo, Rhythmus und Ausmaß verändert werden.

Was die Richtung angeht, so erfolgt die Grundbewegung vor und zurück, wobei der Penis tiefer in die Frau eindringt und dann wieder aus der Tiefe zurückgezogen wird. Dies ist jedoch nicht die einzig mögliche Bewegungsrichtung. Der Mann kann mit seinem Penis auch eine kreisende, schraubenförmige Bewegung ausführen. Auch die Frau kann etwas Ähnliches tun, ihre Hüften kreisen lassen und dem Penis dadurch lustvolle Empfindungen verschaffen – ebenso der Vagina. In manchen Positionen läßt sich die grundlegende Hinein- und Herausbewegung abwandeln, indem der Penis in einem leichten Winkel in die Vagina eingeführt wird, so daß auf einen bestimmten Teil der Scheide ein stärkerer Druck ausgeübt wird.

Diese Bewegungen können von den beiden Partnern vielfältig kombiniert werden. Die Partner können sich zusammen vor- und zurückbewegen, entweder übereinstimmend oder im «Gegentakt». Verhältnismäßig unerfahrene Partner sollten sich dabei festhalten, da sonst der

Penis ganz aus der Vagina herausgleiten kann. Eine andere Möglichkeit besteht darin, daß zunächst der Mann die sexuellen Bewegungen ausführt, während die Frau stillhält – und dann umgekehrt die Frau sich bewegt, während der Mann ausruht. Dies ist in fast jeder Stellung möglich. Es besteht auch kein Grund, warum der Obenliegende nicht ausruhen sollte, während sich der Untenliegende bewegt, obgleich viele Paare niemals auf den Gedanken kommen, das auszuprobieren. Oder ein Partner führt eine bestimmte Bewegung aus, und der andere eine andere. Beispielsweise kann die auf dem Rücken liegende Frau die Hüften kreisen lassen, während der Mann sich auf und ab bewegt und den Penis hinein- und herausführt.

Auch die Stärke der Bewegung kann variiert werden. Meist bewegt sich der Mann vor und zurück, um die Reibung an der Eichel zu spüren. Er kann aber trotz derselben Bewegungsrichtung unterschiedlich tief eindringen, entweder den Penis weit in die Frau hineinstoßen oder nur leicht einschieben. Die Frau ist in der Lage, die Hüften in weitem Bogen kreisen zu lassen oder nur winzige kreisende Bewegungen auszuführen.

Entscheidend für die Vielfalt des Koitus ist die Geschwindigkeit der Bewegung. Im Grunde gibt es vier Geschwindigkeiten, die je nach den Umständen angebracht sind: rasch, langsam, sehr schnell und «neutral».

Sehr rasches Bewegen kann in manchen Positionen, in denen die Partner sich nicht besonders anstrengen müssen und nicht nur eine oberflächliche Penetration stattfindet, erregend sein. Wenn der Penis nur wenig tief eingeführt ist, kann man sich natürlich nicht sehr rasch bewegen. Auch sollten unerfahrene Partner schnelle Bewegungen vermeiden, da diese besonders bei hohen Geschwindigkeiten viel schwerer in Einklang zu bringen sind. Beschleunigte Bewegungen sind in der Regel für den Mann lustvoller als für die Frau, obgleich sich die meisten Frauen ab und zu nach rasantem Sex sehnen. Im allgemeinen ist jedoch die langsame Bewegung für die Frau besser und für die meisten Positionen mit Ausnahme der Grundstellungen zu empfehlen.

Es gibt aber auch eine «neutrale» Geschwindigkeit, bei der praktisch keine Bewegung stattfindet. Sie können sich einfach an Ihre Partnerin schmiegen, nachdem der Penis eingeführt ist – gewöhnlich sehr tief –, und bewegungslos daliegen. Viele Menschen empfinden dies als sehr

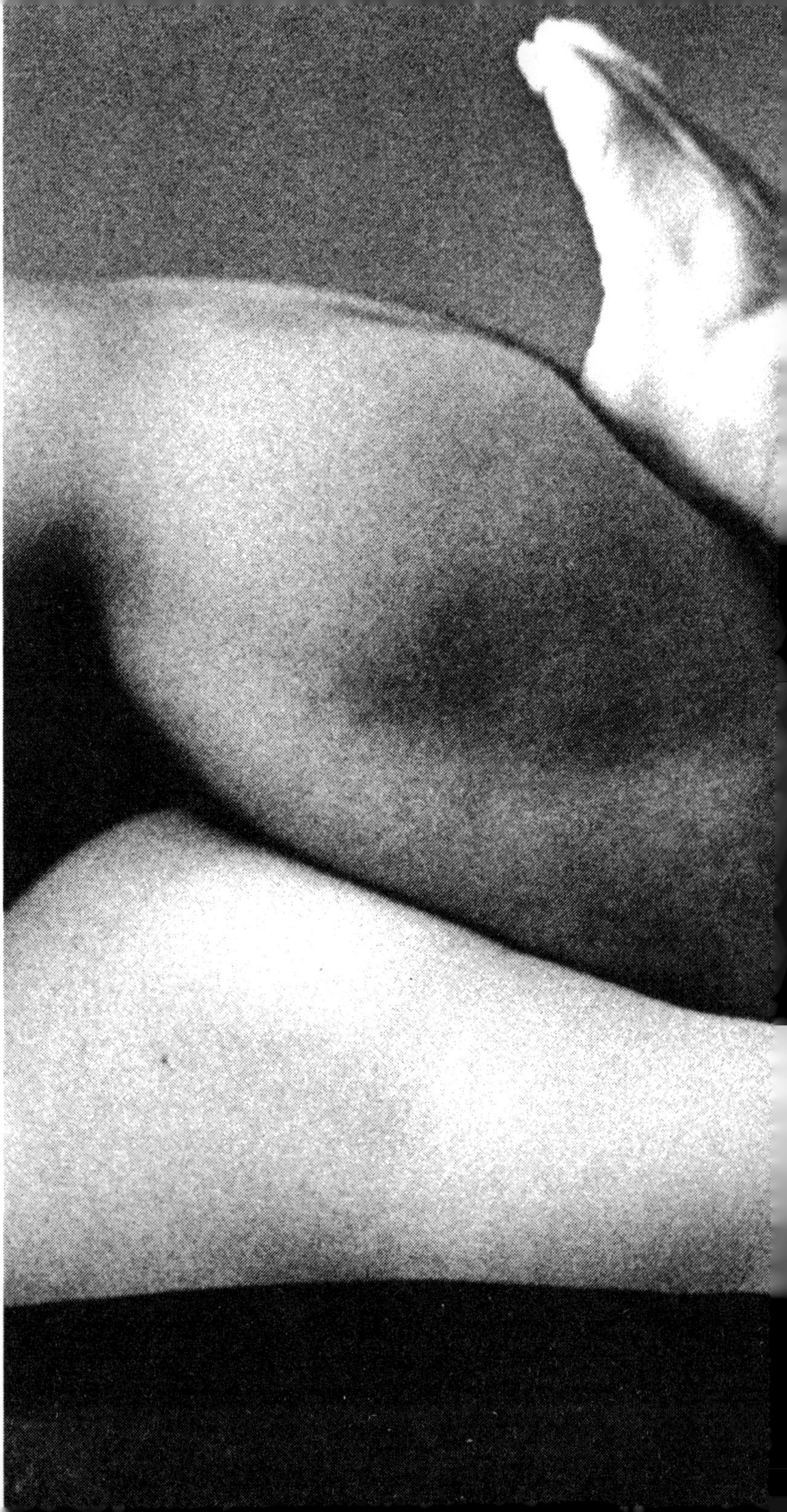

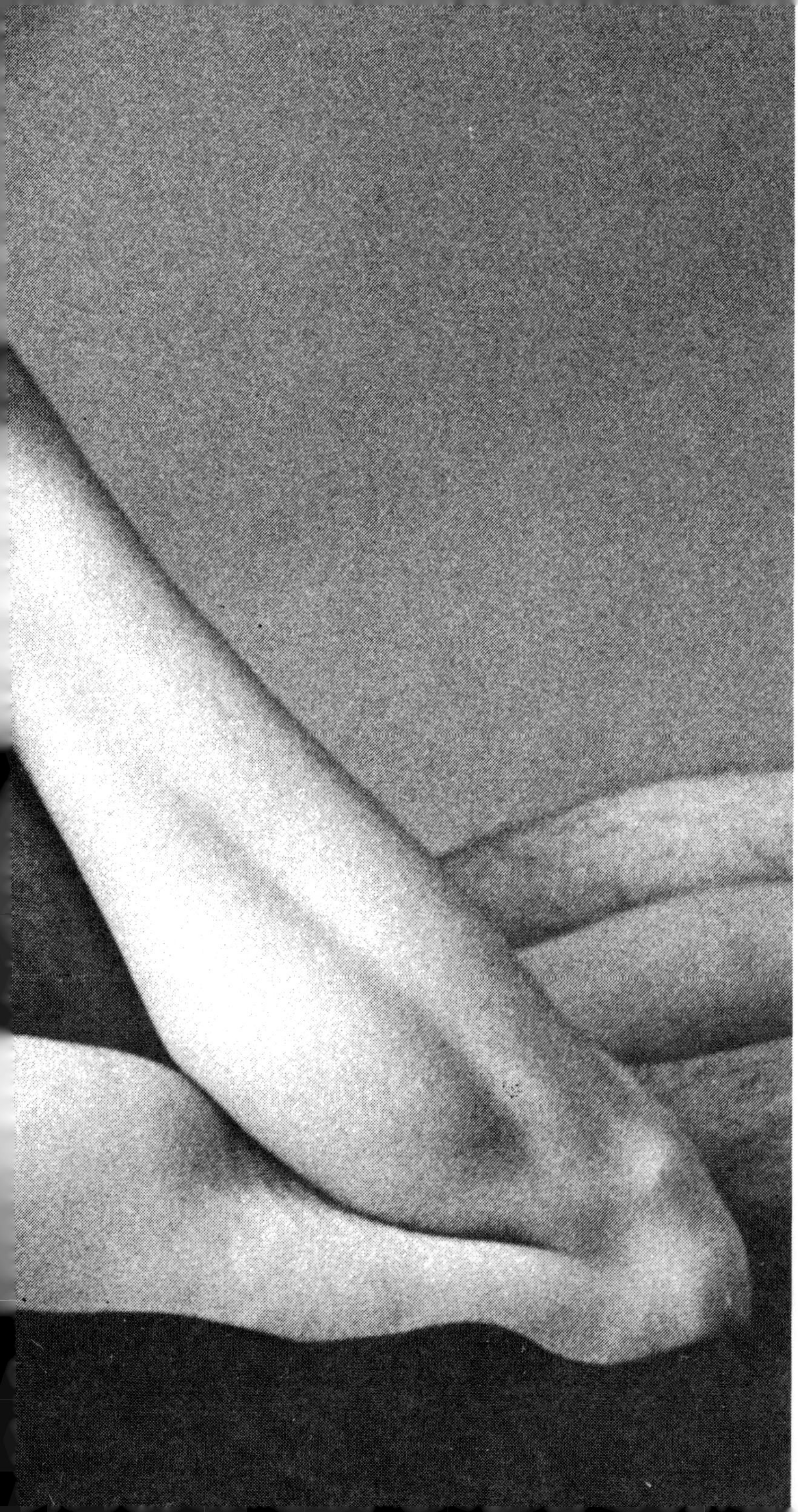

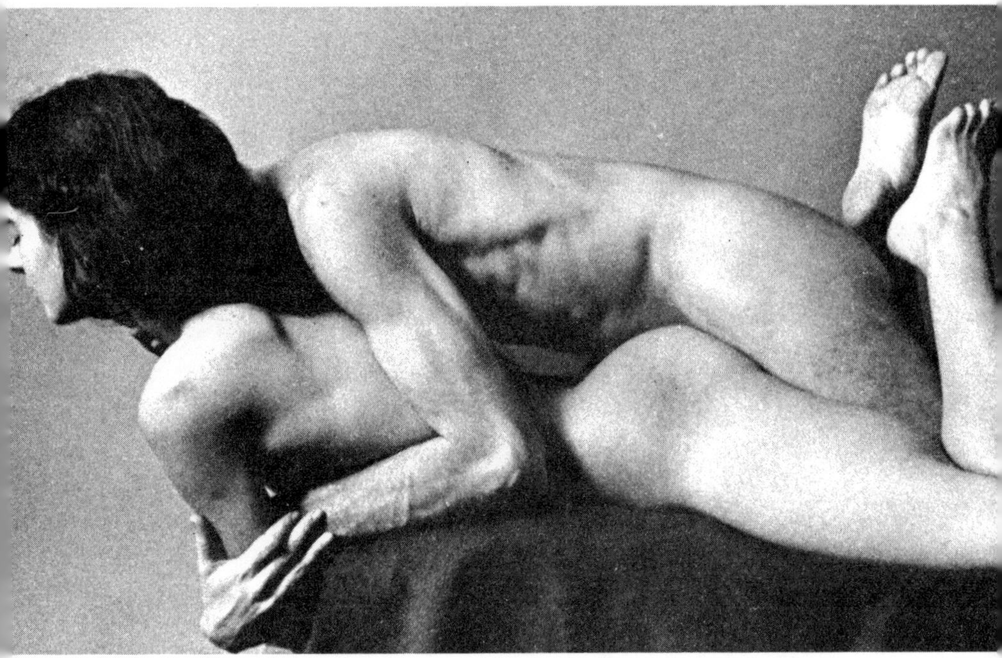

erregend. Manche Paare machen das im Sitzen mit einander zugewendeten Gesichtern. So können sie gegenseitig Gesicht und Körper sehen und zärtlich miteinander sprechen, während sich die Erregung langsam, aber stetig aufbaut – wenn beide Partner Geduld haben, bis zum Höhepunkt.

Natürlich gilt das Gesagte auch für den Rhythmus des Koitus. Auch der Rhythmus läßt sich verändern, ohne daß man die Geschwindigkeit oder die Richtung oder beide wechselt. Gewöhnlich ist ein gleichmäßiger Rhythmus am besten – besonders für die Frau. Aber Sie sollten auch mit unregelmäßigeren Rhythmen experimentieren – kurz, probieren Sie alles aus. Machen Sie den Koitus jedesmal zu einem neuen und andersartigen Erlebnis. Dabei spielt die Rhythmusänderung eine große Rolle. Sie können beispielsweise jeden Stoß gleichmäßig führen oder zwischen einer heftigeren und einer schwächeren Bewegung abwechseln. Sie können kräftig zustoßen und den Penis sanft und langsam zurückziehen. Sie können beim Herausziehen sogar eine leichte Schrau-

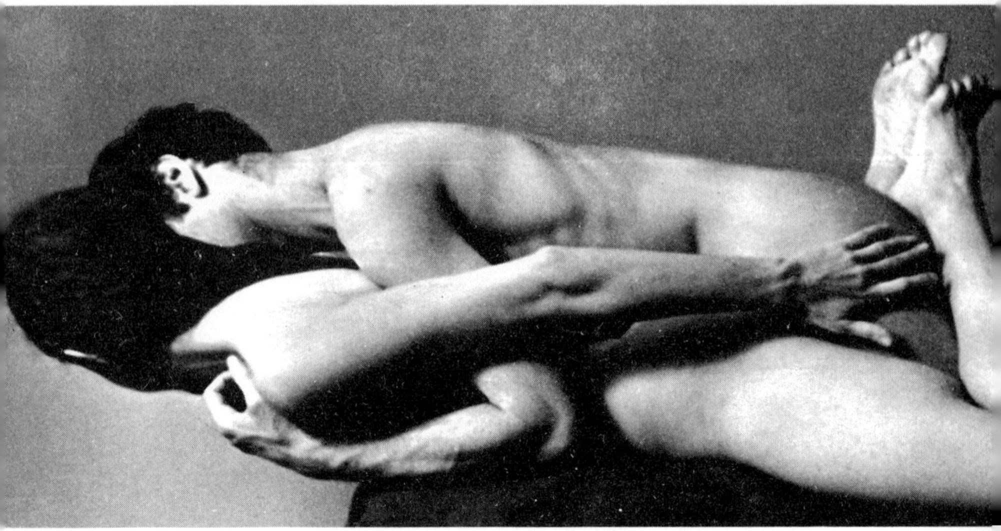

benbewegung ausführen; nur beim Einführen müssen Sie direkt zustoßen. Auch Ihre Partnerin kann den Rhythmus in jeder Weise verändern.

Positionen beim Koitus

Wenn Sie von den verschiedenen sexuellen Techniken und Positionen lesen, sollten Sie stets an eines denken: Erfolgreicher Sex bedeutet Experimentieren. Kein Mann, der sexuell Erfolg haben will, kann seine Meisterschaft durch ein Buch oder den Ratschlag eines anderen Mannes erwerben. Aus den Lehren eines andern können Sie nur beschränkten Nutzen ziehen – alles übrige bleibt Ihrer eigenen Erfahrung und Entdeckung überlassen. Wenn Sie also die Beschreibungen von Koituspositionen lesen, so denken Sie bitte stets an neue, interessante Variationen, durch die Sie den Geschlechtsakt lustvoller und anregender, einfach anders gestalten können. Seien Sie versichert, daß es Dutzende von Möglichkeiten gibt. Wenn der Autor sie in diesem Buche nicht alle zu Papier bringt, so bedeutet das noch längst nicht, daß sie nicht auch angewandt werden sollten, im Gegenteil. Die hier geschilderten Stellungen sind nur der Ausgangspunkt für Ihre sexuellen Erkundungsreisen. Jede kleinste Körperbewegung, jede Muskelbeugung, jeder Druck, jede Umklammerung fügt eine neue kleine Variante hinzu. Jeder menschliche Körper ist anders: Die Nervenstrukturen sind an verschiedenen Punkten bei jedem unterschiedlich empfindlich, Arme und Beine sind nicht gleich beweglich (natürlich wird ein älterer Mensch viele der hier aufgezeigten Techniken nicht ausführen können, weil seine Glieder zu steif sind und sich nicht in die notwendigen Stellungen bringen lassen) usw. Die beschriebenen Positionen stellen also nur einen Teil dessen dar, was Sie tun können. Sie müssen die verschiedenen Stellungen Ihren eigenen Bedürfnissen, Wünschen und Fähigkeiten anpassen. Ebenso wie Ihre Partnerin sind Sie mit Armen, Beinen, lebenswichtigen Organen, Zähnen, Zunge, einer unendlichen Zahl von Gefühlszonen usw. ausgestattet. Anders ausgedrückt, Sie haben alle notwendigen Werkzeuge, um ein Fest der Liebe zu feiern. Also, benutzen Sie, was Sie besitzen! Setzen Sie alles ein in einer unendlichen Vielfalt von Positionen. Nur wenn Sie Hemmungen über Bord werfen und alle Variationen ausprobieren, werden Sie die ganze Skala erlesener erotischer Empfindungen erfahren, die zum dynamischen Sex gehören. Nur durch ständiges Experimentieren werden Sie alles über Ihre eigene Sexualität und den Körper und die Reaktion Ihrer Partnerin ausfindig machen und die tödliche Gefahr abwehren können, die jedes erfolgreiche Sexleben bedroht – die Langeweile. Es ist unglaublich, wie viele fahren, nur weil sie bei der sexuellen Erkundung zu wenige Versuche unternehmen – falls sie es überhaupt tun. Halten Sie sich also stets vor Augen, daß die hier angedeuteten Positionen nur als Ausgangspunkt für Ihren eigenen Ausflug in die sexuelle Ekstase gelten sollen. Sie können aus diesem Buch – wie aus jedem andern oder durch mündlichen Rat – nur die Grundkenntnisse erlernen; die höchsten, subtilsten Kniffe, die Sie zur Meisterschaft führen, können nur von Ihnen selbst entwickelt werden. Es folgen nun Beispiele für sexuelle Gymnastik, ergänzt durch einige ausgesuchte Variationen auf den Abbildungen.

Position 1

In dieser Position liegt die Frau flach auf dem Rücken, die Beine leicht gespreizt, die Knie durchgedrückt, die Hände flach angelegt. Dies kann auf einem Bett, auf einer Couch oder auf dem Boden sein. Dabei sollte Ihre Partnerin ein Kissen unter ihr Gesäß legen, damit ihre Hüften leicht angehoben werden und der Winkel stimmt, in dem sich die Vagina Ihrem Penis darbietet. Wenn Ihre Partnerin kein Kissen unterschiebt, könnten Sie einige Probleme haben, den Penis richtig und sicher einzuführen. Außerdem können Sie kaum sehr tief eindringen. (Wenn Sie aber einen zu langen Penis für die Vagina Ihrer Partnerin haben, ist es in dieser Position vorteilhaft, kein Kissen unterzulegen.)
Die Klitoris ist in dieser Stellung starker Reizung ausgesetzt, und der Penis wird dadurch, daß die Scheidenöffnung – verglichen mit manchen anderen Positionen – verhältnismäßig eng ist, sehr stark erregt. Mit einem untergelegten Kissen (es muß dick und prall sein, am besten nehmen Sie gleich zwei) wird Ihre Partnerin höchstwahrscheinlich stark stimuliert und sogar zu einzigartigen ekstatischen Höhepunkten geführt, weil ihre Bauchmuskeln und die Muskeln auf der Oberseite ihrer Schenkel leicht gestreckt sind. Jede Frau findet diese Position sehr angenehm.
Natürlich ist die Lage Ihrer Partnerin nur die halbe Stellung. Welche Position nehmen Sie ein, um in Ihre Partnerin einzudringen, die sich in der eben beschriebenen Position befindet?
Sie lassen sich auf Hände und Knie nieder. Die Knie sind zwischen den Schenkeln Ihrer Partnerin geschlossen, mit den Händen stützen Sie sich flach auf das Bett oder den Boden unmittelbar über ihren Schultern oder dicht neben ihren Oberarmen. (Eine kleine Variante, die manchen Paaren Freude macht, besteht darin, daß sich der Mann auf die Schultern der Frau aufstützt, aber dies kann für beide Partner sehr ermüdend sein und schränkt auch die Bewegungsfreiheit der Frau leicht ein.) Die Position wird besonders deshalb geschätzt, weil Sie dabei Ihr Körpergewicht nicht auf Ihre Partnerin legen, so daß sie sich ziemlich leicht bewegen und auf die Empfindungen konzentrieren kann, die Sie in ihrer Vagina erzeugen, statt die undeutlicheren Gefühle des auf ihrem

Körper lastenden Gewichtes zu spüren. (Sie kann auch freier atmen, was wichtig ist.) Wenn Sie sich auf diese Weise über Ihre Partnerin beugen, können Sie alle Vorgänge beobachten, ihren herrlichen Körper bewundern und ihre Bewegungen als Reaktion auf Ihr Tun feststellen. In dieser Position können Sie den Kopf senken, um Mund oder Gesicht Ihrer Partnerin zu küssen, und wenn Sie in ausgezeichneter Verfassung oder gar ein Athlet sind, genügt Ihnen eine Hand zum Abstützen des Körpers, und Sie haben die andere für Liebkosungen ihres Körpers frei. Außerdem kann Ihre Partnerin mit beiden Händen tun, was sie will. Sie kann Sie bei den Schultern oder am Gesäß packen und Ihnen dadurch signalisieren, wann Sie den Rhythmus ändern sollen. Oder sie faßt mit einer Hand an Ihre Hoden – was sie aber erst tun sollte, wenn sie Ihren Höhepunkt herbeiführen will, da solche Zärtlichkeiten während des Koitus fast sicher Ihren Orgasmus beschleunigen.
Sie können dabei fast jede Geschwindigkeit und jeden Rhythmus einhalten, außer unregelmäßigen Bewegungen, die möglicherweise dazu führen, daß ein nicht tief eingeführter Penis aus der Vagina herausrutscht. Dies kann besonders lästig sein im Augenblick des Höhepunktes, wenn Sie dazu neigen, in Ihren Bewegungen ruckartiger zu werden – und damit enden, daß Sie außerhalb Ihrer Partnerin ejakulieren, was Ihre Lust stark vermindert und Ihre Partnerin enttäuscht, da sie das herrliche Gefühl des zuckenden Penis und des warmen Flüssigkeitsstromes in ihrer Vagina vermißt. Achten Sie deshalb darauf, daß Sie bei Erreichen des Höhepunktes Ihre Bewegungen unter Kontrolle haben, falls Sie sich in dieser Position befinden.
Noch ein abschließendes Wort zu dieser Stellung: Sie werden vielleicht Schwierigkeiten haben, Ihren Penis in die Vagina einzuführen (obgleich das um so leichter wird, je dicker das Kissen ist), besonders wenn Sie verhältnismäßig unerfahren sind. Falls es Ihnen schwerfällt, den Penis das erstemal einzuführen, können entweder Sie oder Ihre Partnerin mit der Hand nachhelfen. Als Mann sind Sie vielleicht verlegen, wenn Ihre Partnerin das für Sie tut, aber das ist töricht. Viele Frauen finden es sehr erregend, ein voll erigiertes Glied in die Hand zu nehmen und in die Vagina zu schieben. Haben Sie also keine Hemmungen, sich von Ihrer Partnerin helfen zu lassen, wenn Sie irgendwelche Schwierigkeiten haben.

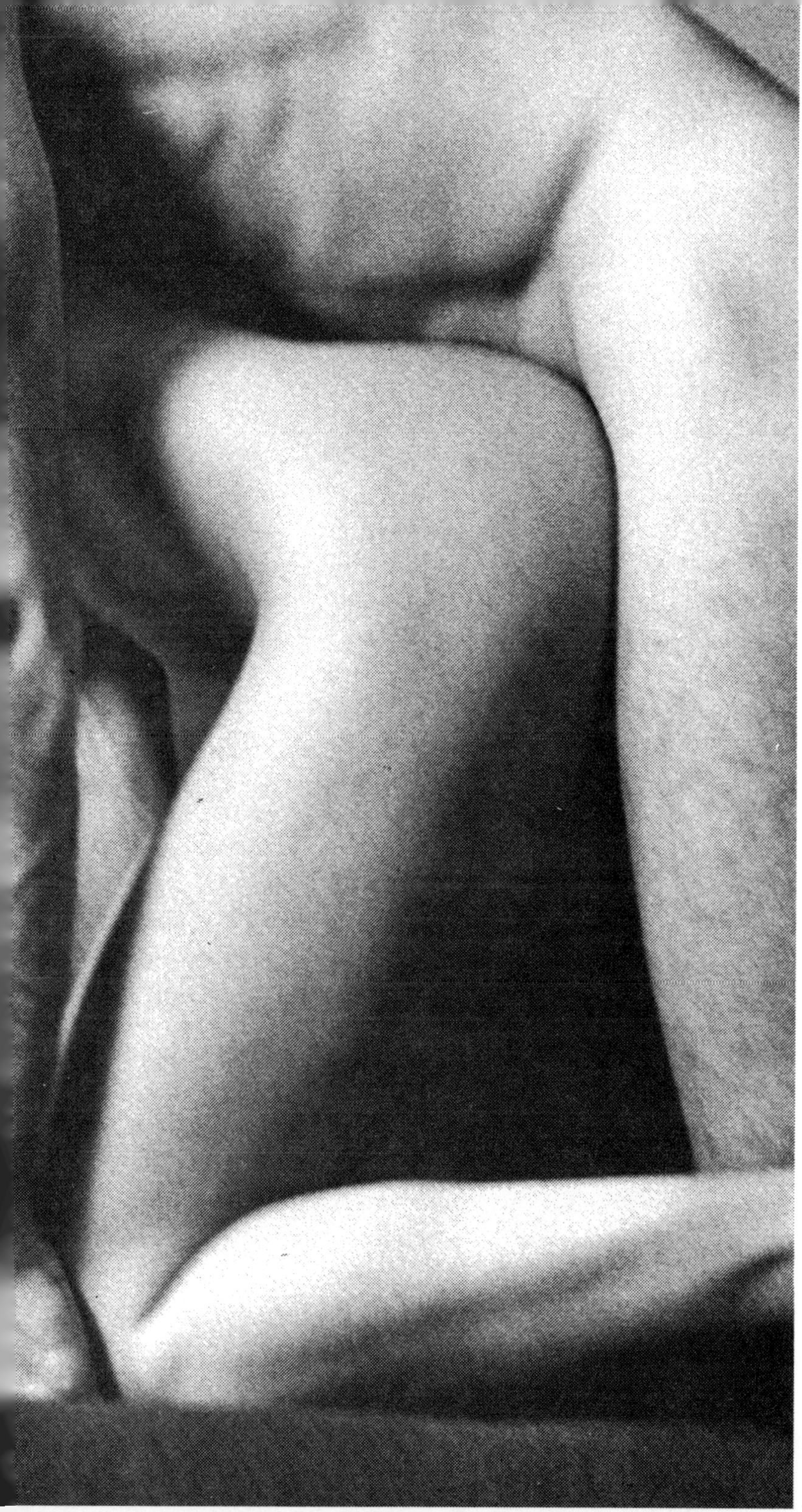

Position 2

In dieser Stellung nimmt die Frau dieselbe Position ein, wie sie eben beschrieben wurde: flach auf dem Rücken, mit etwas gespreizten, gestreckten Beinen, die Hände flach daneben. Wieder sollten ein oder zwei Kissen unter das Gesäß geschoben werden.

Im Unterschied zur vorhergehenden Stellung stützen Sie sich jetzt auf Ihre Arme und Knie, statt auf die Hände und Knie. So kommen nur Ihr Bauch und Ihre Brust auf den Körper Ihrer Partnerin zu liegen, und Sie befinden sich nicht vollständig über ihr. Dennoch sollten Sie auch dabei einen Teil Ihres Gewichtes mit den Armen und Knien abstützen, damit Sie sich nicht mit Ihrer ganzen Schwere auf Ihre Partnerin legen. Diese Position wird am einfachsten auf einem Bett ausgeführt; das ist besser als auf einer harten Unterlage wie etwa dem Boden. Das Bett fängt Ihr Gewicht teilweise ab und erlaubt so Ihrer Partnerin noch ein bißchen Bewegungsfreiheit. Auf dem Boden könnte die Frau regelrecht festgenagelt sein, so daß sie sich nicht zu rühren vermag – und sehr wahrscheinlich wird Ihr Körpergewicht, das auf ihr lastet, sie schmerzen und ihr den Genuß am Koitus verderben.

Durch die Berührung Ihres Körpers mit dem Ihrer Partnerin werden ihre Brüste gestreichelt, ihr Bauch wird durch die Bewegungen Ihres Bauches stimuliert, und ihre Lippen werden sich für alle möglichen Spiele finden. Sie können sich gegenseitig mit der Zunge liebkosen. Ihre Partnerin kann Sie mit dem Arm umfassen, wenn sie Sie näher an sich pressen will. (Diese Position erleichtert es ihr auch, Ihr Gesäß zu packen, falls sie das wünscht, wozu sie sich in der ersten Stellung etwas strecken müßte. Ist Ihr Körper allerdings sehr lang oder hat sie etwas kurze Arme, so ist es in beiden Positionen wahrscheinlich unmöglich.)

Mancher Frau macht der Koitus in dieser Position kein Vergnügen, weil sie Ihr Gewicht, das direkt auf ihr lastet, zu sehr stört – oder weil sie es nicht mag, so festgenagelt und an freier Bewegung gehindert zu sein. Andererseits gewinnen einige Frauen dadurch besondere Lust, daß sie sich so völlig vom Körper des Mannes beherrscht fühlen, und sie genießen die Stimulierung des ganzen Leibes und der Brüste. Zu welcher

Kategorie Ihre Partnerin zählt, müssen Sie selbst herausfinden. Wahrscheinlich wird ihr diese Position einmal gefallen, ein andermal wieder nicht. Vermutlich ist es in jedem Falle ratsam, zwischen dieser Position und anderen abzuwechseln. Sie können sich beispielsweise eine Zeitlang auf Hände und Knie stützen, um sich dann auf die Arme niederzulassen. Dadurch verändert sich unter anderem die Lage Ihres Penis in der Vagina Ihrer Partnerin leicht – ein Gefühl, das für Sie beide sehr lustvoll ist.
Die Stellung ist jedoch für beide Partner ermüdend, und man sollte auch noch aus einem anderen Grund während des Koitus zu einer neuen Position übergehen: Da Ihre beiden Körper dicht beieinander sind, werden Sie beide in Ihrer Bewegungsfreiheit etwas eingeengt. Rotierende Bewegungen sind schwierig und große Geschwindigkeiten fast ausgeschlossen. Trotz dieser Einschränkungen ist die Position jedoch für die meisten Paare sehr befriedigend und sollte unbedingt geprobt werden.

Position 3

Diese Position ist den Positionen 1 und 2 ähnlich, wenn auch nicht so bekannt. Ihre Partnerin legt das Gesäß an den Rand eines niedrigen Bettes, drückt den Rücken durch und hält sich mit den Händen an der Bettkante fest. Ihre Beine sind schräg nach unten gespreizt, die Knie leicht abgewinkelt, die Unterschenkel schräg zum Bett zurückgestellt. Mit den Zehen berührt sie den Boden, Kopf und Rücken liegen flach auf dem Bett. Es ist wichtig, daß das Gesäß Ihrer Partnerin auf dem Rand des Bettes aufliegt und nicht über dem Boden schwebt. Liegt das Gesäß zu tief, befindet sich die Vagina nicht in der richtigen Stellung, um den Penis einzuführen. Am besten werden die Beine so stark gespreizt, daß sich die Gesäßbacken anspannen.
Stärker noch als in den Positionen 1 und 2 sind hier die Bauchmuskeln Ihrer Partnerin und die Muskeln auf der Oberseite ihrer Schenkel angespannt. Durch das Hohlkreuz und die sanfte Kurve, die der Rumpf einnimmt (das Gesäß auf dem Bettrand, die Beine nach hinten zurück-

gebogen), bilden die angespannten Muskeln ein Instrument, das sofort auf jede Stimulation anspricht.
Sie werden sich vermutlich so aufstellen wollen, daß Sie sich auf Beinen und Armen abstützen können. (Ihre Arme liegen dabei auf dem Bett, die Füße stehen natürlich auf dem Boden.) Dadurch biegt sich Ihr Körper dem Körper Ihrer Partnerin entgegen, und Sie können ihn vor dem Koitus über ihren Körper gleiten lassen, um die Haut zu stimulieren und Ihre Partnerin zu erregen. Weil Ihr Penis in einem sehr spitzen Winkel in die Vagina eindringt, wird die Klitoris stark gereizt; Ihre Partnerin hat das Gefühl, daß ihre Vagina durch Ihren Penis gestreckt wird – was ihr ebenfalls ein starkes Lustgefühl verschafft. Sie können sicher sein, daß Ihre Partnerin Sie oft zu dieser Position ermuntern wird – vielleicht öfter, als Ihnen angenehm ist, weil Sie diese Stellung ziemlich ermüden kann.
In dieser Position ist Ihnen nur eine rotierende Bewegung möglich, kombiniert mit dem Vor-und-zurück, dem Hinein-und-heraus. In Geschwindigkeit und Rhythmus werden Sie hauptsächlich dadurch eingeschränkt, daß Sie von Ihrer Partnerin abgleiten, wenn Sie zu schnell sind – oder wenn der Boden, auf dem Sie stehen, besonders rutschig ist. Vielleicht umfaßt Sie Ihre Partnerin mit den Händen am Bauch oder den Hüften, wenn Sie den Koitus ausüben.

Position 4

Dies ist eine weitverbreitete Position; man kann sie vielleicht als die Standardposition der Frauen in aller Welt bezeichnen. Für viele, viele Paare, die jedes sexuelle Experimentieren als «pervers» betrachten, ist sie sogar die einzige Stellung. Halten Sie sie aber deshalb nicht für zu alltäglich, als daß Sie sie anwenden möchten. Zwar ist es dumm, wenn man sich beim Koitus ganz und gar darauf beschränkt, aber andererseits ist es ebenso töricht, diese Position ganz außer acht zu lassen.
Die Frau liegt dabei flach auf dem Rücken, die Arme seitwärts angelegt, die Schenkel gespreizt, die Knie hochgestellt. (Wie Sie sehen, besteht der einzige Unterschied zwischen dieser Position und der Position 1 und

2 darin, daß die Knie hochgestellt sind. Natürlich gibt es zwischen ausgestreckten und hochgestellten Knien Dutzende von Variationen.) Wenn Sie wollen, können Sie ihr ein Kissen unters Gesäß legen, um ein leichteres Eindringen des Penis zu ermöglichen, aber das Kissen ist hier nicht so nötig wie in den anderen Positionen. Das Hochheben der Knie bringt die Vagina in eine verhältnismäßig günstige Lage; wenn das Bett nicht sehr weich ist und unter den Gesäßbacken der Frau nicht nachgibt, ist das Kissen eigentlich überflüssig.

Der Mann kniet zwischen den Schenkeln der Frau und stützt sich auf Arme und Knie – oder auf Hände und Knie. (Es ist ähnlich wie bei den Positionen 1 und 2, aber Sie brauchen sich weniger Gedanken zu machen, daß Sie Ihre Partnerin durch Ihr Körpergewicht zu sehr zusammendrücken, selbst wenn Sie in der tieferen – und beliebteren – Stellung bleiben. Sie müssen nur die Knie zusammenhalten; denn wenn Sie sie öffnen, lastet Ihr ganzer Körper schwerer auf der Partnerin, und Sie könnten ihr wehtun oder ihre Lust durch mangelnde Bewegungsfreiheit dämpfen. Vereinigen Sie sich auf einer harten Fläche, beispielsweise auf dem Boden, hat es Ihre Partnerin wahrscheinlich lieber, wenn Sie sich auf die Hände und nicht auf die Arme stützen.)

Frauen lieben diese Position, weil sie bequem ist und ihnen die völlige Freiheit ihrer Hände gewährt, um Rücken, Gesäß und Schenkel des Partners zu liebkosen. Nach Wunsch kann Ihre Partnerin ihre Beine um Ihre Ober- oder Unterschenkel schlingen, sich an Ihrer Haut reiben, um Sie noch mehr zu stimulieren und zu reizen. Wenn Ihr Penis eingedrungen ist, kann sie ihrerseits viele erregende Gefühle empfangen, indem sie sehr subtile Bewegungen ausführt oder ihre Schenkel abbiegt.

In dieser Position können Sie jede beliebige sexuelle Bewegung in jeder gewünschten Geschwindigkeit und in jedem Rhythmus ausführen – und Ihre Partnerin hat dieselben Möglichkeiten. Sie können den Penis verhältnismäßig tief einführen oder auch nur flach und leicht, indem Sie Ihr Gesäß von der Partnerin wegziehen.

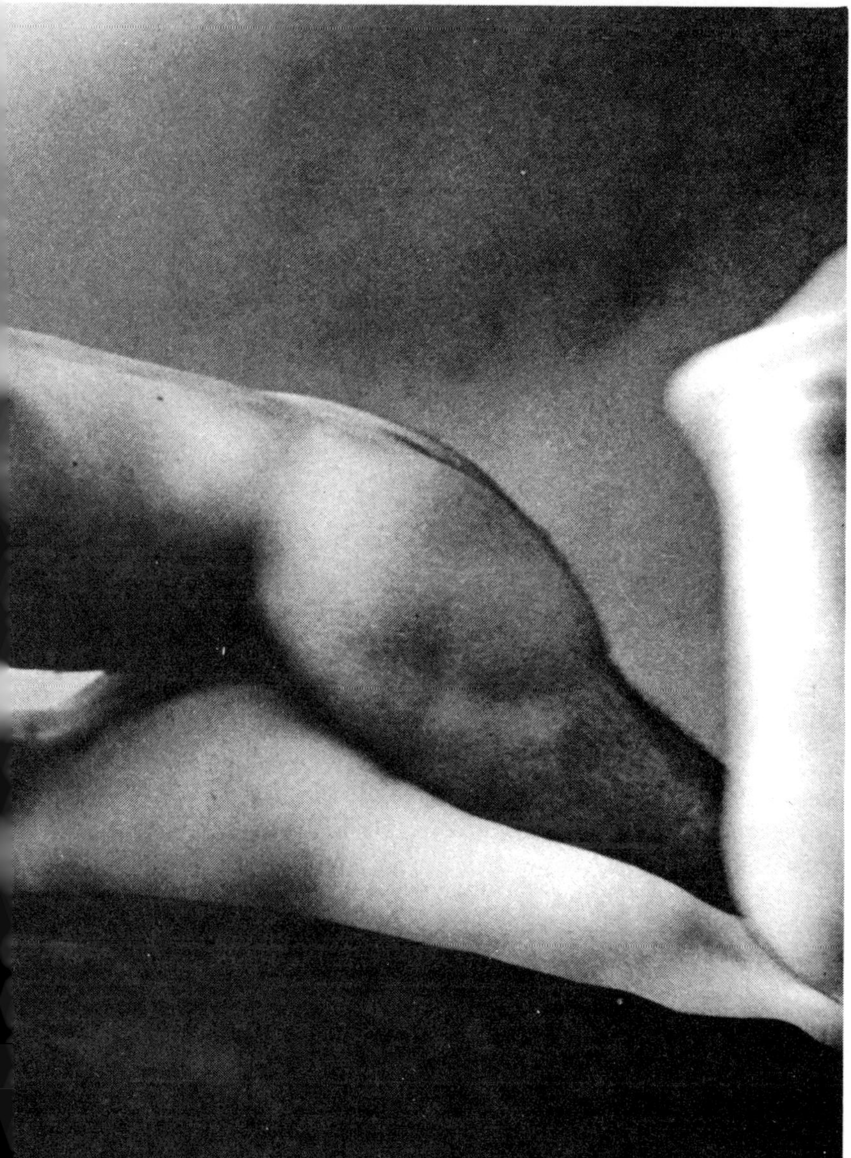

Position 5

Diese Position ist wohl der absolute Höhepunkt – die Lieblingsstellung aller, die sie kennen –, obgleich viele Paare niemals darauf gekommen sind, sie auszuprobieren. Dabei ist sie wirklich ganz einfach, und es lohnt sich, sie einmal zu versuchen.

Legen Sie Ihre Partnerin adlerförmig auf das Bett, mit weitgespreizten Armen und Beinen, die Beine flach ausgestreckt. Wie bei vielen anderen Positionen kann man auch hier wieder ein Kissen unter ihr Gesäß schieben. Jetzt beugen Sie sich über sie, stützen sich auf Hände (oder Arme) und Knie, die Schenkel dicht geschlossen. Nach diesen Vorbereitungen führen Sie Ihren Penis in ihre Vagina ein, und zwar so tief wie möglich. Dann soll sie ihre Beine schließen – langsam, damit der Penis an Ort und Stelle bleibt. Sie sollte die Schenkel so fest aneinanderpressen, daß die Knöchel sich berühren, ebenso die Waden und die Oberschenkel, die Ihre Genitalien einschließen. Dabei rutschen Sie mit den Knien nach unten, strecken die Beine aus und legen sie auf die Ihrer Partnerin. Die Knie halten Sie dicht geschlossen. Jetzt ruhen Ihre Beine geschlossen auf den ihren, die ebenfalls dicht nebeneinander liegen. Ihre Genitalien sind zwischen ihre Oberschenkel eingeklemmt. Der Penis wird festgehalten, was für Sie ein sehr stimulierendes Gefühl ist. Ein Teil Ihres Penis befindet sich noch in der Vagina, die Ihr Organ fest umschließt, da die Vaginalwände ja durch die Beine Ihrer Partnerin zusammengepreßt werden; der andere Teil des Penisschaftes wird – ebenso fest – durch die zusammengepreßten Schenkel Ihrer Partnerin gehalten. Sie werden feststellen, daß Sie in dieser Position, in der die Beine Ihrer Partnerin eng aneinanderliegen, nicht tief in sie eindringen können. Infolgedessen sind keine scharfen oder raschen Bewegungen möglich, sondern nur sehr zarte, die durch langsames und gleichmäßiges Zusammenziehen und Entspannen Ihrer Muskeln zustande kommen. Trotz dieser Einschränkung werden beide Teile bei dieser Position großes Vergnügen und starke Erregung empfinden. Außerdem bietet diese Stellung noch einen anderen Vorteil. Ob es Ihnen gefällt oder nicht, es gibt unweigerlich Zeiten, in denen Ihr Penis nicht gerade hart wie ein Fels ist. Dann erweist sich diese Position als sehr nützlich, weil

dadurch Ihr Glied so lang wie möglich hart bleibt. Die Stellung ist jedoch so lustbringend, daß Sie nicht erst eine unzureichende Erektion abwarten sollten, um sie auszuprobieren; sie ist nämlich noch aufregender, wenn Ihr Penis vollkommen erigiert ist.
Wie bei den meisten Positionen, bei denen die Partnerin auf dem Rücken liegt, hat sie auch hier beide Hände frei, um Ihnen den Rücken und das Gesäß zärtlich zu streicheln. Das langsame Tempo, das diese Position erfordert, macht das prickelnde Abtasten für beide Teile besonders lustvoll.

Position 6

Diese Stellung bringt eine Abwandlung von Position 4, hat aber ihren eigenen Reiz. Lassen Sie dazu Ihre Partnerin sich auf den Rücken legen, und zwar auf einem Bett, denn auf einer harten Unterlage wäre die Position nicht sonderlich bequem. Die Oberschenkel der Partnerin sollten gespreizt sein, die Knie fast bis zu den Brüsten angezogen – soweit es ohne Schmerzen geht. Ihre Füße befinden sich dabei seitlich über den Gesäßbacken, die vollständig von der Bettoberfläche abgehoben werden. Sie stützen sich auf Händen und Knien über ihr ab. Führen Sie Ihren Penis nun so weit wie möglich in die Vagina ein. Sie dringen sehr tief ein, da die Scheidenöffnung außerordentlich weit auseinandergezogen ist, bereit, sich von Ihrem Glied vollkommen erobern zu lassen. Ihr Penis wird bis zum Uterus eindringen und Ihrer Partnerin unzählige intensive Lustgefühle vermitteln. (Ihre Partnerin hat den Eindruck, als sei Ihr Penis länger als sonst, in Wirklichkeit wird durch diese Position aber die Vagina verkürzt. Auf jeden Fall müssen Sie behutsam eindringen; ein hartes, scharfes Zustoßen könnte wehtun.)
Normalerweise sind ihre Knie etwa dreißig Zentimeter von den Brüsten entfernt; veranlassen Sie sie, die Knie leicht zu heben und zu senken. Das verursacht eine Reibung, die für Ihren Penis eine zusätzliche Stimulierung bedeutet. Auch für Ihre Partnerin entsteht dadurch ein besonders lustvolles Gefühl.
Fast jeder Rhythmus, jedes Tempo und alle Formen sexueller Bewegung

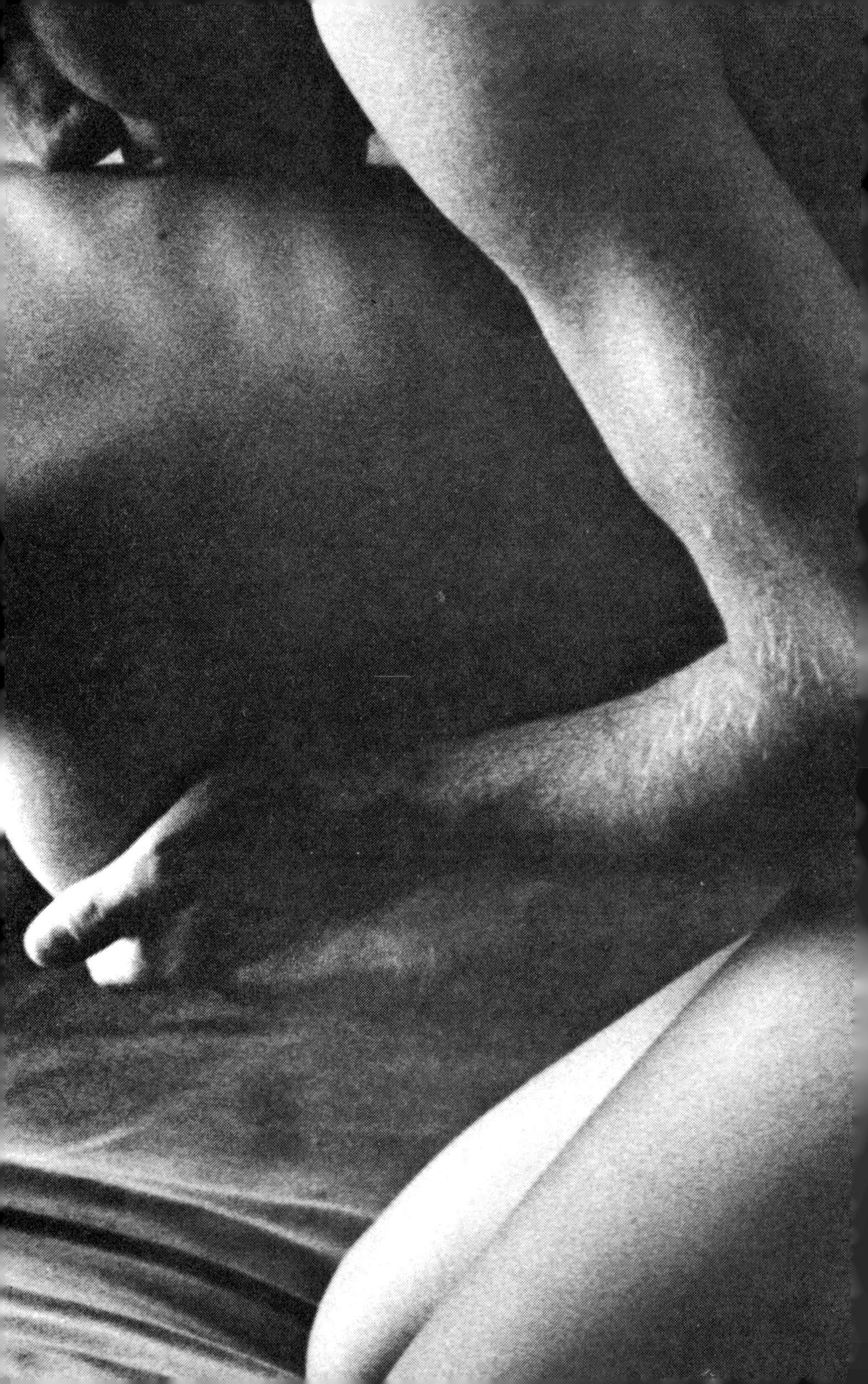

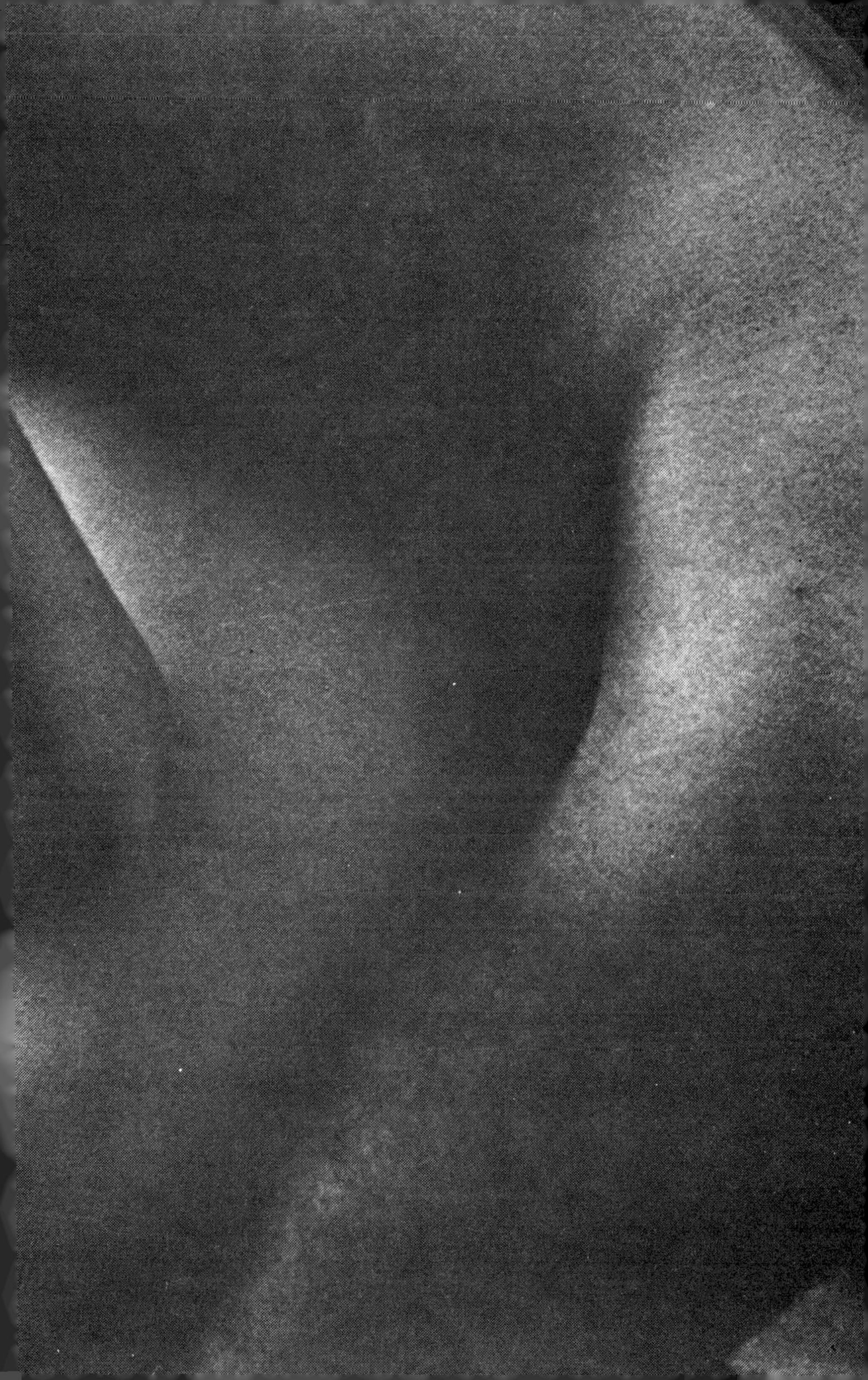

sind in dieser Position möglich, nur muß man aufpassen und darf sich nicht zu heftig bewegen, damit man der Partnerin keinen Schmerz bereitet. Und achten Sie darauf, daß die Vagina Ihrer Partnerin keine störenden Reize erfährt, denn sie sind in dieser Position besonders stark spürbar.

Position 7

Wieder legt sich Ihre Partnerin auf den Rücken, entweder auf ein Bett, eine Couch oder auf den Boden. Diesmal soll sie ihre Beine senkrecht hochheben, Ihre Hüften damit umschlingen und die Fußgelenke hinter Ihnen verschränken. Sie stützen sich natürlich auf Arme und Knie. In dieser Position sind Sie sich sehr nahe, und Sie werden feststellen, daß Sie in Ihren Bewegungen etwas eingeschränkt sind. Wahrscheinlich ist mit Geschwindigkeit nichts zu erreichen – aber diese Stellung ist so intim, daß Sie gar nicht nach rascher Bewegung verlangen. Sie werden sowieso beide nicht in der Lage sein, sich gegeneinander zu bewegen, da Ihre Körper eng miteinander verbunden sind. Dies ist jedoch kein Nachteil, sondern Sinn und Zweck dieser Position: besonders für eine junge, unerfahrene Frau ist diese Stellung nützlich, da sie hier lernen kann, ihre Bewegungen mit den Ihren zu koordinieren. Sie spürt Ihr Tempo und kann so sehr rasch die Technik erfassen. Wie beim Tanzen werden Sie sie mit Ihrem Körper führen. Mit Ihren Hüften kontrollieren Sie die Bewegungen ihrer Beine – und da der Oberschenkelknochen mit dem Hüftknochen verbunden ist, werden ihre Hüften diese Bewegungen nachvollziehen.

Auch vielen erfahrenen Paaren macht diese Position Spaß, selbst wenn sie es nicht nötig haben, etwas zu lernen oder sich aufeinander abzustimmen. Sie genießen lediglich das Gefühl ihrer Körper, die so vollkommen und eng miteinander verbunden sind. Überdies erfreut es auch die Frau, ihren Mann so innig umschlungen zu halten – während sich der Mann ganz und gar in den Leib seiner Partnerin versenken kann.

Position 8

Hier haben wir es mit einer leichten Abwandlung von Position 7 zu tun. Statt daß Ihre Partnerin die Beine um Ihre Hüften schlingt, umfaßt sie Ihre Beine, wobei sie die Fußgelenke nicht verschränkt. Vielmehr werden die Knöchel auf die obere Innenseite Ihrer Waden gesetzt. Auf diese Weise preßt sie Ihren Unterleib nicht zu stark zusammen, und Sie haben bei Ihren sexuellen Bewegungen etwas mehr Freiheit – wenn Sie auch etwas beengter sind als in den meisten anderen Stellungen. Sie können sich auf Arme und Knie stützen, aber es ist besser, wenn Sie Ihren Körper von dem der Partnerin abheben, so daß nicht so viel Gewicht auf ihr lastet.
Wenn Sie gerade erst mit gegenläufigen Bewegungen angefangen haben (z. B. Sie bewegen sich auf und ab, während Ihre Partnerin die Hüften kreisen läßt), können Sie die Technik in dieser Position ausbauen, weil Sie sich dabei gut aufeinander abzustimmen vermögen.

Position 9

Auch dies ist eine Variation von Position 7. Anstatt die Beine hochzuheben, beugt Ihre Partnerin die Knie ab. Sie umschließt also nicht Ihre Hüften (oder die Schenkel wie in Position 8), sondern Ihre Brust oder den Hals. Sie stützen sich dabei wieder mit Händen und Knien auf. Bei den meisten Stellungen, in denen die Frau auf dem Rücken liegt, spielt Geschmeidigkeit oder Kraft keine große Rolle, aber in dieser Position ist sie wichtig. Je geschmeidiger und beweglicher die Frau ist, desto mehr Bewegungsfreiheit hat sie, wenn sie ihre Beine um Ihren Hals schlingt. Eine etwas weniger wendige Frau muß sich darauf beschränken, Ihre Brust an sich zu pressen – sie wird dann vermutlich nicht so viele sexuelle Bewegungen ausführen können. Trotzdem ist diese Stellung sehr lustvoll. Allerdings führt die größere Beweglichkeit einer geschmeidigen, gymnastisch geübten Frau in dieser Stellung zu einer wilden, leidenschaftlichen Verbindung mit wahrhaft ekstatischen Gefühlen. Diese Position ist deshalb besonders bei sportlichen Paaren außerordentlich beliebt.

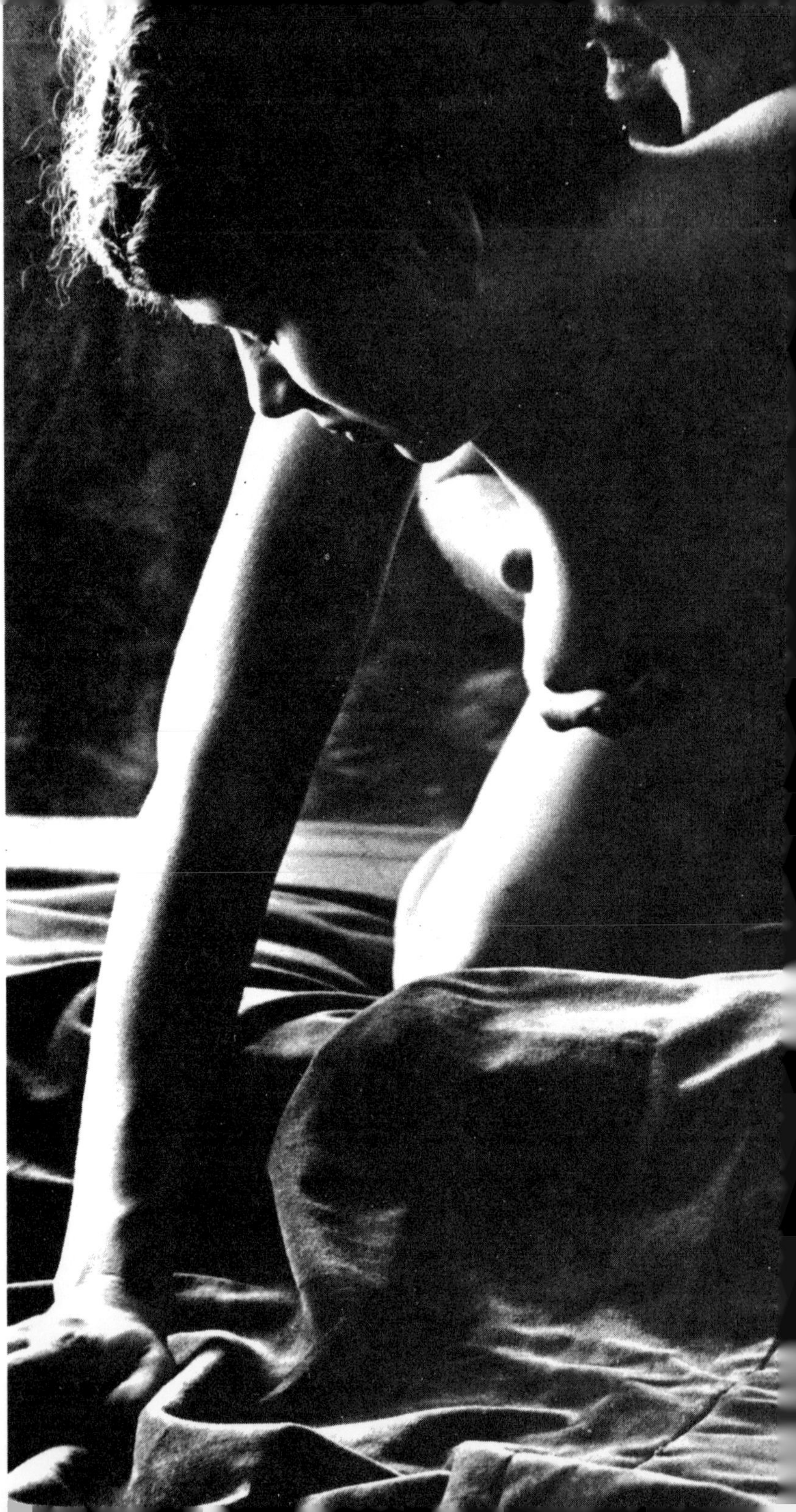

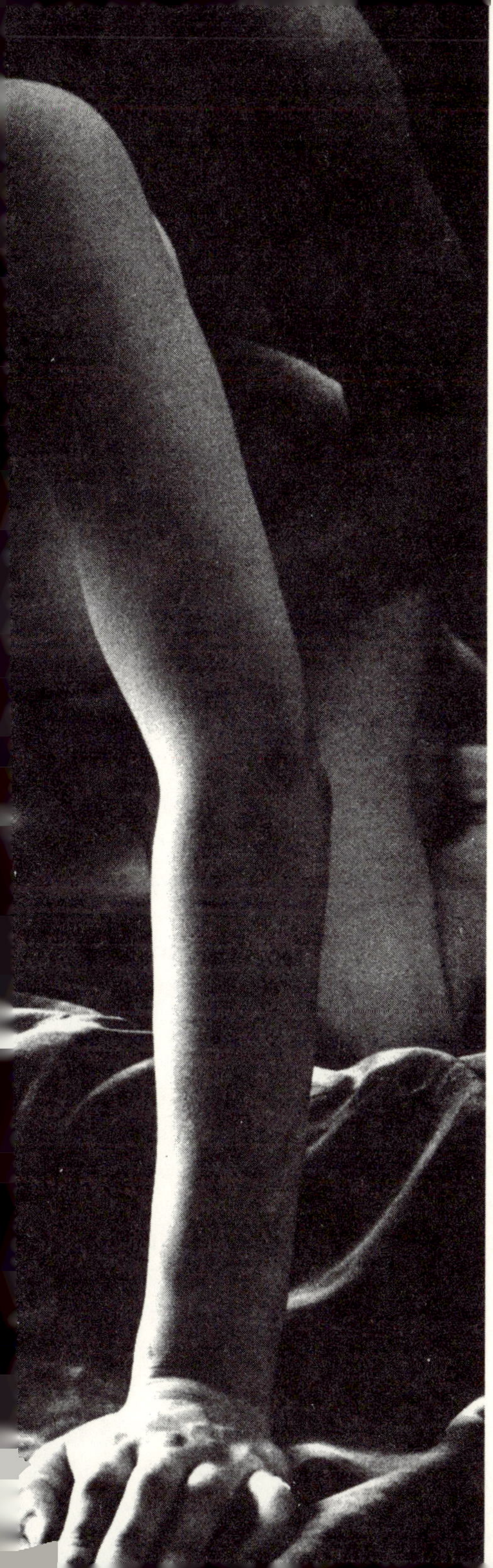

Einer der interessantesten Aspekte ist dabei die Leichtigkeit, mit der sich die verschiedensten Abwandlungen erreichen lassen – die Positionen 10 und 11, die nachfolgend beschrieben werden – und die ein höchst erregendes Beisammensein ermöglichen.

Position 10

Aus Position 9 kann man in Position 10 gleiten. Dazu muß die Partnerin die Hüften entweder nach rechts oder links abrollen, wobei Sie weiterhin zwischen ihren Beinen festgehalten werden. Während Sie dem Stellungswechsel teilweise folgen, bleiben Ihre Knie auf dem Bett oder dem Boden, so daß Ihr Körper leicht gedreht ist. In dieser neuen Position werden Sie ein etwas anderes Gefühl haben, weil Ihr Penis nun nicht in derselben Lage wie vorher in der Scheide Ihrer Partnerin steckt. Wenn Ihre Partnerin etwas mollig ist, empfindet sie diese Position als bequemer.

Position 11

In dieser Position liegt die Frau auf dem Rücken, die Beine nach oben gestreckt wie in Position 7. Der Mann stützt sich jedoch nicht auf die Arme und Knie, sondern richtet sich statt dessen auf den Knien auf, den Körper gerade, parallel zu den hochgestreckten Beinen der Partnerin und im rechten Winkel zu ihrem Körper. Sie liegen dabei nicht über dem Körper Ihrer Partnerin, sondern knien vor ihrer Genitalzone.
Sie können sich nun ihrem Körper auf verschiedene Weise nähern, je nach Ihrer Körpergröße und der Länge Ihrer Beine. Sie kann ihre Beine um Ihren Hals schlingen oder ihre Fersen an Ihren Schultern einhängen, oder Sie können ihre Beine oder Füße mit den Händen halten. Auf jeden Fall ist es in dieser Position angebracht, Ihrer Partnerin ein Kissen unterzulegen.
Manche Paare beginnen den Koitus in dieser Position, aber die meisten finden es besser, aus der Position 9 in diese Stellung überzuwechseln. Sie haben in dieser Position alle Möglichkeiten, sich rasch oder langsam zu bewegen, hinein und heraus oder im Kreis sowie in jeder beliebigen

Kombination. Ihr Blick kann dabei den Körper Ihrer Partnerin in sich aufnehmen – oder aber Sie schauen zu, wie sich Ihr Penis in der Vagina bewegt. Da Sie in dieser Stellung nicht in engem Kontakt mit dem Körper Ihrer Partnerin sind, empfiehlt sich diese Position besonders für heiße Sommertage, wenn die meisten Paare der Meinung sind, daß es dafür an sich «viel zu heiß» sei.

Position 12

In dieser Position liegt Ihre Partnerin auf dem Rücken, das rechte Bein im Knie abgewinkelt, das Knie des linken Beins stark angezogen, abgeknickt und auf die Seite gelegt. Die Vagina ist jetzt weit geöffnet, und da ihr linkes Bein scharf hochgezogen ist und auf der Seite liegt, kann Ihre Partnerin große Lust empfangen. Nehmen Sie die Chance wahr!

Sie selbst können fast jede Grundstellung einnehmen. Achten Sie nur darauf, daß Ihre Partnerin das linke Knie dicht an den Körper heranzieht und flach auf dem Bett liegen läßt. (Da Sie in dieser Stellung wahrscheinlich sehr fest in Ihre Partnerin hineinstoßen werden, mag sie bestimmt keine harte Unterlage; bleiben Sie also lieber auf dem Bett oder dem Sofa.) Damit ihr linkes Knie eng angewinkelt bleibt, kann es Ihre Partnerin zur Unterstützung mit der linken Hand festhalten.

Wenn Sie experimentieren wollen – und warum sollten Sie nicht? –, können Sie versuchen, sich Ihrer Partnerin zu nähern, indem Sie Ihr rechtes Bein im Knie scharf abknicken, so daß Sie mit der Ferse das Gesäß berühren. Das linke Bein strecken Sie aus und stützen Ihr Gewicht auf die Ellbogen. Stoßen Sie zu und dringen Sie ein.

Da diese Position die Vagina erweitert, ist für Sie eine kreisende, schraubenförmige Bewegung anstelle des einfachen Auf-und-ab vielleicht genüßlicher. Sie können Ihr Körpergewicht auch leicht von links nach rechts verlagern, um den Winkel zu verändern, den Ihr Penis mit der Vagina bildet. Im allgemeinen sind diese Bewegungen besonders bei Positionen, durch die die Vagina gedehnt wird, zu empfehlen, weil dadurch die bessere Zugänglichkeit zu verschiedenen Zonen der Vaginalwände voll ausgenutzt wird.

Auch einen kräftigen Stoß sollte man versuchen, obgleich natürlich langsamere Bewegungen möglich sind und fast jeder Frau mehr gefallen.

Position 13

Dabei soll sich Ihre Partnerin auf den Rücken legen, mit einem Kissen unter dem Gesäß oder dem Rückenende. Das rechte Bein befindet sich in der üblichen Lage und ist im Knie abgewinkelt, das linke Bein hat sie fest an sich gezogen und ebenfalls im Knie scharf abgeknickt, als wollte sie einen Fußball kicken.

Im Grunde bietet diese Position außer der möglichen Abwechslung nichts Besonderes.

Sie können sich Ihrer Partnerin in jeder üblichen Stellung nähern. Wenn Sie es wünschen, kann sie ihr linkes Bein teilweise um Ihren Leib oder Hals schlingen. Oder Sie verlagern fast Ihr ganzes Körpergewicht auf das linke Knie und den linken Arm (oder die linke Hand) und haben so die rechte Hand frei, um die Klitoris oder den After Ihrer Partnerin zu reizen, während Ihr Penis, den Sie gar nicht oder nur sehr langsam und sanft bewegen, in ihr steckt.

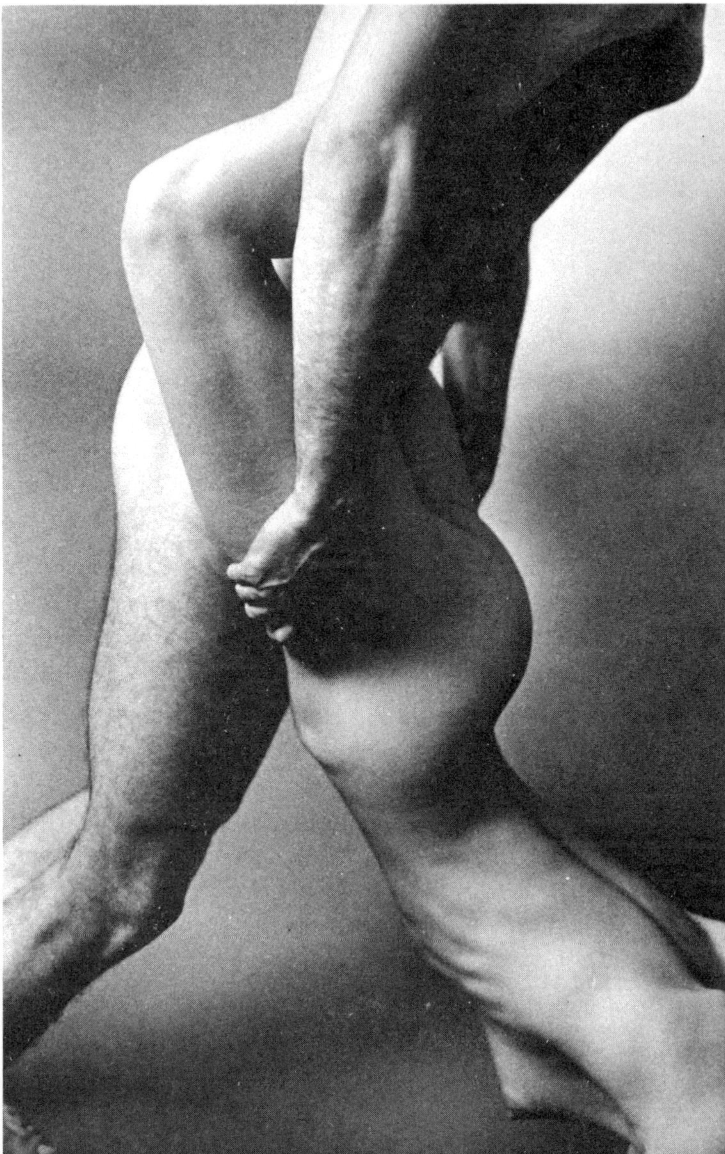

Der Mann in Rückenlage

Bei allen in Kapitel 7 beschriebenen Koituspositionen lag die Frau auf dem Rücken und der Mann auf ihr. Viele Paare versuchen zeitlebens nicht mehr als zwei oder drei der dreizehn geschilderten Positionen, bei denen die Frau auf dem Rücken liegt. Und noch weniger Paare probieren eine der zahlreichen Stellungen aus, bei denen die Frau nicht die Rückenlage einnimmt. Das ist ausgesprochen töricht.

Es ist weder pervers noch anomal, die verschiedensten Positionen auszuprobieren – und auf jeden Fall weit besser, als Sex langweilig werden zu lassen.

Traditionsgemäß werden die Positionen, bei denen der Mann auf dem Rücken liegt, von vielen Völkern abgelehnt. Der Grund dafür ist darin zu suchen, daß man es als Symbol für die Herrschaft der Frauen über die Männer betrachtet hat, wenn die Frau oben ist. Nun, es steht jedem frei, einer Koitusposition eine symbolische Bedeutung anzudichten – aber Sie sollten sich darüber im klaren sein, daß dies nur Ihre persönliche Meinung ist, geformt durch Ängste, Befürchtungen, Unsicherheiten und Zweifel. Wenn Sie diese Meinung vertreten – und Ihnen Koitusstellungen, in denen Ihre Partnerin über Ihnen liegt, zuwider sind –, dann sollten Sie natürlich nicht versuchen, sich vor Ihren Gefühlen zu verstecken oder Ihre Empfindungen zu unterdrücken. Es hat keinen Zweck, sich zwingen zu wollen, Sex in einer bestimmten Position zu genießen, wenn Ihnen diese Position aus irgendeinem Grund keinen Spaß macht. Versuchen Sie es gar nicht, wenn Sie dadurch riskieren, Ihrer Partnerin alles zu verderben, sich Tage und Wochen danach zu hassen oder sich schon beim Gedanken an Sex zu ekeln.

Wenn Sie zu Positionen, in denen der Mann sich auf den Rücken legt, eine solche Einstellung haben, müssen Sie sich überlegen, ob Sie daran nichts ändern können. Bedenken Sie jedoch, daß Ihr persönlicher Geschmack dabei eine Rolle spielt. Ein Koitus, bei dem die Frau über dem Mann ist, ist an sich nichts Unrechtes. Möglicherweise symbolisiert allerdings eine solche Position *in Ihren Augen* die Herrschaft der Frau;

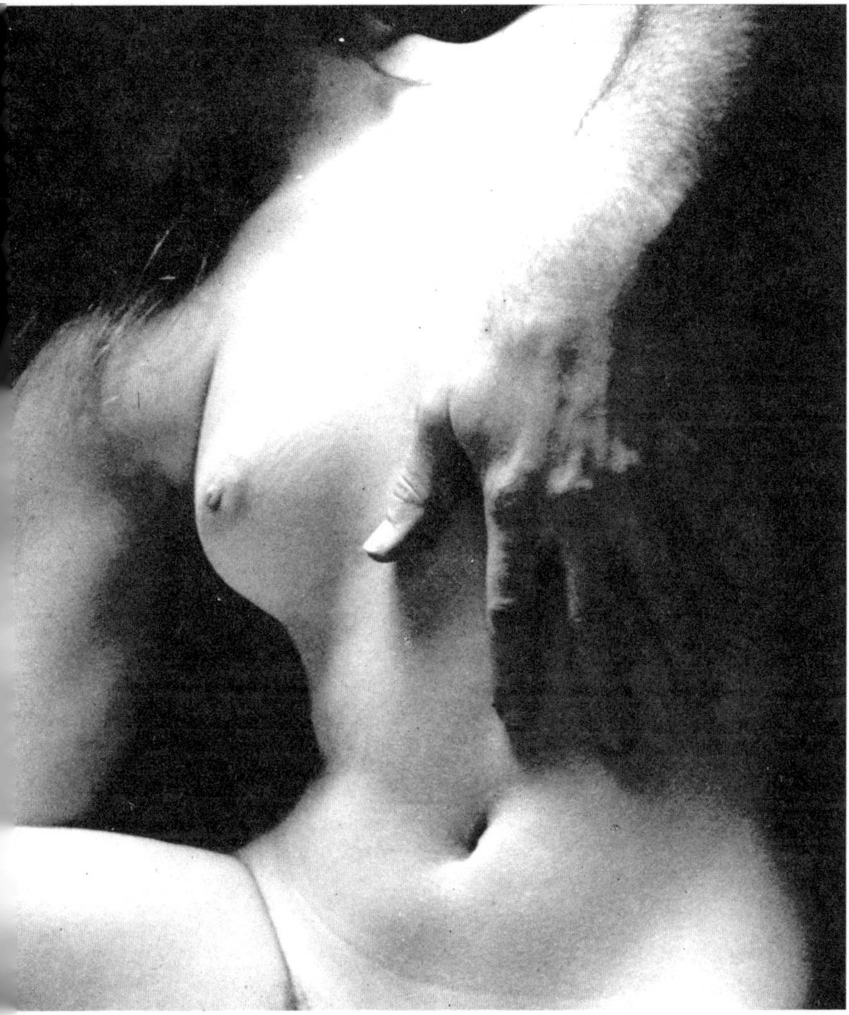

in Wirklichkeit ist sie ganz legitim und nur eines der Mittel zu erfolgreichem Sex. Ob Sie Ihre Hemmungen überwinden können oder nicht, eines sollten Sie jedenfalls nicht übersehen: Sexualkraft beruht zum größten Teil darauf, daß man Hemmungen über Bord wirft.

Wenn die Positionen, in denen der Mann sich in Rückenlage befindet, tatsächlich der Frau die dominierende Rolle einräumen würden, wären Sie in dieser Stellung ja gefangen – so wie die Frau oft in Koituspositionen gefesselt ist, in denen sich der Mann auf ihr befindet. Das ist natürlich nicht der Fall, denn Sie können sich auf die Seite rollen und jederzeit wieder oben sein.

Nun könnte es sein, daß Sie selbst zwar nichts gegen diese Positionen einzuwenden haben, aber Ihre Partnerin befürchtet, daß Ihre Männlichkeit beeinträchtigt würde, wenn sie oben ist. Hat Ihre Partnerin solche Hemmungen, dann sollten Sie ihr jedenfalls sorgfältig erklären, wie es sich wirklich verhält.

Einige dieser Positionen sind für die Frau ziemlich schwierig, einfach, weil sie unbequem sind und ihre Muskeln schon bald zum Zerreißen spannen. Das ist keine gute Voraussetzung für befriedigenden Sex! Ihre Partnerin wird dann nämlich stark zu Positionen neigen, bei denen sie es am bequemsten hat. Nun mag sie zwar insofern die dominierende Rolle übernehmen, als sie rein körperlich über Ihnen ist, aber Sie können ihr dabei zeigen, wer wirklich die Kontrolle ausübt, wer in Wirklichkeit Herr der Lage ist.

Als Jungvermählter sollten Sie folgendes beachten: Dulden Sie niemals Muskelschwäche bei Ihrer Frau. Wenn ihr alles wehtut, sobald sie mit sexueller Aktivität beginnt, dann ist dies ein deutliches Zeichen dafür, daß sie ein zu bequemes Leben führt. Glaubt Ihre Frau, Sex sei nur schön, wenn sie sich faul auf den Rücken legen kann, dann sollten Sie schleunigst für Abhilfe sorgen. Wenn ihre Bequemlichkeit aus irgendeinem Grund Ihr Vergnügen stört, so müssen Sie das abstellen – und zwar rasch!

Bei den Positionen, in denen der Mann auf dem Rücken liegt, haben wir zunächst auf die Vorteile der Abwechslung hingewiesen. Und das ist das Wichtigste – wichtiger als alles andere. Es gibt jedoch noch einige Gesichtspunkte, die Sie vielleicht nicht außer acht lassen und an die Sie

denken sollten, wenn Sie Ihre Positionen für den Koitus wählen.
Neben der Abwechslung bietet die Rückenlage dem Mann Gelegenheit, sich auszuruhen. Es bedarf nur geringer Anstrengungen Ihrerseits, Sie können es sich bequem machen, während Sie sich auf die bevorstehenden größeren Dinge vorbereiten. Die Stellung ist auch dann angebracht, wenn Sie zu müde sind, um eine sehr aktive, energische Rolle spielen zu können – nach einem anstrengenden Arbeitstag oder nach mehrmaligem Koitus mit Ihnen oben –, Sie beide aber noch eine Runde (oder *noch* eine) wagen wollen.

Die Positionen mit dem Mann in Rückenlage (oder zumindest einige davon) empfehlen sich ferner, wenn Sie oder Ihre Frau besonders korpulent sind.

Es gibt jedoch noch andere, wichtigere Vorteile:

Nehmen wir zunächst den Fall, daß Ihre Partnerin ziemlich unerfahren und vielleicht durch eine gewisse Schüchternheit und sexuelle Unsicherheit gehemmt ist. Möglicherweise wird ihr Zaudern oder ihre Geziertheit dadurch behoben, daß Sie sie in eine Stellung physischer Überlegenheit bringen. Jede der folgenden Positionen wird sie wesentlich dazu ermutigen, Sie gründlich zu erkunden und ihr sexuelles Selbstvertrauen aufzubauen. Wenn sie unter Ihnen liegt, kann sie das Gefühl haben, Sie täten ihr etwas an – statt etwas mit ihr zu tun –, und sie kann sich seelisch vor ihrer eigenen Sexualität und ihren sexuellen Trieben verstecken. Oben werden ihr ihre sexuellen Triebe jedoch offenbar. Wenn sie nicht nur einfach dasitzt – und welche Frau, die einen Penis in sich hat, wird nur so dasitzen! –, muß sie sich sexuell betätigen und dadurch alles Zögern und alle Schüchternheit überwinden.

Andererseits gibt die Frau, wenn sie oben ist, das ihr gemäße Tempo an und kontrolliert so die Intensität ihrer Genitalstimulation. Beide Teile können dadurch herausfinden, welches Tempo und welcher Rhythmus ihr am besten paßt. Die Positionen, in denen die Frau auf Ihnen sitzt, geben Ihrer Partnerin die Möglichkeit, selbst zu forschen und zu entdecken, welche Vaginalstimulation für sie am wirkungsvollsten ist. Sie beide erfahren so, was ihr am besten bekommt. (Ist Ihre Partnerin in sexuellen Dingen ziemlich erfahren, so kann sie Ihnen in dieser Position auch genau zeigen, was sie von Ihnen wünscht.)

Natürlich besteht der erste Schritt, Ihrer Partnerin volle sexuelle Befriedigung zu schenken, darin, daß Sie Ihre Neigung zu einem raschen Höhepunkt unter Kontrolle bekommen. Aber ebenso wichtig ist es – obgleich Sie dies erst erreichen, wenn Sie den Klimax in gewissem Maße steuern können –, daß Sie beide herausfinden, wie Ihre Partnerin zu umfassender sexueller Stimulation, vollkommener sexueller Befriedigung und höchster Ekstase gebracht werden kann.

Ein Gesichtspunkt der Positionen, bei denen der Mann auf dem Rücken liegt, ist wichtiger als alle anderen zusammen: Wenn Ihre Partnerin oben ist, leitet sie die Bewegung und Geschwindigkeit entsprechend ihren Bedürfnissen und kann so weitgehend die Richtung des Penis in ihrer Vagina steuern – damit er genau «die richtige Stelle» trifft. Sie kommt dadurch gewöhnlich viel rascher zum Orgasmus als in anderen Stellungen. Da Sie sich in dieser Position verhältnismäßig gut entspannen, ohne viel Kraft auf sexuelle Bewegungen aufwenden zu müssen, können Sie sich ganz darauf konzentrieren, Ihren Höhepunkt so lange zurückzuhalten, bis Ihre Partnerin soweit ist – oder kurz davor. Überdies kommen die Geschlechtsteile in diesen Positionen auf eine Art zusammen, die die Frau bei ihrem Bemühen um den Orgasmus unterstützt, während sie dem Mann hilft, die Ejakulation aufzuschieben. Solange sie ihre Genitalien auf Ihren Körper preßt, wird Ihr Penis kaum durch Reibung gereizt. Wenn sie an Ihrem Körper entlanggleitet, bis Ihre Eichel fest auf ihre Klitoris drückt, kann sie eine starke Stimulierung empfangen, ohne Sie auf Ihrem Weg zum Höhepunkt voranzutreiben. Auch die üblichen Bewegungen – seitlich, schaukelnd, Hüftdrehen, Kreisbewegungen usw. – helfen mit. Wenn sich Ihre Partnerin an diese Grundbewegungen hält und Sie gleichzeitig nach Ihrem Belieben sich hinein- und herausbewegen läßt, kann sie die gewünschte intensive Stimulation erhalten, ohne Sie allzu rasch zum Finale zu bringen.

Halten Sie es bitte nicht für einen Betrug, wenn Sie Ihren Höhepunkt auf diese Weise hinauszögern und den Ihrer Partnerin beschleunigen. Es gibt nicht den geringsten Grund, weshalb man sich die wertvolle Hilfe dieser Positionen nicht zunutze machen sollte. Dieses Geschenk der Natur bietet Ihnen die Möglichkeit, den einmal bestehenden Unterschied im Timing zwischen Mann und Frau auszugleichen.

Ein weiterer, wenn auch seltenerer Vorteil dieser Positionen ist die Möglichkeit, einen Koitus selbst dann durchzuführen, wenn Ihr Penis nicht voll erigiert ist. Und wenn Sie den Orgasmus zu rasch erreichen und Ihr Penis danach kleiner und schlaffer wird, kann Ihre Partnerin doch noch weitermachen. Hatten Sie Ihren Höhepunkt bereits in einer anderen Position, können Sie sich immer noch auf den Rücken drehen, damit Ihre Partnerin ihrerseits zum Orgasmus kommt. Natürlich wird sie spüren, daß Ihr Penis kleiner und weicher geworden ist, aber sie wird dennoch in dieser Stellung zu ihrem Vergnügen kommen.

Bei allen Positionen, in denen der Mann auf dem Rücken liegt und die Frau oben, ist es wichtig, daß Sie sich zuvor ausreichend dem Liebesspiel widmen und Ihre Partnerin voll erregt haben. Das sollten Sie schon deshalb tun, weil eine tiefe Penetration in dieser Stellung oft sehr schwierig ist und – vorausgesetzt, sie gelingt – meist einen gewissen Schmerz verursacht, wenn die Vagina vorher nicht gut gleitfähig gemacht wurde.

Vielen Paaren macht es darum mehr Vergnügen, mit einer Stellung zu beginnen, bei der die Frau auf dem Rücken liegt – am besten eine sehr einfache –, um sich dann in eine Position mit dem Mann in Rückenlage zu drehen. So kann man ganz sicher sein, daß die Gleitfähigkeit der Vagina ausreicht, ehe man den Positionswechsel vornimmt. Für den Mann gibt es nur zwei Grundstellungen, die sich allerdings leicht abwandeln lassen. (Beide Positionen haben interessanterweise keine Namen; für die Gesellschaft war es so undenkbar, sie auszuführen – oder zumindest offen zuzugeben, daß man sie kannte –, daß es niemand für nötig hielt, sie zu bezeichnen. Wenn Sie zu den Leuten gehören, die meinen, daß jede sexuelle Position eine spezielle Bezeichnung haben sollte, können Sie natürlich nach Belieben einen Namen dafür erfinden.)

Um eine Position einzunehmen, in der Ihre Partnerin auf Ihnen ist, legen Sie sich auf den Rücken (auf den Boden oder im Bett), entweder mit zusammengepreßten Schenkeln oder mit gespreizten Beinen, wobei Ihre Knöchel etwa 60 Zentimeter weit auseinander sind. Das sind die beiden Grundpositionen des Mannes, aber sie lassen sich variieren. Die gespreizten Beine können Sie entweder flach auf den Boden (oder auf das Bett) legen oder in den Knien leicht abknicken. Je nachdem ändert

sich der Winkel, in dem der Penis eingeführt wird. Bei geschlossenen Beinen ist es gewöhnlich besser, die Knie nicht zu beugen (oder nur sehr wenig), aber man kann dadurch variieren, daß man sich ein oder zwei dicke Kissen unter das Gesäß legt.

Position 14

Der Mann liegt auf dem Rücken, die Beine geschlossen. Die Frau kauert auf Händen und Knien auf ihm, fast in Gebetshaltung. Ihre Schenkel sind natürlich geöffnet, die Knie neben den Hüften des Mannes. Dabei ist eine ziemlich tiefe Penetration möglich, und den meisten Frauen macht diese Position keine Schwierigkeiten. Die Frau kann den Oberkörper heben und senken und die Hände gut einsetzen. Sie kann den Penis bequem nur ein Stück weit in die Vagina einführen oder das Glied in der Hand halten und damit ihre Klitoris und die Schamlippen reizen. Wenn sie genügend befeuchtet und bereit ist, den Penis aufzunehmen, kann sie sich ganz auf ihn niedersenken. Bewegt sie dabei die Hüften seitlich oder im Kreis, verändert sie den Winkel des Penis in der Vagina.

Die Frau kann in dieser Stellung das ihr gemäße Tempo angeben, sich sehr, sehr langsam bewegen oder rasch stoßen. Sie kann sich gerade auf und ab bewegen oder eine kreisende, schraubende Bewegung ausführen. Und sie ist in der Lage, den Rhythmus nach ihren sexuellen Bedürfnissen zu ändern.

Der Mann kann die Knie, die Hüften oder beide zusammen anheben, um so eine stärkere Reizung zu empfangen. Wenn er will, kann er von den Schultern bis zu den Fersen eine Brücke machen, aber die meisten Männer halten das nicht sehr lange durch. Er kann auch ruhig daliegen, aber wahrscheinlich wird es für ihn lustvoller, wenn er seine Schambeingegend im Rhythmus mit seiner Partnerin bewegt. Ein Auf-und-ab oder eine seitliche Bewegung ist ebenfalls möglich, und besonders lustspendend ist ein schraubenförmiges Kreisen. Im großen und ganzen werden alle diese Möglichkeiten durch die Lage und die Bewegungen der Frau etwas eingeschränkt, aber die verbleibende Bewegungsfreiheit des Mannes kann für beide Partner immer noch angenehm sein. Wenn Sie diese Position zum erstenmal ausprobieren – besonders wenn Sie bis dahin nur den Koitus in der Rückenlage der Frau kennen –, werden Sie sehr erstaunt sein, wieviel Bewegungsfreiheit Sie mit den Händen haben. Sie können mit den Brüsten Ihrer Partnerin spielen und sie liebkosen, oder ihren Bauch und ihre Hüften. Sie können sie um-

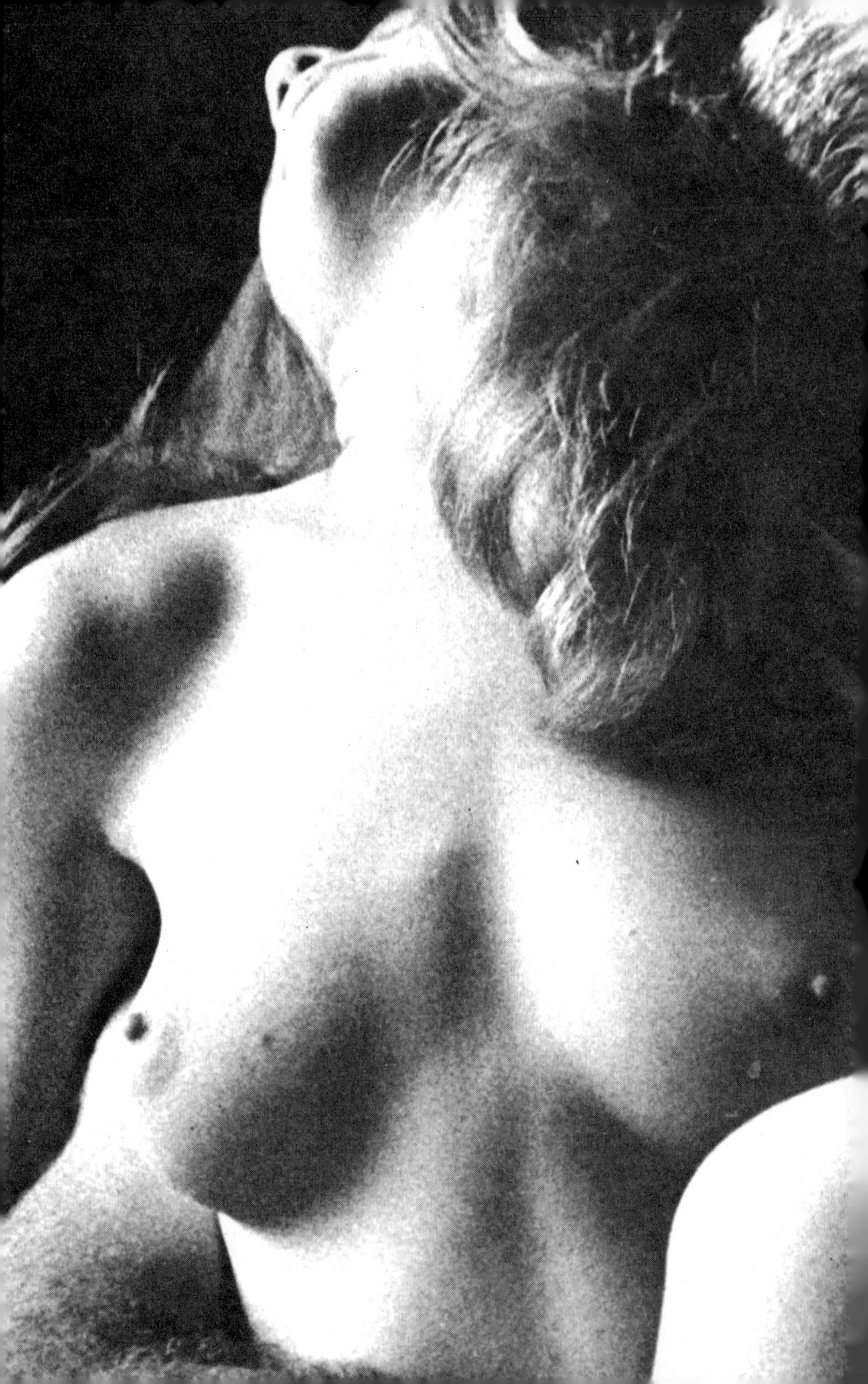

fassen und ihr Gesäß ergreifen oder sie an den Hüften packen, um ihre Bewegungen zu führen. Ihre Brüste können Sie auf Ihren Händen ruhen lassen und ihren Brustkorb abstützen oder sie unter den Armen packen – in beiden Fällen geben Sie ihrem Oberkörper einen Halt.

Position 15

Diese Position ist der Position 14 sehr ähnlich. Jetzt stützt sich allerdings Ihre Partnerin auf Knie und Hände, wobei sie die Ellbogen durchgedrückt hat. So befindet sich ihr Körper höher über Ihnen, wodurch sich andererseits ihr Gesäß senkt. Sie haben jetzt noch mehr Freiheit für Ihre Hände und können den Kontakt zwischen Penis und Vagina sehen. Für die Frau ist dies eine besonders geruhsame Position, weil sie sich dabei in der Hocke befindet. Gleichzeitig kann sie ihre Hüften nach allen Seiten bewegen, obwohl dadurch *Ihre* Bewegungsfreiheit eingeschränkt wird.

Position 16

Diese Stellung besteht in Wirklichkeit aus einer Folge von Variationen jener Position, bei der die Frau über dem Mann ausgestreckt ist, und ist natürlich identisch mit den Positionen, die der Mann in vielen Stellungen bei Rückenlage der Frau einnimmt. Liegt der Mann auf dem Rücken, so kann die Frau ihre Schenkel zusammenpressen oder öffnen (in einem bestimmten Stadium des Koitus) und sich auf Hände oder Ellbogen stützen. Dadurch erreicht sie eine Vielfalt von Positionen. Je nachdem, wie weit ihre Brüste vom Mann entfernt sind (sprich: je nachdem, ob sie sich auf die Hände oder die Arme stützt), können Sie mit den Händen oder dem Mund die Brüste liebkosen. In dieser Lage reichen Sie mit den Händen nur so weit, um sie zu stimulieren und natürlich mit ihren Brüsten zu spielen.
Wenn Sie die Rückenlage einnehmen wollen, sollten Sie jedenfalls darauf bestehen, daß Ihre Partnerin die verschiedenen Möglichkeiten

voll ausnützt und sich auch in ganzer Länge auf Sie legt. Scheuen Sie sich nicht, Ihren Körper in die «weibliche» Lage zu bringen – mit gespreizten Beinen und angewinkelten Knien –, bei der sich Ihre Partnerin aus knieender Stellung zwischen Ihren Beinen ausstreckt. Natürlich wird es bei vielen dieser Variationen kein tiefes Eindringen geben, aber Ihre Partnerin kann von einer Stellung in die andere überwechseln, um beiden Teilen viele lustvolle Gefühle zu vermitteln.

Position 17

In dieser Position kniet Ihre Partnerin aufrecht über Ihnen, die Vagina direkt über Ihrem erigierten Glied. Dann senkt sie ihren Körper und setzt sich auf Ihren Penis. In dieser Haltung hat Ihre Partnerin viel Bewegungsfreiheit, so daß sie ihre Hüften in einem großen Bogen schwenken sowie heben und senken kann. Das Auf-und-ab wird nur dadurch eingeschränkt, daß sie Ihren Penis in der Vagina halten muß. Wenn Sie jedoch eine entsprechende Auf-und-ab-Bewegung ausführen – wobei Sie die Lenden empordrücken, während sie die Hüften hebt, bzw. Ihren Schoß senken (indem Sie Ihr Gesäß kräftig ins Bett drücken), wenn sie die Hüften nach unten bewegt –, kann die Gesamtbewegung mit den Hüften recht heftig werden.
Um diese Position voll zu genießen, müssen Sie beide verhältnismäßig erfahren sein und Ihre Bewegungen vollkommen koordinieren können. Sobald Sie das beherrschen, sind Sie imstande, in dieser Position große Geschwindigkeit und Kraft anzuwenden. Sind Sie dagegen etwas weniger erfahren, müssen Sie natürlich langsamer vorgehen; aber trotzdem werden Sie aus dieser reizvollen Position Lust gewinnen.

Position 18

Diese Position ist die gleiche wie Position 17, nur daß Ihre Partnerin, die auf Ihnen kauert, sich nicht auf die Knie, sondern auf die Fersen stützt. Statt aufrecht über Ihnen zu knien, hockt sie sich auf die Fersen nieder, wodurch ihr Oberkörper leicht nach hinten geneigt sein kann. Da diese Stellung der Frau bald recht unbequem wird, ist sie nur für kurze Zeit einhaltbar. Fast sicher wird Ihre Partnerin die bequemere Position 17 bevorzugen, die ihr mehr Bewegungsfreiheit läßt – und bei der sie auch zweifellos mehr für Sie tun kann.

Die Position, bei der die Frau auf den Fersen kauert, bietet (für die meisten Paare) nur wenig und ist hier nur als eine Möglichkeit für weitere Abwechslung angeführt. Das heißt natürlich nicht, daß nicht vielleicht Sie zu jenen Paaren gehören, denen diese weniger beliebte Position wirklich Spaß macht.

Position 19

Auch hierbei handelt es sich um eine schwierige und nicht besonders ergiebige Position, aber um der Abwechslung willen kann man sie probieren.

Ihre Partnerin begibt sich über Sie, indem sie sich auf Händen und Füßen so abstützt, daß sich ihre Vagina unmittelbar über Ihrem Penis befindet. Wie Sie schon erkannt haben, ist diese Position nur sehr kurze Zeit durchzuhalten, weil sie für die Frau sehr unbequem ist. Dabei taucht noch ein anderes Problem auf: Ihr Penis zielt nicht, wie bei den Grundstellungen, direkt auf die Vagina. Sie müssen infolgedessen nach der Vereinigung beide sehr aufpassen, daß der Penis nicht wieder herausrutscht. (Unerfahrene oder übermäßig erregbare Paare werden in dieser Position fast sicher den direkten Kontakt verlieren.)

Wenn Ihre Partnerin nicht die Muskeln und die Kraft einer Amazone hat, sind bei dieser Stellung nur kreisende, schraubenförmige Bewegungen in langsamem, stetem Rhythmus möglich.

Position 20

Das ist eine ziemlich komplizierte Abwandlung der Grundposition. Sie legen sich wie gewöhnlich auf den Rücken, am besten mit leicht gespreizten Beinen. Ihre Partnerin kauert oder kniet nicht über Ihnen, sondern legt sich auf Sie – und zwar mit dem Rücken und in entgegengesetzter Richtung, oder anders ausgedrückt, ihre Beine ruhen auf Ihren Schultern und ihr Kopf zwischen Ihren Beinen – wobei sie nach oben schaut.

Dann heben Sie den Oberkörper. Gleichzeitig faßt Ihre Partnerin um Ihren Hals und verschränkt die Hände in Ihrem Genick. In diesem Stadium berühren alle vier Arme eines ihrer Beine.

Führen Sie nun Ihren Penis ein, dringen Sie durch Hin-und-her-Schaukeln tiefer und erzeugen Sie die notwendige Reibung. Nicht umsonst bezeichnet man diese Position oft als «sexuellen Schock».

Von allen Positionen, bei denen der Mann auf dem Rücken liegt, ist diese am wenigsten geeignet, den männlichen Orgasmus hinauszuzögern. Aber schließlich ist das ja nicht der einzige Zweck solcher Stellungen. Und genauso sicher, wie sich Ihr Orgasmus dabei nicht verzögern läßt, wird der Ihrer Partnerin beschleunigt.

Position 21

Diese Position wird Ihre Partnerin vielleicht nur zögernd einnehmen, aber sie ist außerordentlich stimulierend. Sie liegen auf dem Rücken, und Ihre Partnerin setzt sich auf Ihren Penis – wobei sie sich mit Händen und Knien abstützt –, den Blick von Ihnen abgewendet. Sie hat große Bewegungsfreiheit und kann sowohl eine kräftige Auf-und-ab-Bewegung als auch jede andere gewünschte Bewegung ausführen. Für die Frau hat diese Position den Nachteil, daß ihre Klitoris nicht gereizt wird wie bei den anderen Positionen, in denen sie oben ist. Vielleicht stört es sie auch, während des Koitus von Ihnen wegschauen zu müssen, weil ihr das zu mechanisch und unpersönlich vorkommt. Ein dritter Nachteil besteht darin, daß Sie ihre Brüste oder ihren Bauch nicht liebkosen können. (Dafür haben Sie aber ihr Gesäß bequem in Griffnähe.)

Trotz dieser Nachteile lohnt es sich, die Position auszuprobieren – ganz abgesehen davon, daß sie eine interessante Abwechslung bietet –, weil der Penis anders in der Vagina steckt als bei den oben beschriebenen Stellungen. Die sehr reizbare Unterseite des Penis drückt gegen die Vorderseite der Vagina und wird durch das Schambein der Frau gereizt, während tiefer in der Vagina die Eichel stark stimuliert wird.
Wenn Sie die Knie abwinkeln und die Beine hochziehen, können Sie die Flanken Ihrer Partnerin zwischen den Schenkeln einpressen und in dieser Position den Koitus ausführen.

Position 22

Dies ist eine interessante und lohnende Abwandlung von Position 21. Anstatt ihren Körper auf die Hände zu stützen, läßt sich Ihre Partnerin auf die Unterarme nieder oder legt ihre Brüste und das Gesicht auf Ihre Knöchel oder zwischen Ihren Füßen aufs Bett. Das ist für sie verhältnismäßig bequem, obgleich ihre Bewegungsfreiheit dadurch etwas eingeschränkt wird. Ihr Gesäß ist jetzt Ihren Händen frei zugänglich, und Sie können mit einem Finger sogar ihren After reizen.
Wie Position 21 ist auch diese Stellung besonders für den Mann zu empfehlen, der dadurch mit Sicherheit neue erregende Gefühle erfährt.

Position 23

Diese Position bietet nur eine Abwechslung und ein bißchen Vergnügen, das nicht zu starker sexueller Reizung führt. Sie legen sich mit leicht angewinkelten Knien und geschlossenen Beinen auf den Rücken. Dann setzt sich Ihre Partnerin direkt auf Sie – stützt sich also nicht auf Hände, Arme oder Füße. Dabei ruht das ganze Gewicht Ihrer Partnerin auf Ihrer Schamgegend, ihr Gesäß sitzt fest auf Ihnen. Wenn sie einigermaßen gewichtig ist, haben Sie überhaupt keine Bewegungsfreiheit. Da sie frei sitzt, kann sie sich kaum abstützen und in größerem Umfang bewegen. Die einzige Reibung muß also durch ein gewisses Winden oder Drehen des weiblichen Körpers und andere sekundäre Stimulation erzeugt werden, etwa Genitalzucken oder andere Muskelanspannungen und -entspannungen beider Partner.

Position 24

Diese letzte Position mit dem Mann in Rückenlage bleibt Paaren vorbehalten, bei denen die Frau muskulös, stark und an schwere Arbeit gewöhnt ist – mit anderen Worten, für eine körperlich kräftige Frau mit gut entwickelten Muskeln und ausgezeichneter Muskelkontrolle. Die Frau soll sich nun auf Sie legen, in entgegengesetzter Richtung und nach unten schauend. Ihre Füße befinden sich, mit den Zehen nach unten, neben Ihrem Kopf, und sie stützt sich über Ihnen mit starken Armen ab.

Um die erforderliche Auf-und-ab-, Hinein-und-heraus-Reibung zu erzeugen, braucht sie nur ihren Körper zu heben und zu senken, indem sie die Arme beugt und streckt. Das heißt, sie muß den Liegestütz ausführen, der Ihnen wahrscheinlich vom Turnunterricht her noch in Erinnerung ist. Und das ist, wie Sie vermutlich wissen, recht anstrengend! Also müssen Sie ganz sicher sein, daß Ihre Partnerin kräftig und zäh genug ist, diese Technik auszuführen. Seien Sie auf der Hut: Eine Frau, die Ihnen gern zu Gefallen sein möchte, kann Sie plötzlich sehr erschrecken, wenn sie über Ihnen zusammenbricht. Lachen Sie nicht – das ist schon anderen passiert.

Jetzt haben Sie aber bestimmt genug über die verschiedenen Positionen und Variationen erfahren, bei denen der Mann auf dem Rücken liegt. Sollten Sie noch keine dieser Stellungen ausprobiert haben, versuchen Sie doch gleich mit Ihrer Partnerin die eine oder andere Methode.

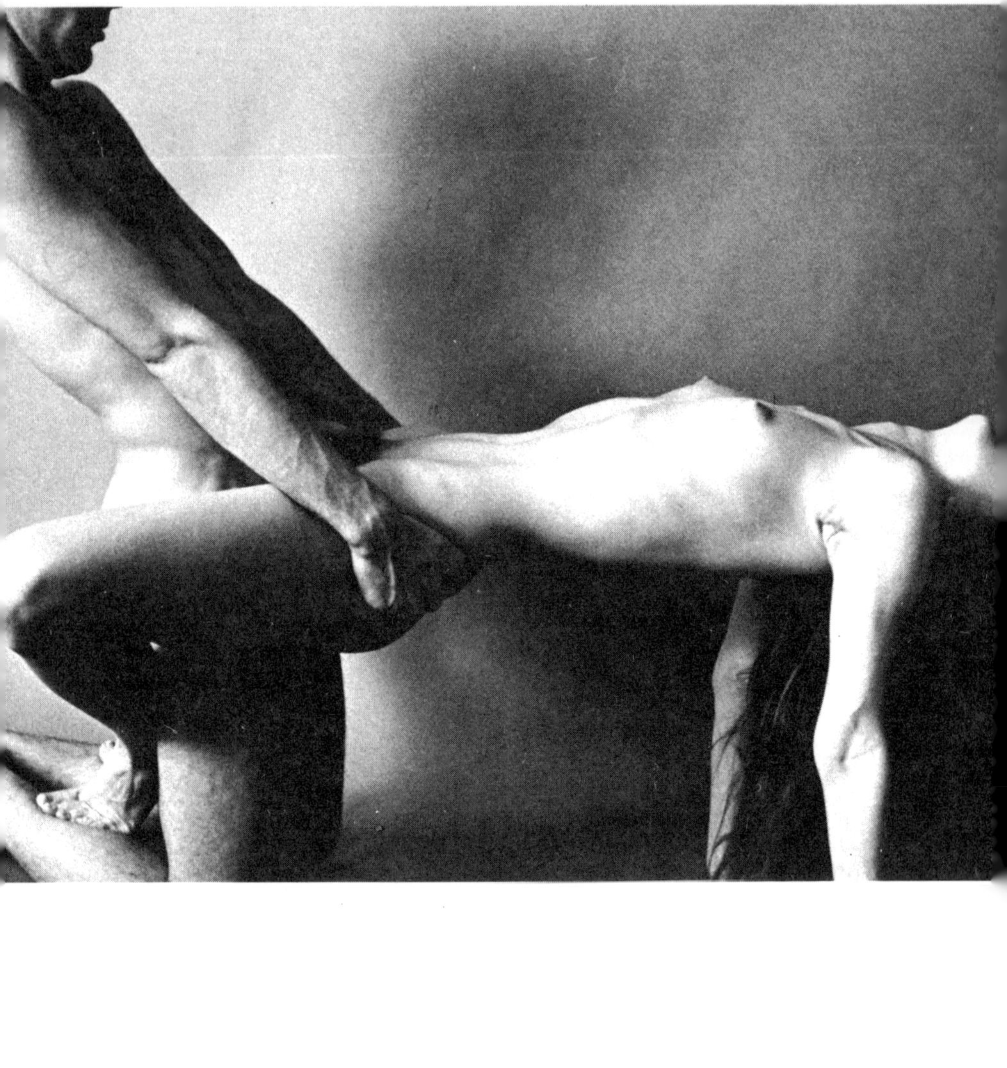

Stehende Positionen

Unerfahrene Menschen mögen vielleicht annehmen, 24 Positionen, bei denen die Frau oder der Mann auf dem Rücken liegen, würden für jeden genügend Abwechslung bieten. Aber beim Sex gibt es nie genug Abwechslung, und einige der besten Positionen stehen noch aus. Lesen und experimentieren Sie also weiter. Vielleicht haben Sie immer noch nicht die Position entdeckt, die später einmal zu Ihrer Lieblingsstellung werden wird. Selbst wenn Sie und Ihre Partnerin sexuell erfahren sind, gibt es wahrscheinlich viele Positionen, die Sie noch nicht ausprobiert haben – darunter einige, von denen Sie wohl wünschen, Sie hätten sie eher gekannt.

Koitus im Stehen ist zwar nicht das Bequemste, aber zu gewissen Zeiten werden Sie es sicher einmal ausprobieren wollen. Wenn es zunächst auch schwierig erscheinen mag, so ist es doch der Mühe wert, den Dreh zu finden – sobald es nämlich zum erstenmal gelungen ist, werden Sie feststellen, daß es doch verhältnismäßig leicht geht.

Position 25

Sie stehen Ihrer Partnerin gegenüber und blicken sich an. Beide können Sie ganz nackt sein oder auch einige Kleidungsstücke tragen, nur die Genitalien sind unbekleidet.

Diese Position kann eingenommen werden, wenn sich beide Partner in der Größe nicht sehr unterscheiden. Aus begreiflichen Gründen ist die Stellung nichts für einen 1,80 Meter großen Mann und eine Frau, die nur 1,50 Meter groß ist.

Der Mann beugt leicht die Knie – nicht mehr als nötig, um den Penis bis unterhalb der Scheide zu bringen. Die Frau steht mit gespreizten Beinen, die Oberschenkel berühren die Außenseite der Beine des

Mannes. Beide Partner pressen nun die Körper aneinander und stützen sich gegenseitig, bis der Penis nach oben in die Vagina geschoben ist. Dann läßt sich, vorausgesetzt, die Vagina ist ausreichend feucht, die Frau auf den Penis herab. Sobald das Eindringen ausgeführt ist, können sich beide Partner etwas aufrichten.
In dieser Position ist nur eine begrenzte Bewegungsfreiheit gegeben, aber es ist möglich, durch sanfte Bewegungen genügend Genitalreibung zu erzeugen. Besonders wenn beide nackt sind, bringt auch der Druck der Körper gegeneinander, begleitet von leidenschaftlichen tiefen Zungenküssen (was in dieser Position einfach ist), sehr viel Erregung.

Position 26

In Position 25 bleibt die Frau mit den Füßen auf dem Boden. Wenn die Frau klein und der Mann stark genug ist, kann er den Körper der Partnerin auf seinen Oberschenkeln tragen, so daß nur er die Füße auf dem Boden hat. In dieser Position dringt der Penis besser in die Vagina ein, als wenn die Frau steht.
Viele Paare benutzen diese Stellung (oder Position 25) unter der Dusche, aber das ist natürlich sehr gefährlich. Versuchen Sie es also nur auf trockenem Boden.

Sitzende Positionen

Wegen der männlichen und weiblichen Anatomie befindet sich beim Koitus im Sitzen der Mann verständlicherweise stets unter der Frau. (Warum, so muß man sich fragen, schrecken Männer vor dem Koitus im Liegen mit der Frau oben zurück, wenn sie andererseits nicht die geringsten Bedenken haben, die sitzenden Positionen auszuprobieren – bei denen natürlich der Mann ebenfalls unten und die Frau oben ist?) Alles in allem sind die sitzenden Positionen keineswegs ideal, weil es oft schwierig ist, auf diese Weise zum Orgasmus zu kommen. Die Geschwindigkeit und die Art der sexuellen Bewegungen sind dabei sehr begrenzt, und es ist gewöhnlich nicht ganz einfach, einen wirklich befriedigenden Rhythmus zu finden.

Dennoch haben diese Stellungen einen gewissen Sinn, und man sollte sich mit ihnen befassen. Zuerst einmal sind Sie und Ihre Partnerin dabei in sehr engem Kontakt, so daß Sie einander fest umschlingen, sich küssen, umarmen und liebkosen können. Wenn Sie meinen, diese Annehmlichkeiten könnten den Mangel an heftigen, interessanten, kräftigen Bewegungen nicht ausgleichen, bitte – aber alles zu seiner Zeit und am rechten Ort. Das gilt auch für die Besonderheiten, die Vor- und Nachteile der sitzenden Positionen.

Ein wichtiger Vorteil dieser Positionen ist die Tatsache, daß sie auch an Orten eingenommen werden können, die sich normalerweise nicht für einen Koitus eignen, so auf den Vordersitzen eines Autos usw. (Natürlich ist ein Auto für den Koitus nicht so bequem wie ein Bett, aber in erfolgreichen Ehen muß man den Sex lebendig und spontan erhalten – und eine Vereinigung auf dem Vordersitz eines geparkten Wagens eignet sich hervorragend dazu.)

Wenn es Ihnen übrigens ausschließlich um die Bequemlichkeit geht, können Sie nicht hoffen, ein wirklich erregender – und erregter Liebhaber zu sein.

Position 27

Diese Position ist sehr leicht zu begreifen: Sie setzen sich einfach mit geschlossenen, gerade ausgestreckten Beinen auf den Boden und lehnen sich leicht zurück, wobei Sie sich auf die Hände stützen. (Ihre Hände liegen natürlich flach auf dem Boden auf, die Handflächen nach unten, seitlich hinter dem Gesäß.)
Wie nähert sich Ihnen nun Ihre Partnerin? Wahrscheinlich ist es für sie am besten, ihre Vagina direkt über Ihr erigiertes Glied zu bringen, indem sie sich auf Hände und Beine stützt. Ihre Knie sind gebeugt, die Arme gestreckt, die Hände auf dem Boden neben Ihren Hüften, ihr Unterleib schwebt über Ihrem Penis.
Wie Sie zweifellos bemerkt haben, ist die Stellung mehreren Positionen mit dem Mann in Rückenlage ähnlich, nur daß Sie mit dem Rücken nicht auf der Unterlage aufliegen und Ihre Hände nicht frei sind, um die Partnerin zu liebkosen.

Position 28

Diese Position ist wiederum der Position 27 sehr ähnlich, nur daß Ihre Knie abgewinkelt sind und die Unterschenkel die Oberschenkel berühren. Auch wird Ihr Körper ein wenig stärker zurückgebogen sein als in Position 27. Natürlich stützen Sie sich immer noch mit den Armen ab, aber die Hände werden wahrscheinlich weiter vom Körper zurückgestellt sein. Je mehr Sie sich zurücklehnen, eine desto tiefere Penetration ist möglich.
Ihre Partnerin kauert auf den Knien über Ihrem Penis, wobei ihre Fersen ihr Gesäß und die Oberschenkel berühren. Ihre Knie befinden sich also zu beiden Seiten Ihrer Hüften.

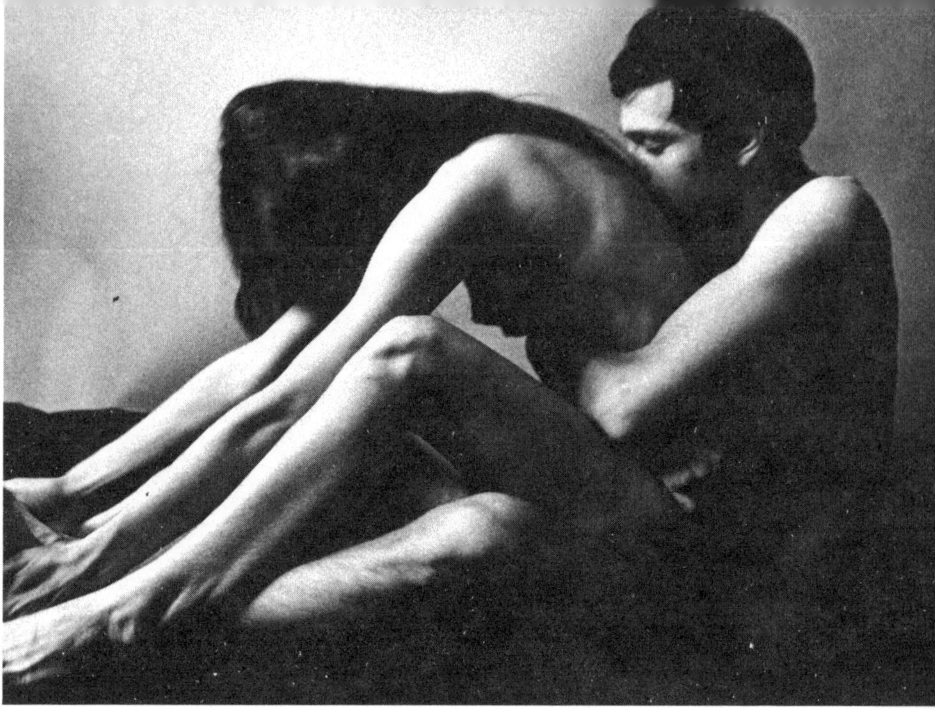

Position 29

Hier nimmt der Mann dieselbe Stellung ein wie in Position 28. Anstatt zu knien, hockt die Frau auf ihren Fersen, die Knie geschlossen, die Füße etwa 60 Zentimeter weit auseinander. Ihr Rumpf sollte leicht vorgebeugt sein und von den Armen gestützt werden, die auf den Knien ruhen.

Position 30

Wiederum nimmt der Mann die Stellung wie in Position 28 ein. Die Frau kniet oder kauert nicht, sondern sitzt auf dem Schoß des Mannes. Das ist eine sehr angenehme Position, weil so große Hautpartien miteinander in Berührung kommen. Andererseits hat sie den ernsten Nachteil, daß die Frau sich nicht stark auf dem Penis auf und ab bewegen kann.

Position 31

Auch bei dieser Variation nimmt der Mann wieder die Position 28 ein. Die Stellung der Frau ist jedoch ganz anders.
Das ist das Höchste: Ihre Partnerin kann sich stützen, indem sie die Fußknöchel um Ihren Hals schließt und sich mit den Armen hochzieht. Diese ziemlich wilde Position ist für beide Teile recht angenehm. Aber Vorsicht! Überzeugen Sie sich, daß Ihre Partnerin kräftige Armmuskeln hat – Muskeln, die ihr ganzes Gewicht gut abstützen können. Ist dies nicht der Fall und will sie Ihnen zu Gefallen sein, dann kann sie in dieser Stellung plötzlich, ohne jede Vorwarnung, auf Ihnen zusammenbrechen.
Jedenfalls ist es zu empfehlen, daß Sie bei Ihren Experimenten stets an die Grenzen physischer Leistungsfähigkeit denken; es lohnt sich nicht, darüber hinauszugehen. Vielfalt ist notwendig, Akrobatik und Leistungsprüfungen aber sind bestimmt nicht angebracht.
Dies ist eine Variation von Position 31 und besonders für jene Paare

Position 32

nützlich, die die großen Anstrengungen von Position 31 scheuen oder sie einfach nicht bewältigen. Dabei erhält Ihre Partnerin etwas mehr Unterstützung, so daß ihre Arme nicht so starken Belastungen ausgesetzt sind.

Anstatt die Fußgelenke um Ihren Hals zu schließen, stützt sie sich mit einem Bein fest auf das Bett oder den Boden und bringt nur das andere Bein in die beschriebene Position. Natürlich muß sie sich mit gestreckten Armen immer noch halten.

Obgleich man diese Position als die bequemere Abart von Position 31 betrachten kann, werden jene Paare belohnt, die imstande sind, beide Positionen zu vollziehen: die unterschiedliche Stellung des einen Beines Ihrer Partnerin verändert auch die Stellung des Penis in der Vagina. Infolgedessen liefern beide Positionen deutlich voneinander verschiedene, lustvolle Empfindungen.

Position 33

In allen fünf oben beschriebenen Positionen von 28 bis 32 nimmt der Mann dieselbe Lage ein. Mit zurückgeneigtem Körper, die Knie abgewinkelt, Unterschenkel auf Oberschenkel, stützt sich der Mann auf die Hände. Diese Stellung kann abgewandelt werden. Der Mann kann etwas (Kissen, Polster, Sofalehne – fast alles, was dem Rücken angenehm ist) unmittelbar hinter den Rücken legen, so daß sein Gewicht dadurch abgestützt wird. So ist es bequemer – er kann eine längere, entspanntere und erfreulichere Koitussitzung abhalten. Auch hat er dadurch die Hände frei, um umherzustreifen, zu liebkosen und überall zu spielen. Sie sehen also, wie man in den verschiedenen sitzenden Positionen den Koitus auch an unpassenderen Orten als dem Bett ausüben kann, beispielsweise auf einem Autositz usw.

Position 34

In dieser Position lehnen Sie sich zurück und stützen sich mit durchgedrückten Ellbogen auf die Hände; die Knie stellen Sie so auf, daß sie zur Decke zeigen. Ihre Partnerin kann sich Ihnen jetzt in jeder der oben beschriebenen Arten nähern. Wenn Sie wollen, können Sie auch die Knie beugen und sich in der üblichen Weise abstützen, während Sie die Schenkel spreizen.

Position 35

Für diese interessante Methode, die ein Zwischending ist zwischen der üblichen sitzenden Position und mancher der üblicheren Stellungen, bei denen der Mann die Rückenlage einnimmt, ist ein hochlehniges Sofa nötig. Machen Sie Ihren Körper steif und strecken Sie sich in einem Winkel von 45 Grad zum Boden aus. Ihr Genick sollte auf der Oberkante der Sofalehne aufliegen, Ihre zusammengepreßten Gesäßbacken vom Sofarand gestützt werden; die Fersen befinden sich auf dem Boden. Wenn Sie außerdem die Hände zu beiden Seiten des Gesäßes fest auf das Sofa stützen, haben Sie einen besseren Halt.
Ihre Partnerin kann sich Ihnen nun auf verschiedene Weise nähern. Sie kann auf dem Sofarand knien, mit dem Gesicht zu Ihnen, und Ihre Flanken packen, um sich festzuhalten. Oder sie kann fast jede Standardposition für die Frau in sitzender Stellung einnehmen.

Position 36

Hierbei sitzen Sie auf einem Stuhl oder Sessel (oder einer Klavierbank oder was immer in der Nähe ist). Ihre Partnerin setzt sich Ihnen auf die Knie, das Gesicht Ihnen zugewandt. Sie sollten sich etwas zurücklehnen, damit sie Ihren Penis besser erreichen kann. Je aufrechter Ihr Körper ist, desto weniger tief werden Sie den Penis einführen können.
Damit diese Position klappt, muß der Stuhl (oder welche Sitzgelegenheit auch immer Sie benutzen) ausreichend hoch sein, so daß die Füße Ihrer Partnerin den Boden nicht berühren. Nun bewegen Sie Ihren Körper, um die notwendige Reibung zu erzeugen.

Position 37

Im allgemeinen werden Sie bei dem in sitzender Position durchgeführten Koitus nicht zu großen Ekstasen gelangen. (Natürlich kann er sehr lustvoll sein, aber Sie werden nicht so stark stimuliert wie in anderen Stellungen.) Wenn Ihre Partnerin nicht sehr viel davon versteht, wird sie nicht wissen, wie sie Sie am besten stimuliert; sie wird sich nicht so abstützen können, daß sie imstande ist, Ihnen durch Bewegungen die interessantesten Gefühle genitaler Reibung zu bieten, und manchmal, wenn sie nicht gerade sehr muskulös ist, wird ihr das Abstützen schwerfallen.

Um alle diese Nachteile auszugleichen, hier etwas Besonderes, das dem Koitus in sitzender Position besondere Aspekte geben kann.

Beginnen Sie in Position 36 – am besten auf einem Stuhl mit hartem Sitz und gerader Lehne. Sie sitzen auf der Vorderkante des Stuhls und lehnen sich leicht zurück. Ihre Partnerin setzt sich auf Ihre Knie mit dem Gesicht zu Ihnen. Wenn Sie sich dem Höhepunkt nähern, packen Sie die Seitenlehnen des Stuhls und ziehen sich bis zum Stand hoch. Dabei legt Ihre Partnerin die Arme um Sie und umschlingt mit den Beinen die Ihren, so daß Sie sie in der jetzt eingenommenen, stehenden Position halten können. Machen Sie dies, während Ihr Höhepunkt herannaht, so daß Sie gerade dann aufrecht stehen, wenn Sie in die Vagina Ihrer Partnerin ejakulieren.

Diese Bewegung wird Ihrem Orgasmus einen besonderen Anstoß geben – und es kann durchaus sein, daß Sie ein begeisterter Anhänger dieser Methode werden.

Natürlich müssen Sie dazu körperlich in guter Verfassung sein, und wenn Ihre Partnerin ein Schwergewicht ist, versuchen Sie es besser nicht. Das Timing ist bei dieser Technik von größter Bedeutung: wenn Sie sich zu früh erheben, kann es Ihnen alles verderben, und wenn Sie zu lang warten, nützt es nichts. Vielleicht müssen Sie es ein paarmal versuchen, ehe Sie die Technik beherrschen, aber die Lust, die Sie Ihnen verschafft, wenn Sie es richtig machen, wird Ihre Mühe reichlich belohnen.

Seitlich von vorne

Obwohl wir bereits 37 Koituspositionen beschrieben haben – und aus diesen sich Dutzende von Variationen und Kombinationsmöglichkeiten ableiten –, verbleiben noch ganze Gruppen von Stellungen, die wir schildern müssen. Wie Sie sehen, verpaßt ein Paar, das unter Langeweile leidet, weil es nur zwei oder drei – oder vielleicht sogar nur eine – Grundpositionen kennt, eine reiche Skala sexueller Abwechslung.

Solche Positionen eignen sich gut für sexuelle Beziehungen mit einer unerfahrenen Frau. (Aber auch mit jeder anderen, wenn Sie selbst verhältnismäßig unerfahren sind.)

Position 38

Trotz der eingeschränkten Bewegungsmöglichkeit ist diese Position verhältnismäßig leicht.
Lassen Sie zunächst Ihre Partnerin sich auf den Rücken legen, die Beine in den Knien anwinkeln und die Schenkel spreizen, so daß sich ihre Genitalzone offen darbietet. Jetzt legt sich der Mann auf sie, wobei er sich auf Hände und Knie stützt. Sorgfältig und behutsam führt er den Penis in die Vagina ein. Es ist eigentlich die Grundposition, bei der die Frau auf dem Rücken liegt. Sobald der Penis eingeführt ist, legt sich das Paar aber sofort auf die Seite.
Die Frau zieht ihre Beine an den Körper, bis sie an den Schenkeln des Mannes anliegen. Am besten drückt sie sie sanft, aber fest zusammen, damit sie sich um den Körper des Mannes schließen. Jetzt kann sich das Paar auf die eine Seite rollen, ohne die Genitalverbindung zu verlieren – die ganze Zeit über wenden sich beide das Gesicht zu. Bis diese Drehung vollendet ist, sollte keiner der Partner eine Bewegung ausführen, die zu genitaler Reibung führt, weil dadurch der Penis aus der Vagina gleiten kann, besonders bei einem unerfahrenen Paar.
Diese Position bietet viele Vorteile. Der Mann kann, um sich unter Kontrolle zu halten, beliebig lange aussetzen (was ihm im Gegensatz

zu anderen Positionen, in denen er sich über der Partnerin abstützen muß, nicht ermüdet), und er fällt dabei nicht mit seinem ganzen Gewicht auf die Partnerin, wodurch ihre Erregung wieder abgebaut würde. Zweitens ist in dieser Position der Einführungswinkel des Penis in die Vagina meist genau richtig, und das ist sehr wichtig.
Drittens haben beide Partner die Hände frei, um gegenseitig ihre Körper zu erkunden und sich gegenseitig an Gesäß, Brüsten, Rücken, Schenkeln usw. zu liebkosen. Das ist sehr gut, weil beide so den notwendigen

Erregungsgrad beibehalten können, ohne daß der Mann zu nahe an den Rand eines verfrühten Höhepunktes getrieben wird.

Viertens strengt diese Stellung kaum an und erlaubt es dem Paar, einander sexuell wirklich gut kennenzulernen; der Mann kann mit seiner Frau, die vielleicht jung und ängstlich ist, besonders sanft und beruhigend umgehen.

Letztlich ist es nicht unwesentlich, daß diese Position leicht und bequem ist und von einem Paar, dem aus irgendeinem Grund – und sei es aus gesundheitlichem – nicht an einem wilden Abend mit sexueller Gymnastik gelegen ist, keine akrobatische Geschicklichkeit erfordert.

Jungvermählte sollten diese seitliche Stellung eine Zeitlang beibehalten, bis beide gelernt haben, den sexuellen Druck auf den Mann unter Kontrolle zu bringen. Da ein Mann, wie gesagt, sehr schnell zum Höhepunkt kommt, ist es wesentlich, daß die Frau mit ihm eng verbunden ist und merkt, wann es bei ihm soweit ist. Für ihn ist es notwendig, bei den sexuellen Bewegungen Pausen einzulegen, und das kann er in dieser Position tun, ohne sich lösen zu müssen oder sich und seine Partnerin zu ermüden. Im Grunde kann die sexuelle Aktivität fast unendlich verlängert werden, sobald ein Paar gelernt hat, wie man den sexuellen Erregungszustand des Mannes erkennt und beeinflußt.

Welche Befriedigung erreicht schließlich eine Frau, die so egozentrisch oder unwissend ist, daß sie nicht lernt, die sexuelle Temperaturskala ihres Partners abzulesen – und seinen Thermostat so einzustellen, daß er mit dem ihren übereinstimmt?

Die sexuelle Kontrolle muß sobald wie möglich gelernt werden, weil nur dann beide Partner auf einen gemeinsamen Höhepunkt hinarbeiten können. Manche Männer beginnen sofort in einem die Frau aufreizenden sexuellen Rhythmus ohne jede Pause. Andere finden dies unmöglich, und sie müssen die Leidenschaft ihrer Partnerin immer wieder neu entfachen, wenn sie durch eine notwendige Pause abgesunken ist. Jedenfalls sind die seitlichen Positionen – besonders diese – für jungverheiratete oder unerfahrene Paare bestens geeignet. Warum sollte man nicht so lustvoll wie möglich die Kunst maskuliner Selbstkontrolle erlernen?

Position 39

Die Frau legt sich auf den Rücken, den Unterleib nach rechts gedreht. Dann zieht sie beide Beine, im Knie angewinkelt, empor; das obere, linke Bein wird schräg in die Luft gestreckt und natürlich ebenfalls im Knie gebeugt. (Sie können Ihrer Partnerin ein Kissen unter das Gesäß schieben, damit sie in dieser verdrehten Lage etwas gestützt ist.)
Jetzt nähern Sie sich Ihrer Partnerin auf den Knien und von der Seite, wobei Sie aber noch Ihren Oberkörper mit Hilfe der Ellbogen vom Bett (oder dem Boden) weghalten. Dabei wenden Sie ihr das Gesicht zu.
Sie umschließt nun Ihre Hüften mit den Schenkeln und preßt Ihren Körper zwischen die Beine. Wenn Sie wollen, können Sie jetzt Ihren Körper fast ganz auf das Bett herablassen und auf Armen und Beinen ruhen. Ihr Magen liegt dann am Oberschenkel Ihrer Partnerin.

Position 40

Ähnlich der Position 39, nur ist das linke Bein der Frau leicht in die Luft gestreckt und nicht abgewinkelt. Sie liegt mehr auf dem Rücken als auf der Seite, obgleich ihr Körper wie in Position 39 zur Seite gedreht ist. Wie zuvor ist ihr rechtes Bein im Knie abgeknickt und fast auf der Höhe ihres Gesäßes. In dieser Stellung können Sie auf der Seite liegen, gestützt auf Ihre beiden Knie, den linken Arm und – zum geringeren Teil – den weichen Leib Ihrer Partnerin.
Denken Sie jedoch daran, daß Ihre Bewegungsfreiheit in dieser Lage ziemlich eingeschränkt ist, weil Sie beide in gewissem Maß aneinander geheftet sind.

Position 41

Ihre Partnerin liegt ähnlich wie in Position 39, das heißt, der Rücken liegt auf dem Bett auf, der Unterleib ist nach rechts gedreht, die linke Gesäßbacke ragt in die Luft, und das rechte Knie ist angewinkelt und ruht seitlich flach auf der Unterlage.

Diese Position unterscheidet sich jedoch von Position 39 insofern, als das linke Bein hochgezogen wird, so daß die Kniescheibe zur Decke weist.
Um den Penis einführen zu können, müssen Sie das rechte Knie stark hochziehen. (Wieder liegen Sie dabei wie in Position 39 fast völlig auf der Seite und stützen sich auf Ellbogen und Beine.)
Sie werden feststellen, daß in dieser Position eine recht tiefe Penetration möglich ist – ein wesentlicher Vorteil dieser Stellung.

Einführung des Penis in die Vagina von hinten

Die Positionen, in denen der Penis von hinten in die Vagina eingeführt wird, dienen hauptsächlich der Abwechslung, einer Erhöhung der Befruchtungswahrscheinlichkeit und einem entspannten Koitus, bei dem dennoch eine ziemlich starke sexuelle Stimulation und Genitalreibung möglich ist.

In gewissem Sinn ist diese Position verpönt, weil sie bei vielen Menschen Assoziationen an die sexuelle Vereinigung von höheren Tieren weckt. Diese Ächtung ist ungerechtfertigt, und Sie und Ihre Partnerin sollten sich nicht darum kümmern. Die Tiere wenden diese Technik an, weil sie am natürlichsten ist – ihre Organe sind entsprechend untergebracht und gebaut. Nun sollte man nicht vergessen, daß auch der Mensch der Tierwelt angehört und die menschliche Anatomie sich gar nicht so grundlegend von der Anatomie anderer Säugetiere unterscheidet. Auch kommen durch die Positionen von hinten männliche und weibliche Genitalien beim Menschen in völlige Übereinstimmung. Wenn Ihre Partnerin sich vorbeugt und Sie sich ihr vom Gesäß her nähern, werden Sie deutlich erkennen, daß Ihr Penis vollkommen auf die Vagina zielt. Nichtsdestoweniger bleibt die bedauernswerte Tatsache bestehen, daß viele Menschen – besonders Frauen – für den Koitus von hinten nicht viel übrig haben. Offenbar beruht das bei den Frauen darauf, daß man sich beim Koitus lieber das Gesicht zuwendet – und dies ist natürlich nicht möglich, wenn der Penis von hinten eingeführt wird. Dennoch steht es in den meisten Von-hinten-Positionen dem Mann frei, seine Frau zu liebkosen. Und zufällig gehört zu dieser Gruppe von Stellungen eine der besten, erregendsten Positionen überhaupt.

Erinnern Sie sich an die in Kapitel 8 beschriebenen Positionen 21 und 22; hier wird der Penis von hinten eingeführt, da der Mann ja auf dem Rücken liegt und die Frau mit abgewandtem Gesicht auf ihm sitzt.

Position 42

Bei dieser ziemlich verbreiteten Position von hinten liegen beide Partner auf der Seite – der Mann natürlich hinter der Frau, mit dem Gesicht zu ihrem Rücken.

Sie zieht die Beine, in den Knien abgewinkelt, etwa so hoch, daß sie einen rechten Winkel zum Körper bilden. Der Mann nimmt die gleiche Stellung ein, wobei er sich an den Rücken seiner Partnerin schmiegt, die Oberseite seiner Schenkel gegen die Unterseite der ihren gepreßt. In dieser Position wird der Penis eingeführt.

Die Position eignet sich besonders, wenn einer der beiden Partner krank oder die Partnerin schwanger ist. Beide können Sie die Tiefe der Penetration regulieren, und zwar dadurch, daß sich die Frau nach vorn beugt und Sie Ihren Körper stark durchdrücken. (Die Tiefe des Eindringens muß besonders dann kontrolliert werden, wenn Ihre Partnerin schwanger ist.)

Generell wird die Frau in dieser Position nicht stark stimuliert – so wird beispielsweise ihre Klitoris überhaupt nicht gereizt –, und es ist nicht zu erwarten, daß sie zum Orgasmus kommt. Sie hingegen werden sehr leicht eine Ejakulation erleben, selbst wenn Ihre Partnerin so krank ist, daß sie sich kaum rühren kann.

Bei dieser Position von hinten beeinträchtigen natürlich die Gesäßbacken Ihrer Partnerin die Tiefe, die Ihr Penis in der Vagina erreichen kann. Dem kann man jedoch abhelfen – was zumindest dem Mann zugute kommt. Zwar verhindern die Backen der Frau ein tiefes Eindringen, doch andererseits umschließen sie auch den Penis fast ganz und ersetzen die Reibung, die durch eine flache Penetration verlorengeht. Also braucht Ihre Partnerin nur die Gesäßmuskeln anzuspannen, um ein gewisses Maß an Stimulation für Ihren Penis zu erzeugen. Wenn Sie dieses Gefühl nie zuvor gekannt haben, wird es Sie zweifellos fesseln, und Sie werden überrascht sein, wie schnell Sie dadurch zur Ejakulation kommen können.

Dabei ist nur wenig allgemeine Körperbewegung erforderlich – ein zusätzlicher Vorteil, falls Sie krank sind.

Position 43

Diese Position – und die beiden folgenden – werden manchmal mit «Reiten» bezeichnet. Dabei beugt sich die Frau so vor, daß ihr Gesäß nach oben ragt und ihr Rumpf sich fast parallel zum Boden und im rechten Winkel zu ihren Oberschenkeln befindet.
Am besten beugt sie sich über das Bett, die Knie auf dem Boden, die Ellbogen auf dem Bett aufgestützt. Sie nähern sich ihr von hinten auf den Knien. Wenn Sie «das Pferd besteigen», können Sie sich etwas vorbeugen, aber dadurch nehmen Sie Ihre Hüften leicht zurück, und es fällt Ihnen schwer, Ihren Penis tief einzuführen – er wird also nicht sehr weit kommen. Das Vorbeugen und Zurückziehen der Hüften hat nur den Vorteil, daß Sie in eine bessere Stellung kommen, um Ihre Partnerin mit den Händen zu liebkosen oder ihren Rücken, ihren Nacken, ihre Ohren zu küssen.
Andererseits können Sie auch Ihren Körper etwas zurückbeugen, was die entgegengesetzte Wirkung hat. Dann werden Hüften und Penis nach vorn gedrückt, so daß Sie tiefer eindringen. Dabei können Sie natürlich Ihre Partnerin nicht so gut liebkosen, aber Ihnen wird wahrscheinlich die tiefere Penetration wichtiger sein.

Position 44

Diese Position entspricht fast genau der Position 43, nur braucht man dazu kein Bett. (Zumindest nicht zum Abstützen ihres Körpers. Im folgenden wird diese Position auf dem Boden beschrieben, aber natürlich läßt sie sich auch vollständig auf dem Bett durchführen.)
Anstatt die Ellbogen auf dem Bett aufzusetzen, stützt sich die Frau mit Händen (bei durchgedrückten Ellbogen) und Knien auf dem Boden ab. Der Mann nähert sich von hinten auf den Knien. Es ist besser, wenn er den Körper nach hinten beugt, weil dadurch nicht nur eine tiefere Penetration möglich ist, sondern auch verhindert wird, daß er seine Partnerin beim Stoßen umwirft.
Die Position läßt sich so abwandeln, daß die Frau den Oberkörper mit gesenktem Kopf schräg statt parallel zum Boden hält. In diesem Fall

stützt sie sich nicht auf die Hände, sondern auf die Unterarme und beugt die Ellbogen, anstatt sie durchzudrücken.

Position 45

Noch eine Art des «Reitens»: Die Frau steht mit gestreckten, aber gespreizten Beinen, den Körper in den Hüften nach vorn gebeugt. Die Arme ruhen auf einem Tischrand.
Sie nähern sich ihr von hinten, ebenfalls stehend. Wieder können Sie Ihren Körper entweder vor oder zurück neigen, um die Partnerin besser zu liebkosen oder tiefer in sie einzudringen.

Position 46

Dies ist eine sitzende Position von hinten. Sie sitzen auf einem Stuhl oder einer Bank, Ihre Partnerin setzt sich auf Ihre Oberschenkel, mit dem Rücken zu Ihnen. Lehnen Sie sich nun etwas zurück, um Ihren Penis an ihre Vagina zu bringen; sie sollte sich ein wenig vorbeugen, damit er leichter eingeführt werden kann. Wie bei anderen Stellungen von hinten können beide Partner die Tiefe der Penetration steuern, indem sie den Körperwinkel entsprechend ausrichten. Je mehr Raum Sie zwischen Ihre Brust und ihren Rücken bringen, desto tiefer ist die Penetration. Sie können die Tiefe des Eindringens auch dadurch verringern, daß Sie sich nicht zurücklehnen oder Ihre Partnerin sich nicht vorbeugt. Um die maximale Tiefe zu erreichen, lehnen Sie sich soweit zurück wie möglich, während sie sich so stark vorbeugt, wie es geht. Natürlich läßt sich diese Position auch dadurch variieren, daß Sie mit dem Rücken auf einem Bett oder dem Boden liegen, statt auf einem Stuhl zu sitzen. In diesem Fall können Sie sich völlig zurücklehnen, und sie kann sich ganz vorbeugen.

Position 47

Hier liegt Ihre Partnerin auf dem Rücken, die Knie bis an die Brust hochgezogen. Sie legen sich im rechten Winkel zu ihr auf die Seite und führen den Penis in die Vagina ein. Sobald Sie eingedrungen sind, können Sie sich etwas auf den Rücken rollen – wobei Ihr Gesäß fast ganz in der ursprünglichen Lage bleiben wird –, so daß Sie mit den Schultern und dem Kopf auf dem Bett ruhen. Ihr Körper ist in den Hüften leicht verdreht. Wenn Sie die Lage ändern, kann Ihre Partnerin die Beine teilweise auf Ihre obenliegende Hüfte senken.

Sie werden sehen, daß dies nicht ganz dasselbe ist wie die anderen Positionen von hinten, da Ihr Penis anders in der Vagina steckt. Aber es ist eine für beide Teile sehr angenehme und geruhsame Position. Sie sind zwar auf sanfte, geringe Bewegungen beschränkt, aber gerade das kann sehr stimulierend sein.

Es ist möglich, aus verschiedenen Positionen, in denen die Frau in Rückenlage ist, in diese Stellung überzugehen, ohne den Genitalkontakt zu verlieren. Deshalb können Sie sie ausprobieren, wenn Sie zwischen heftigeren Bewegungen bei einer weiblichen Rückenlage-Position ausruhen wollen.

Position 48

Diese Position ist der Position 47 verwandt, aber viel besser. Viele Paare halten sie für die beste Koitusposition überhaupt. Sie und Ihre Partnerin liegen nebeneinander flach auf dem Rücken; Ihre Partnerin rechts von Ihnen. Sie zieht die Knie kräftig an den Körper, und Sie drehen sich ihr so zu, daß Sie mit Blick auf Ihre Partnerin auf der Seite liegen.

Bleiben Sie jetzt in der Seitenlage, schieben Sie jedoch Ihren Körper so von der Partnerin weg, daß Sie im rechten Winkel zu ihr liegen, die Beine unter den ihren. Bis dahin ist also die Lage genau die gleiche wie in Position 47, und Sie können nun den Penis in die Vagina einführen. Jetzt kommt der Unterschied:

Da Sie auf der rechten Körperseite liegen, beginnen Sie links von Ihrer Partnerin. Ihr linkes Bein ist oben, das rechte unten, so daß das Gesäß Ihrer Partnerin auf Ihrem rechten Oberschenkel ruht. Jetzt schieben Sie Ihr linkes Bein (das obere) zwischen die erhobenen Beine Ihrer Partnerin. So bringen Sie ihr rechtes Bein nach unten zu Ihrem rechten Bein. In dieser interessanten Position können Sie ein genußvolles Zusammensein haben. Sie befinden sich fast genau hinter ihr, und doch sind Ihre Beine so verschlungen wie in keiner anderen Position. Ihr rechtes Bein ist unten; das rechte Ihrer Partnerin liegt darüber; darauf folgt Ihr linkes Bein und ganz oben das linke Bein der Frau.
In dieser Stellung ist die Bewegungsfreiheit sehr stark eingeschränkt, aber aus der geringen möglichen Bewegung werden beide Teile unendlich viel Lust gewinnen. Weil Sie in einer entspannten Lage sind und keine heftigen Bewegungen ausführen, müßten Sie eigentlich Ihren Orgasmus so lange wie nötig zurückhalten können. Andererseits sind die Gefühle in dieser Position so interessant und erregend – besonders für die Frau –, daß man erwarten kann, daß sie ihren Höhepunkt ziemlich rasch erreicht.
Manche Paare stört die Tatsache, daß ihre Oberkörper und Köpfe dabei so weit auseinander sind, aber gerade deswegen ist diese Position ideal für heiße Nächte, wenn enger Körperkontakt und heftige Bewegungen zu anstrengend wären.

Dies waren also die Positionen von hinten (die beiden letzten allerdings stark abgewandelt). Sorgen Sie dafür, daß Sie sie mit Ihrer Partnerin ausprobieren – auch wenn diese zunächst zögern sollte.

Analkoitus

Von allen Techniken, die in diesem Buch beschrieben werden, ist der Analkoitus von der Gesellschaft am wenigsten akzeptiert. In manchen Staaten ist er sogar gesetzlich verboten, und es ist fraglich, ob es medizinisch ratsam ist, ein so großes Objekt wie einen Penis in den After einer Frau einzuführen. Außerdem ist der Analkoitus deswegen tabu, weil man den After für einen «schmutzigen» Körperteil hält. Auch manche Männer, die um ihre Männlichkeit besorgt sind, lehnen die Vorstellung ab, einen solchen Koitus auszuführen, weil sie den Akt mit Homosexuellen in Verbindung bringen – für die zweifellos der Analkoitus die Grundtechnik ist.

Aus diesen Gründen empfiehlt der Autor keineswegs den Analkoitus. Es liegt an Ihnen, die medizinischen, legalen und psychologischen Faktoren abzuwägen und einen eigenen Entschluß zu fassen. Die folgenden Positionen sind daher nur für jene gedacht, die bereits entschlossen sind, den Analkoitus zu versuchen.

Diese Positionen haben mehrere Vorteile – ganz abgesehen davon, daß sie dem Sexleben eines Paares eine weitere Abwechslung bieten.

Zuerst einmal sind sie in Zeiten nützlich, in denen aus medizinischen Gründen ein Vaginalkoitus nicht ratsam ist, sexuelle Stimulation jedoch erlaubt und gewünscht wird.

Zweitens sind sie für den Mann durchaus angenehm, weil der After den Penis fest und weich packt mit einer Kraft und Enge, die er in der Vagina gewöhnlich nicht antrifft.

Zum dritten erreichen viele Frauen den Höhepunkt beim Analkoitus sehr rasch wegen der starken physischen und emotionalen Reizung.

Position 49

Die Grundstellung für den Analkoitus ist folgende: Die Frau liegt auf dem Bett mit dem Gesicht nach unten, die Beine gespreizt, die Knie gestreckt.
Ehe sich der Mann ihr nähert, muß der Penis gut befeuchtet sein. Dazu kann man die Feuchtigkeit der Vagina benutzen, am sichersten aber sind künstliche Gleitmittel. (Wenn man will, kann man solche Gleitmittel auch für den After der Frau anwenden.) Dies ist sehr wichtig, weil es für die Frau schmerzhaft ist und Verletzungen verursachen kann, wenn man einen nicht gleitfähig gemachten Penis in den After einführt.
Jetzt legt sich der Mann auf die Frau, so daß sein Penis in die Spalte zwischen Gesäßbacken und Schenkel kommt. Die Frau sollte sich völlig entspannen; besonders die Afterschließmuskeln sollten entspannt sein. Dann erhebt sich der Mann auf Hände und Knie und beginnt seinen Penis in den After zu schieben. Der Mann oder die Frau können den Penis mit der Hand führen, wenn dadurch das Eindringen leichter geht. Das Tempo für die Einführung muß die Frau angeben; auch alle Bewegungen sollten genau so ausgeführt werden, wie die Frau es wünscht. Nach völliger Einführung verändert das Paar die Lage etwas, um den Penis fester in den After einzuschließen. Langsam führt die Frau die Beine zusammen, und der Mann legt seine Beine auf die der Frau. Er kann in dieser Position bleiben, vorausgesetzt, er stützt sein Gewicht zum größten Teil mit den Armen ab. Aber es ist besser, wenn er seine Knie von den Beinen der Frau abgleiten läßt, so daß er sich auf Hände und Knie stützt. Die Beine der Frau sind dann zwischen den Knien des Mannes, der sich damit fest auf die Unterlage stemmt.
Nach Einführung des Penis und Vollendung des Positionswechsels ist es am besten, wenn sich der Mann zunächst nicht bewegt. Die Frau kann die Hüften kreisen lassen, um die von ihr gewünschte Reibung zu erzielen; dies ist für den Mann sehr lustvoll wegen des angenehmen Gefühls, das die gegen seinen Unterleib kreisenden Gesäßbacken der Frau erzeugen. Erst nachdem sich die Frau richtig entspannt und es ganz bequem hat, sollte der Mann mit vorsichtigen Bewegungen beginnen.

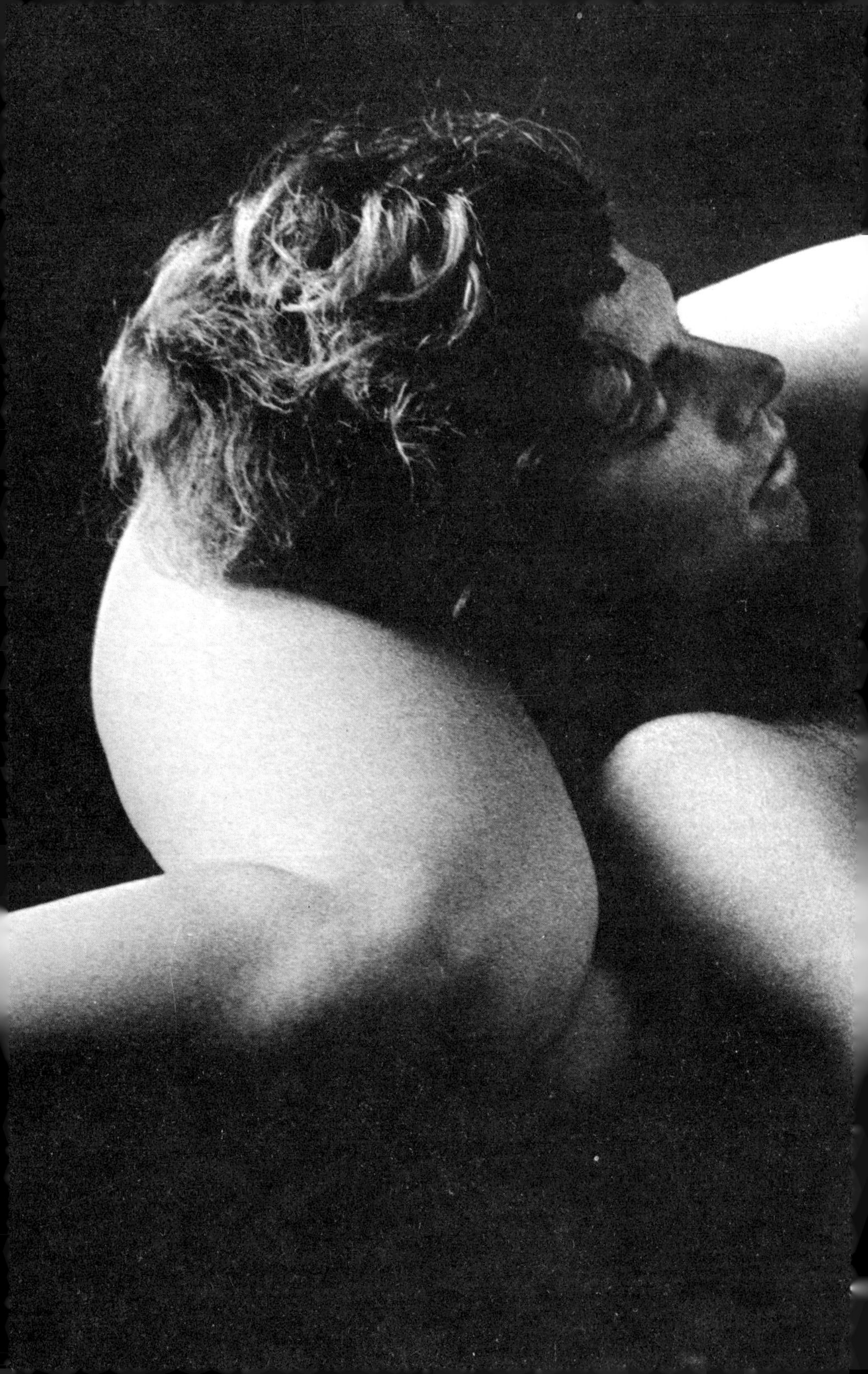

Dabei sind kreisende Bewegungen besser als Auf-und-ab-Bewegungen, obwohl gelegentlich ein schwaches. Auf-und-ab möglich ist, ohne daß es der Frau wehtut.

Position 50

In dieser Position liegt die Frau flach auf dem Rücken, die Knie scharf an die Brust hochgezogen, die Beine weit gespreizt, so daß das Gebiet zwischen ihren Schenkeln möglichst zugänglich ist. Sie muß die Beine in dieser Lage halten, wobei vielleicht ein Kissen hilft, das sie unter das Gesäß schiebt. Jedenfalls geht es darum, den After für die Einführung des Penis zugänglich zu machen.
Der Mann, dessen Glied gut gleitfähig gemacht ist, nähert sich der Partnerin auf den Knien mit aufrechtem Oberkörper. Er kann die Gesäßbacken der Frau noch höher heben, wenn dies für die Einführung des Penis in den After erforderlich ist. Falls nicht, hat er die Hände frei, um die Klitoris und die Vagina der Frau zu reizen, während sich das Paar dem Analkoitus hingibt.
In dieser Position muß der Mann sehr aufpassen, daß er seiner Partnerin durch seine Bewegungen keinen Schmerz bereitet.

Position 51

Für den Analkoitus können auch die Grundpositionen, in denen der Mann auf dem Rücken liegt und die Frau auf ihm sitzt, bzw. der Mann sitzt und die Frau sich mit abgewandtem Gesicht auf seinen Schoß setzt, angewandt werden.
Ein abschließendes Wort zu den sexuellen Bewegungen, die Sie beim Koitus ausführen können: Im allgemeinen ist es der natürliche Instinkt des Mannes, mit dem Penis kurze, harte Hinein-und-heraus-Bewegungen auszuführen. Man wird jedoch feststellen, daß ein langes, langsames Stoßen unendlich befriedigender ist, weil ein ruhiger, gleichmäßiger Rhythmus sich besser eignet, die Erregung der Frau zu steigern. Außerdem ist die Frau bei einem langsamen, gleichmäßigen Rhythmus eher in der Lage, die Bewegungen des Mannes durch eigene Bewegun-

gen zu ergänzen – was für beide Teile gesteigerte Befriedigung bedeutet. So kommt die sexuelle Stimulation in einer allmählichen und überwältigenden Woge heran statt in einem kurzen und weniger befriedigenden Ausbruch.

Noch etwas sollten Sie bedenken: Es ist wichtig, daß der Penis vor und während des Koitus als Reizmittel – als Reibungserzeuger – verwendet wird. Denken Sie auch daran, Ihren Penis während des Koitus gegen die Klitoris zu drücken, wenn es die Position nur irgendwie erlaubt.

Vergessen Sie also niemals, daß der ganze Penisschaft als Erreger der Leidenschaft verwendet werden kann und sollte. Benutzen Sie ihn entsprechend!

Und nun als Letztes: Viel Spaß!